华章经管 | HZBOOKS | Economics Finance Business & Management

1997年赵曙明教授正式执掌南京大学商学院

结婚照

1980年在海安与父母在一起

赵曙明教授夫妇与女儿赵宜萱和外孙Kevin在一起

1983年回国从广州至南京的火车上

1987年再次赴美读博士的前一天

1974年进入南京大学学习后,赵曙明与澳大利亚籍外教合影

1981年在美国留学期间

1987年赵曙明一家与美国友人凯恩校长在一起

1990年毕业典礼后赵曙明(左二)全家与岳父母及美国友人分享快乐

1998年10月与美国前总统乔治·布什在南京

1998年南京大学与荷兰MSM合作的中荷首届EMBA学员在荷兰毕业

2001年3月赵曙明教授（二排右一）与新加坡著名实业家陶欣伯（二排左二）、北京市原常务副市长韩伯平（二排左三）及上海交通大学原校长翁史烈（二排左一）在美国哈佛商学院与陶氏学者在一起

2002年与全国人大常委会副委员长成思危在澳洲

2002年在德鲁克家中

2002年与诺贝尔经济学得主、斯坦福大学商学院著名经济学家迈克尔·斯宾塞教授

2002年与日本著名企业家、京瓷创始人、日航原董事长兼CEO稻盛和夫在南京大学

2006年赵曙明教授获得教育部"第四届中国高校人文社会科学研究优秀成果"一等奖时，受到国务委员陈至立的接见

2007年6月20日，南京大学中美文化研究中心成立20周年，邀请美国前国务卿基辛格博士做主题报告，赵曙明教授与基辛格博士在一起

2008年6月美国密苏里大学圣路易斯分校校长Thomas George授予赵曙明教授密苏里大学校长最高荣誉奖章

2008年赵曙明教授代表中国管理研究国际学会（IACMR）向李宁颁发企业家特别奖

2009年赵曙明教授与老友悉尼大学原院长Peter Wolnizer教授

2011年4月赵曙明教授在美国奥马哈与巴菲特在一起

2011年8月赵曙明与两位恩师美国克莱蒙特研究生大学彼得·德鲁克管理学院Jean Lipman-Blumen教授（左）和Jack Schuster教授（右）

2011年9月16日赵曙明（右一）夫妇与日本著名企业家涩泽荣一的孙子（右三）与孙媳妇、美国密苏里大学Joel Glassman博士（左二）、日本涩泽荣一纪念财团研究所所长木村昌人教授（左一）在一起，讨论共同举办"中日美企业家精神国际研讨会"

2017年11月24日赵曙明教授与著名企业家褚时健先生合影

2020年11月21日赵曙明教授在"第十届企业跨国经营国际研讨会"上做报告

2022年2月赵曙明教授与太太许晓梅老师、女儿赵宜萱副教授、外孙Kevin合影

赵曙明

我的人生感悟与管理观
第2版

赵曙明 ◎著

机械工业出版社
China Machine Press

图书在版编目（CIP）数据

赵曙明：我的人生感悟与管理观 / 赵曙明著 . -- 2 版 . -- 北京：机械工业出版社，2022.1
ISBN 978-7-111-70095-1

I. ①赵… II. ①赵… III. ①赵曙明 - 自传 IV. ① K825.46

中国版本图书馆 CIP 数据核字（2022）第 014287 号

赵曙明：我的人生感悟与管理观　第 2 版

出版发行：机械工业出版社（北京市西城区百万庄大街 22 号　邮政编码：100037）				
责任编辑：李文静		责任校对：殷　虹		
印　　刷：北京铭成印刷有限公司		版　　次：2022 年 3 月第 2 版第 1 次印刷		
开　　本：170mm×230mm　1/16		印　　张：21.75（含 0.5 印张彩插）		
书　　号：ISBN 978-7-111-70095-1		定　　价：79.00 元		

客服电话：（010）88361066　88379833　68326294　　投稿热线：（010）88379007
读者信箱：hzjg@hzbook.com

版权所有・侵权必究
封底无防伪标均为盗版

再版前言

又见巴菲特

沃伦·巴菲特（Warren Buffett）先生是当代最有影响力的投资大师和商业领袖之一，成千上万的书籍和媒体报道都在讲述他的财富故事。世界各地的人们不惜远赴千里，朝圣一般渴求与他相见，以探求他能够走到金字塔顶端的独特之处。

2017年4月7日是我第二次带队与股神巴菲特对话，这次对话直接安排在牛排馆举行。对话结束后，巴菲特先生和我们坐到一桌共进午餐。我邀请他抽出时间到南京大学商学院给我们做一个分享，他说，尽管自己不喜欢超过3小时路程的出行，但如果我们能介绍一家好的企业，有好的管理团队且值得投资，他可以马上到中国来，并且到南大商学院做讲座。

两次与巴菲特对话，我从他的身上学到了许多：一是，巴菲特敏于观察、勤于学习、善于分析，这是他能抓住最佳投资机会的基础。二是，巴菲特强调诚信，这是他成功的又一个重要因素。我们有些人总是耍小聪明，老是想占便宜，而巴菲特强调的是诚信、真实。三是，巴菲特总是选择那些拥有毅力和责任心超强且勤奋的CEO的公司进行投资。他告诉我，他每周有六天到办公室，每天都会抽出大量时间阅读一些介绍上市公司CEO的杂志，从中了解这些CEO的性格和管理理念。四是，巴菲特是一位慈善家。作为世界上数一数二的富豪，他早在 2006 年就宣布，将把大约 85% 的个人股份逐步捐赠给慈善基金会，在当时这些股份市值达到约 370 亿美元之多。今年 91 岁的投资传奇人物沃伦·巴菲特其控股公司展现出强劲的势头，伯克希尔－哈撒韦公司 2021 年第二季度的收入比 2020 年增加了 1/5，现有 1440 亿美元的流动资金。

我们研究管理学，并不等于研究"个人成功学"。但成功的商业领袖的人格（personality）值得我们去探讨，因为它不仅关系到组织内部员工的认同度，在一定程度上也决定了企业家的影响力大小，甚至直接影响企业存在的生命周期。

我们从巴菲特身上学到的，不仅是他的价值投资理念，这位财富巨人的道德修养、学习习惯、伟人风范更使我们深受感染。他所强调的"专注"这一人格不仅让他获得了巨额财富，更获得了世人的尊重。无论世界如何向前发展，总有一些真正高尚的人物，他们的思想和灵魂在尘世中发光，熠熠生辉。

赵曙明
2021 年 10 月 7 日
于南京市江宁区湖滨世纪花园

前言

奥马哈之行

2011年4月1日的美国奥马哈，晴空万里。来自全球8所高校的100多名MBA、EMBA学员聚集于奥马哈100多平方米的活动俱乐部（Omaha Field Club），与一位81岁高龄的美国老者亲密接触，所有在座者兴奋不已。这位老者不仅在世界投资界名声籍甚，也因其将大部分所得捐献出来而在全球慈善界享誉盛名。他就是沃伦·巴菲特，有着"股神"的美誉，在中国的知名度也非常高。近5年来，上百万美元一次的巴菲特午餐会被中国人几次竞拍。在这次的聚会代表中，南京大学商学院是来自美国以外的唯一团队，作为该代表团的带队人，我和全体学员的心情一样，对于有机会亲眼看见这位传奇人物，倾听其投资忠告感到非常荣幸。

81岁高龄的巴菲特在演讲台上精神抖擞地与大家进行了长达两个多小时的对话，他的热情和投入深深感染了我。巴菲特先生在演讲结束前发出邀请，让两位男士和两位女士与他同车前往餐厅，我非常荣幸地成为其中一员。

我非常意外地发现，巴菲特先生不仅没有任何保镖前呼后拥，而且自己充当驾驶员。他开的是美国通用汽车公司2006年生产的凯迪拉克小轿车，外观很小，车内也不是很宽敞。而我就坐在副驾驶位置上，跟他近距离地进行交流，这也使我对他更增添了不少崇敬之意。

我向巴菲特先生介绍了南京大学商学院的一些情况，同时我也询问了巴老的身体状况，巴老近乎顽皮地回答："有一位一直活到103岁还在为哈撒韦公司工作的罗斯女士，我在她99岁时跟她签了一个'互不竞争'的协议，我希望比她多活5年。"

午餐之后，我们参观了巴老的住所。这处住所是一幢灰色的小楼，没有围墙，没有铁门，也没有大院子，离路边也就三五米远，与周边邻居的一些别墅相比并不特殊，就是普通的美国中产阶级的房屋。这与他富可敌国、坐拥数百亿美元财富的身份相比，简直可以说是极不相称。这套别墅是他在1958年花3.15万美元购入的，此后一住就是半个多世纪。在这里，他生儿育女；在这里，他也逐渐成为叱咤世界资本市场的风云人物，而他对这栋小楼却始终不离不弃。

博大的胸怀、过人的智慧、幽默的个性、简朴的作风，是巴菲特留给这次参加奥马哈之行的南京大学学子们最大的震撼与收获。这位世界富豪彰显出的独特人格魅力，也给予我巨大的精神震撼。

从1981年赴美求学开始，我就不断受到世界级大师们的影响。如果说2011年巴菲特简约的生活、深邃的智慧及乐观的精神给了我巨大触动的话，那么管理大师彼得·德鲁克教授则在我学术启蒙之际给予了我光明的指引，让我找到了人生的方向。

之后，作为南京大学商学院院长的我组织过多次国际学术会议，也结识了许多世界级的大师。其中，有像诺贝尔经济学奖获得者迈克尔·斯宾塞（A. Michael Spence）、劳伦斯·克莱茵（Lawrence R. Klein）、约瑟夫·斯蒂格利茨（Joseph E. Stiglitz）、詹姆斯·莫里斯（James A. Mirrlees）、罗伯特·蒙代尔（Robert A. Mundell）等这类经济学领域大咖，也有著名领导学专家吉恩·李普曼－布卢门（Jean Lipman-Blumen）教授、著名高等教育管理专家杰克·舒斯特（Jack H. Schuster）等这类学术大师，还有如美国前总统老布什、前国务卿基辛格博士等这类国际政要名流，这些世界级大师都对我有着潜移默化的影响，从这些人身上我学到了许多。我也一直在不断地寻找更多这样的学习机会，并深深陶醉其中。

如果说我在中国人力资源管理领域做出了一些成绩的话，我认为除了自身的刻苦钻研之外，最重要的还是得益于许许多多人的帮助和教诲。做学问，先做人，并保持永不枯竭的学习热情，这就是我的人生信条。

赵曙明
2011 年 12 月 15 日

目录

再版前言　又见巴菲特
前言　奥马哈之行

上　篇

第 1 章　人是可以塑造的 /1

　　能吃苦的回乡青年 /3
　　只识 ABC 的英语系学生 /7
　　新一代留美学生 /11
　　德鲁克先生对我的影响 /19
　　我的家庭 /25

第 2 章　我的人力资源管理观 /31

　　初涉管理学 /32
　　我与中国人力资源管理的 30 多年 /35
　　我的三个学术阶段 /39
　　传播德鲁克管理思想 /53

把脉人力资源管理现状 / 64

人力资源管理未来展望 / 72

与人力资源密切相关的领域 / 81

我与《第一资源：科学人才观简明读本》/ 85

第 3 章　商学院院长之路 / 90

以南京大学商学院院长为荣 / 91

致力于国际化战略 / 93

关注 MBA 的中外差距 / 97

需要扮演好三种角色 / 99

中国还没有职业化的院长 / 106

高校改革势在必行 / 108

2020 年担任南京大学行知书院院长 / 111

是院长，更是老师，也是学术会议的组织者 / 114

时间管理是第一要务 / 151

第 4 章　用心做人 / 154

做学问，先做人 / 155

三人行，必有我师 / 161

人际交往的本质 / 164

有知识、见识、胆识、共识的管理者 / 167

高自律性、高胜任素质、高积极性、高协作性的人才 / 171

吃苦是竞争力 / 174

自我管理、自我发展 / 175

下 篇

第 5 章　热点话题解答 / 179

给初涉社会的年轻人的建议 / 180

给企业家有关人力资源战略的相关建议 / 181

如何当好商学院的院长 / 182

对人力资源相关领域的未来发展有哪些预见 / 183

作为改革开放后最早一批留学生，对留学生
　　有何建议 / 184

对博士研究生和对中国博士教育的期望
　　和建议 / 186

对中国经济、中国企业未来发展之路的看法
　　和建议 / 187

请结合个人经历，谈谈个人成败与大环境
　　的关系 / 189

聚天下英才而用之 / 191

管理者如何应对外部复杂环境 / 194

第 6 章　中国管理前沿问题研究 / 199

发扬中国管理研究中的奥林匹克精神 / 200

社会责任还是个人责任 / 201

金融危机下的机会：创造新知识 / 203

理论联系实践："为什么"和"怎么做" / 205

工作—生活平衡：永远不晚 / 206

以人为本：创建中国和谐劳动关系 / 209

绿色企业及其可持续发展 / 212

　　学会学习：创建全球学习型社会 / 214

后记 / 217

再版后记 / 219

附录A　**学生印象** / 221

　　学术成就 / 221

　　　　人力资源管理中国化的思想家 / 221

　　　　中国人力资源管理理论体系的创立者 / 224

　　　　学术视野令人赞叹 / 226

　　　　一个执旗的人 / 228

　　　　站在巨人的肩膀上 / 230

　　　　谋篇、造势、树人 / 232

　　　　执着于知行合一的学术领航人 / 233

　　　　砥志研思，躬行树人 / 235

　　　　他的梦想与实践：让人事管理向人力资源管理
　　　　　　转变 / 237

　　生活故事 / 240

　　　　烤肉很专业 / 240

　　　　是学者，也是儒者 / 242

　　　　吃饭，喝酒，拿他的钱 / 245

　　　　初次见面就"炸了雷子" / 247

　　　　怜子如何不丈夫 / 249

　　　　凌晨五点的微信 / 252

　　　　天下大事，必作于细 / 254

了不起的"拖拉机手" / 256

指引、温暖、坚定 / 257

求学记忆 / 258

"把你吵醒了,很抱歉" / 258

"拿出去的东西连细节上的瑕疵也不要有" / 260

要做有文化的商人 / 262

共同探寻"中国先锋企业" / 264

生活中的管理学 / 267

学高为师,身正为范 / 269

习得实践力与学术规范性 / 272

榜样式教育 / 274

赵老师,谢谢您 / 276

和赵老师的两三事 / 276

人生诸多"第一次" / 278

成长中的引路人 / 280

经师易求,人师难得 / 282

学习老师的匠心 / 283

这是一段美好的回忆 / 285

男神的魅力 / 286

综合印象 / 287

赵老师是一部好书 / 287

学会做人,学会做事,学会学习 / 290

他培养了我抵御任何灾难的信心 / 292

知识权威和道德魄力 / 294

情商高人 / 295

一日为师,终身为师 / 296

多角色的成功扮演者 / 298

精力充沛，活力四射 / 300

名副其实的人生导师 / 302

孜孜不倦的教诲 / 304

真正的事业与人生导师 / 306

永不枯竭的工作、学习、帮人热情 / 308

智、信、仁、勇、严俱全的好老师 / 309

学术的引路人，人生楷模 / 312

师者，传道授业解惑也 / 313

心地善良且行为谦逊的伟人 / 315

附录 B　**赵曙明简历** / 318

教育背景 / 318

工作经历 / 318

主要学术兼职 / 320

主要企业与基金会兼职 / 321

所获教学科研奖励及学术荣誉 / 321

主持研究的主要科研项目 / 324

上篇

第1章
人是可以塑造的

  一个愿望在脑海中形成,且越来越强烈,那就是重赴美国,回到以管理学研究闻名于世的美国加州克莱蒙特研究生大学攻读人力资源管理博士学位。我的理由很简单:这个专业对世界第一人口大国有着特别重要的意义。人是可以塑造的,人力资源管理的核心之处,就在于怎样引导人、塑造人。

我在 2011 年 4 月 1 日和 2017 年 4 月 7 日与巴菲特先生共对话了两次，至今他现场传授人生智慧的场景历历在目。当有人问道"什么样的特质能够让人挖掘全部的潜能"时，他回答说：比起与生俱来的一些特质，后天的选择对人生影响更大。我完全赞成他的观点。在与学生进行沟通，或者面对记者朋友时，我经常会说：人是可以塑造的。对此，我自己有切身的体会。

50 多年前，我是农村的一个壮劳力，用最原始的方法和手段改良水土。此后我到南京大学读书深造，再之后到美国攻读硕士、博士学位。在美国加州克莱蒙特研究生大学攻读博士学位时，德鲁克先生的管理思想及人生智慧让我茅塞顿开，直接决定了我此后从事学术研究的高度。如今，作为一名人力资源管理研究领域的学者，我在世界各地传播自己对中国改革开放的成果、企业改革与发展、中国人力资源管理、企业跨国经营等研究领域的理解。可以说，这是一个不断被环境塑造和自我塑造的过程。没有各种环境的塑造加上自己的积极努力，我很难想象自己的人生会有如此巨大的转变。

品行的好与坏并不是天生的，而是后天养成的。人是可以塑造的，我们需要塑造的是好的品行，确立良好的发展方向，即能为社会做出更多贡献的方向。有人说我具有西方知识分子的一些特点，如宽容、平和等；也有人说我具有专业、勤奋和清教徒似的"工作狂"特质。其实，我的骨子里抱有中国传统教书育人的思想。我的父亲、我第一次工作时所在生产大队的支部书记，都对我影响至深。

绝大多数人的成长都离开不了父亲的影响，许多人会把影响人生最重要的人物指向自己的父亲。在奥马哈之行中，巴菲特也坦言对自己影响最大的就是他的父亲。回忆我的成长经历，父亲的影响无疑也是最大的。他坚持让我上学，使我有机会成为村里的第一个高中生，有机会成为 20 世纪 70 年代初工农兵学员中的一员，继而有机会出国留学，并能在人力资源管理领域贡献自己的力量。

能吃苦的回乡青年

1952年12月,我出生于江苏省海安市的一个农民家庭。父亲是个地地道道的农民,一生以种地和理发为业。当年我和所有农家孩子一样,并没有什么特别之处,如果非要说有什么不同,那就是父亲教我学会了理发。我16岁时,一边要学习,一边要干农活,一边还要学习理发,那是我最早较为深刻感受到的忙碌和艰辛。那时,父亲的想法很简单,让我多读点书,多做点事,多学点本事,他总说:"农村孩子不能吃苦咋行?"吃苦能磨炼人的意志,对适应将来有好处。正是父亲的影响,让我养成了不怕吃苦的精神,练就了坚强的意志。

父亲80岁时的全家福

在那个年代,父亲表现出了异于他人的见识与判断力,他选择了让我上学,而不是继承他的"头上功夫",这就足以让我感激一生了。我学会理发之后,给我的高中同学、大学同学、高中老师、大学老师、在美国的留学生同学等都免费理过发。从某种程度上来说,我今天所取得的一些成绩都是父亲给的。

我的家乡海安市位于江苏省东部的苏中地区,在南通、盐城、泰州三市交界处,东临黄海,南望长江,是江苏水陆交通要塞,属长江三角洲经济区,为上海辐

2020年9月11日给父亲理发

射地带，是全国首批 14 个沿海开放城市中最早的对外开放县，下辖 10 个区镇，拥有国家级开发区、省级高新区、省级滨海新区、省级商贸物流园区、省级粮食物流园区、中国和意大利国际合作园区各 1 家。海安四季分明、气候温和、雨水充沛、河道成网、物产丰富，是鱼米之乡，总面积约 1180 平方公里，总人口约 100 万。2020 年全市地区生产总值 1221.63 亿元，在全国县域经济竞争百强榜列第 24 位；自 2006 年统计至 2018 年，海安在中小城市综合实力百强榜的排名从第 45 位跃升至第 28 位。海安的教育比较有名，曾任县委书记的单晓鸣除了重视党的工作，以及社会发展、经济建设等工作外，还非常重视教育工作。从她本人的经历来看，她早年在如东县工作时，既担任常务副县长，又兼任一家公司的董事长。她非常重视学习，在工作的同时还报考了南京大学商学院在职 MBA 硕士学位项目，是我们商学院 2001 级的 MBA 优秀毕业生。单晓鸣后来担任南通市委常委、常务副市长等职务。

  海安市有两所赫赫有名的学府：一是海安高级中学，二是海安实验小学。据资料介绍，海安高级中学的前身是私立紫石中学，它是海安名人韩国钧（字紫石）先生创办的。韩先生是前清举人，民国时期曾任江苏省省长。抗战期间，因他坚持抗日，宁死不事伪职，抗日民主政府为表彰他的民族气节，以他的字命名，成立紫石县，紫石县后来改称为海安县（现已撤销海安县，设立县级海安市），私立紫石中学也更名为"海安县中学"。海安县中学连续 10 多年高考高分段人数名列全省第一，1997 年 8 月，学校更名为"江苏省海安高级中学"，1999 年 4 月，海安高级中学被江苏省教委正式确认为"国家级示范高中"。

  海安人以海安高级中学为骄傲，我没上过这所中学，我高中读的是海安双楼职业中学。1970 年我从这里高中毕业即回乡务农，当了一名拖拉机手。海安的教育有名，不仅是海安实验小学和海安县中学的缘故，和我 1970 年毕业的海安双楼职业中学也有些渊源。双楼职业中学是由国务院原副总理、中宣部部长陆定一于 1958 年倡导创办的新中国第一所农村职业中学，曾被评为"新中国农村职业教育的第一面红旗"。记得我们在双楼职业中学读高中时，所睡的双层床是当时南京大学老校长匡亚明先生赠送的，而且他亲临学校指导工作。

1996年，双楼职业中学被审批认定为首批国家级重点职业高级中学，2010年6月更名为双楼中专，为国家和地方经济建设培养出了不少人才。

1973年，海安县派了两个工作队深入农村，进行生产调查、思想宣讲等工作。我被海安县委、县政府选调到工作队，分配到花庄公社工作。两个工作队共有十多人，与我共事的工作队中有一个领导叫吴瑞祥，他比我年长11岁，后来做了20年海安县教育局局长，之后又到海安高级中学做了10年校长。在一同工作的工作队同事中，我跟吴瑞祥一直都保持着密切联系。吴瑞祥后来回忆说，我当时给他留下了比较深刻的印象。在吴瑞祥看来，我比较勤奋、能干，是个"小老虎"。他说，当时我带领七大队做出了两大成绩。第一个成绩，每块土地我都测量了pH值，在测定酸碱度后，我开始有目的地指导农民怎么施肥，怎样最有效地利用好肥料；第二个成绩，我搞出了一个土地规划图，对哪块土地适宜种植什么农作物进行了规划。

我对这些事情都记不太清楚了，不过吴瑞祥说，我在工作队时常帮人理发，这是事实，因为学了父亲的手艺，我会时不时露一手。16岁的小伙能理发，在当时招来不少好人缘。

"小老虎"的称号是否贴切我也记不太清楚了，如今弟弟赵曙凌回忆起20世纪70年代初在生产队"大干特干"的场景时，能记起的是我每天回家筋疲力尽的模样，有时还会抱怨晚饭又是一碗稀粥。我们经常稀汤灌大肚，但这就是那时候的生活水平。

赵曙明教授和父亲赵振泉、弟弟赵曙凌在西柏坡

不过，如果说我是一个能吃苦的回乡青年，我当之无愧。

我从双楼职业中学学到的物理机械方面的知识在村里派上了用场。作为村里唯一的高中毕业生和文化人，我得到了生产队支部书记陈松高先生的青睐。当时我所在的"永新大队"（现在叫"戚湾村"）被评上"农业学大寨"的先进典型，获得县里奖励的一台最先进的机械——"东风12型"手扶拖拉机。拥有最高学历的我自然被选中从事当时在乡村看来最时髦的工作——开拖拉机。那时，在农村的土路上开拖拉机颠簸异常，刺耳的噪声、难闻的烟气、飞溅的泥土，一天下来，满脸烟痕、满身泥迹，骨头也像散了架似的。但在当时，当一名拖拉机手就是一种荣耀，就如同当时被人家称为"同志"一样。与我一起上山下乡的那些知识青年好多都说自己曾梦想成为一名拖拉机手。当时还有一首关于"女拖拉机手"的歌曲非常流行："看／我们的拖拉机／身上带着铁犁／耕起了草原万里／我们是生产的动力／开哟，开哟／开遍了祖国的大地……"这首刊发在《人民日报》上的歌曲，曾风靡全国，拨动了千万个立志垦荒的女青年的心弦。记得这首歌曲的"领唱人"叫梁军，是1962年我国发行的第三套人民币中的壹元人民币图案上的那个女拖拉机手。梁军是新中国第一位女拖拉机手，1950年被选为全国劳动模范，曾受到了毛泽东主席等党和国家领导人的接见。可见在当时的农村，做一名拖拉机手是无限光荣的事。所以我对这份工作非常珍惜，现在回想起来，还能依稀记得自己神采飞扬、干劲十足的样子。

因为能吃苦、干劲足，我赢得了村民的夸奖与信赖，第二年就担任了生产大队团支部书记，之后被选为生产队长，不久又被任命为大队党支部副书记。当然，我被重用与提拔很重要的一个原因还在于我是大队党支部书记陈松高不可缺少的"秘书"，因为他不识字，也不会写字，很多材料都是我写的。

"干部干部，先行一步"，当了"官"更要带头干。老支书从20世纪50年代互助组、合作社期间就开始担任干部，资格很老，即使他不干活也有绝对权威，可我一个小青年肯定就不行了，所以我得事事抢着干、带头干，不能落后于人。我后来这样总结：要带领农民兄弟一块儿干活，要让他们听你指挥，唯一妙招就是带头干，还要比他们干得快、干得多。除了养猪、挑大粪，最苦的是每年冬天兴修水利"上河工"，我都不能比其他人干得少，一点儿都不能偷懒。大块儿的河泥要挑到十几米高的河堤上，午饭只能就着大白菜汤吃胡萝卜饭。后来与我的学生聊起这些时，我有时还会开玩笑说：之所以现在个子不高，就是那时挑担子压的。要知道，那个时候我能挑 200 斤重的东西！现在可能连 100 斤都挑不动了。

只识 ABC 的英语系学生

如果在乡村再多干几年，农民就有可能成为我的终生职业，上河工之类的农活也许会成为我的永久性工作，但不久转机来了。1974 年，我有幸成为工农兵学员中的一员，被推举到南京大学深造。

1974 年春，招收"工农兵学员"的消息传来，我报考了"江苏农学院"，经过推荐和考试，获得了上大学的机会。出乎意料的是，我被南京大学西班牙语专业选中，最后拿到南京大学入学通知书时，却被录取到了英语专业。当时，我连 26 个英文字母都认不全，成绩排在最后。

工农兵学员，从 1970 年的第一届到 1976 年的最后一届，整整 7 年，再加上之前高等教育停顿了 4 年，总共 11 年，中国没有正规的高等教育，后来国家恢复高考制度之后，工农兵学员才被国家承认为普通大学学历。

从绍兴文理学院人文学院陈才宇教授的新浪博客中，我重新了解到了工农兵学员这个名称的来历。陈才宇出生于 1952 年 12 月，同样也是一名工农兵学员。他在一篇有关工农兵学员的博客文章中引述了毛泽东主席办大学那段话的原文："大学还是要办的，我这里主要说的是理工科的大学，但学制要缩短，教育要革命，要无产阶级政治挂帅，走上海机床厂从工人中培养技术人员的道路。"这大概就是工农兵学员这个名称的来历吧。

《南都周刊》在 2006 年 8 月曾做了"探访中国最后的工农兵大学生"的一组报道，文中提到了知名作家梁晓声、贾平凹、中国第一位研究性学的女社会学家李银河等，他们都是工农兵学员。王石于 1951 年出生于广西柳州一军人世家，1974 年被推荐到兰州铁道学院（现更名为兰州交通大学）给排水专业，他也是工农兵学员中的一员，后来他成了中国企业家的标杆人物，万科集团的董事长。

工农兵学员后来遇到了一些困难，在恢复高考后的大学生群体里有股先天的弱势。从1977年开始上大学的学生，都是经过高考挑选出来的，他们被认为是百里挑一甚至千里挑一的天之骄子，属于精英。而当时，工农兵学员被认为是在不公平的环境中上大学的。当时我本人的心理也因此受到了一些冲击。我在美国留学的时候，中国即将恢复研究生考试，在太太许晓梅的鼓励下，我发扬吃苦精神，经过严格的考试，获得学校的全额奖学金，拿到硕士学位。再之后，我发现做学术研究仍需继续深造，所以又重新赴美攻下博士学位。当然，这都是后话了。

我被推荐上大学，当时所在的整个永新大队，甚至章郭人民公社都为我感到高兴，为我庆祝。还记得决定要上大学时的感人一幕：得知上级领导希望我上大学深造，愿意让我考大学时，老支书流下了热泪。当时中共海安县委、县政府准备提拔我担任章郭人民公社半脱产的党委副书记，老支书也把我看作当时公社副书记接班人的不二人选，他不愿看到我这个他亲手提携的后辈兼工作伙伴离他而去。他感慨道："你离开之后，就再也不会回来了！"我当时信誓旦旦地说："肯定能回来，因为我报考了农业大学，我还想在学成之后回乡继续为这片我热爱的土地奉献自己好像永远使不完的力气。"

没想到我来到了南京大学，更没想到我学的竟然是英语专业，这也就意味着我再也不可能回到老支书身边跟他一起工作了。命运更为戏剧性的是，我在南京大学度过了艰辛求学的3年之后，跟南京大学竟如此紧密地联系在了一起，我用了近50年的岁月在这里打造自己的事业，南京大学成了我一生中更重要的一个发展平台和学术事业的归宿。

自古人生多磨难。在公社、大队、生产队干部和农民兄弟们喝酒共同庆祝我成为大学生之后，我走进了南京大学校园重拾书本，这时我才发觉另一份挑战等在前方，这是一种远比高中毕业之后回乡务农要艰辛得多的挑战。连26个英文字母都不能标准发音的人却以英语为专业，要从A、B、C开始学习，这对我来说是名副其实的零起步。生产大队里的风云人物却要在大学班级里作为垫底儿的学生,这种滋味可不好受。

挑战没有尽头,还好我已经掌握了吃苦的本领。后来我才知道,相信自己只要多花工夫就一定会学有所成,这种信念就是自信。当时我就不信有过不去的坎儿,不相信在生产大队凭借自己的实力能赢得尊敬,在新的环境中却因为遇到这样一些困难而败下阵来。

自信心有,勇气也不缺乏,当年"上河工"、干农活时练就的吃苦精神派上了用场。我有自己的"笨"方法:每天默写20个单词。晚上9点半学校宿舍统一熄灯,只有厕所有灯,我就到厕所去读,常常坚持到夜里一两点钟才上床睡觉。当时真没想到读书也这么苦,和上河工的体力活一样,自己把自己折腾得筋疲力尽。有许多次,同学深夜上厕所,听到昏暗的厕所里有叽里咕噜的声音,吃惊之后才发现是我在读英语!后来与同学沙卫平聊起这些时,还会常常想起那段磨难重重却也壮志昂扬的青春岁月。

当年南京大学英语系招的学生共有45名,统称英语班,下面分三个小班。沙卫平在二班,我在三班。沙卫平和我同年,都是1952年生人,一开始,我们都不是大班的班干部。刚进校时,班干部主要由老师指定,男生一个召集人,女生一个召集人。一年后根据学生的学习能力和学习表现,我们先后当了大班的干部,这也说明老师认可了一年来我们的能力和学习成绩。大学二年级开始,我是大班班长,沙卫平是校学生会主席,有时我们相互取笑时

1974年到南京大学学习

还说,当时我们还都是不小的干部呢。我是江苏海安人,沙卫平是江苏如皋人,都算是江苏南通地区的人,所以我们相互以老乡称呼。

当时南京大学从全国招生,同学们来自全国各地,背景各异。有工人,有农民,有从机关来的,还有从部队来的。入校后,通过交流我们知道了各自的背景,建立了深厚的友谊。我和沙卫平是室友。当时的学生宿舍一个房间住8人,我和他整整住了三年。毕业后各奔前程,没想到后来沙卫平回到南京大学

攻读硕士和博士学位，我成了他的导师。一晃40多年过去了，可又好像昨天还跟他在一起上课呢。

与曾经的大学同学在一起

我留给沙卫平等同学的印象，和我做海安县派到花庄公社的工作队员留给吴瑞祥的印象一样，就是特别能吃苦，很勤奋。因为英语基础较差，我不得不比别人花上更多的时间才能赶上其他同学。沙卫平当时上的是县城里的中学，多少还学了一些外语，我是从零起步，而且我的普通话还有比较重的乡音，所以不得不努力。如果是一门心思学习倒也罢了，当时我们是工农兵学员，要求又红又专，只顾埋头学习那是要受批评的，所以政治上还要有积极表现。在很多同学中午休息的时候，我也要捧着马列书籍、毛主席语录，在这方面的成绩也不能落后。

要想取得好的学习成绩，光靠上课是不行的，必须比别人下更多的功夫。经常是天还没亮我就起床了，洗完脸就到外面读书。为了把功课复习好，我经常大声地朗读英语文章，有时因声音太大觉得有点不好意思，就躲在树林里一个人大声朗读。晚上也要学到很晚才回来。我们住的是集体宿舍，我怕影响别人，回来时动作尽量轻，以免吵醒他们。

大学期间，总体来讲我不善言谈。沙卫平提起我时，认为我属于那种厚积薄发的人。他评价我说："不苟言笑，也不太爱开玩笑，除了读书、做些公益活动外，好像没有什么特别的爱好。"我虽然相对内向，但和谁都能处得来。

很多大学同学都能成为一辈子的朋友，我和沙卫平就是这种能处一辈子的朋友。从1974年读大学开始，到现在47年过去了，我们一直保持着密切的联系，不管是在学业上还是工作上，大学时的情谊一直延续至今。

还有个小故事，当时我在大学宿舍床头上挂着一双草鞋，同宿舍的人都比较惊讶，不解地问我："你为什么带双草鞋来啊，到城市了还穿得上吗？"我告诉他们，这是父亲送给我的，为了让我勤恳求学、踏实上进。父亲一直提醒我，到了大城市一定要保持艰苦朴素的传统。

父亲用这双草鞋来提醒我不能忘本，要勤学上进。读大学时，父亲传授的理发技能也成为我拉近同学之间感情的有效工具。那时候我们的生活条件都不是很好，申请助学金的较多，我因为能免费帮同学们理发，还受到不少同学的感激及拥戴。

没想到留学美国时，我在南京大学学习时所用的种种方法还要用上。真是学无止境，吃苦的磨炼也没有止境。

新一代留美学生

1977年大学毕业的时候，我最大的愿望之一就是出国留学，但由于种种原因没能成行。

当时的工农兵学员都是包分配的，快毕业时就差不多知道我们将来的工作单位了，我的分配方案是去外交部。但外交部来南京大学要人时，学校并没有安排我去外交部，而是计划安排我留南京大学工作，可我很想去外交部，不愿意留校，所以我当时还与负责分配的老师"吵了一架"，年轻人好高骛远嘛，可以理解。后来负责分配的老师告诉我，外交部已经结束分配了，我没能去成外交部，学校计划安排我去中国远洋公司担任翻译。

到位于天津塘沽港的中国远洋公司工作，离家那么远，而且一年中有一半时间都漂在海上，母亲不同意。最后我只能选择了留校，在南京大学外事办（后来叫外事处，现在的名称是国际交流与合作处）做了一名普通的科员。现在看来，当时选择留校是一个非常正确的决定，这也为以后赴美留学打下了基础。

我总觉得一个年轻人应该从小事做起、从我做起。我是这么想的，也是这么做的，扫地、拖地、打开水这些小事，我总是抢着干。现在我教了不少的学生，我都会告诉他们，不要以为自己是南京大学的硕士、博士研究生就觉得不得了，不要把自己看得太重，走向社会后一定要从小事做起、从我做起。那时候，出差到上海办事情，为了节省时间，我总是在夜里坐火车，早上天亮了到上海，在上海把事情办完就返回南京。

在外事办的工作主要是接待，跟外国人打交道，进行国际交流，经常坐小汽车，经常参加宴会，那时候觉得挺好的。我曾接待过世界著名未来学家约翰·奈斯比特（John Naisbitt）。现在不一样了，不太喜欢参加宴会了。当时我在学校负责外事接待工作的同时，也在南京大学外国语学院给学生上一门"语言、文化与沟通"课。其实，全部搞行政的工作我并不是特别喜欢，做行政接待工作多，可能就做不了教学工作。我的真实想法就是将来多培养一些人，尤其是后来读了博士之后，这样的愿望更加强烈了。

在南京大学接待世界著名未来学家约翰·奈斯比特

那时候，我经常陪同校领导参加促进南京大学国际交流方面的活动。记得在1980年，美国加州波莫纳学院国际交流处主任卡尔·扎克里森（Carl Zachrison）博士到南京大学访问，我陪同一名副校长接待了他。当时，匡亚明先生是南京大学校长，范存忠教授、徐福基老师是副校长，我跟这些校领导接触比较多，由于校领导的英文讲稿也由我起草，他们对我印象比较深，也很认可我的工作。正好在1981年的时候，学校有两个到波莫纳学院做交流访问学者的机会，我就有幸成了其中的一个。

1981年与美国加州波莫纳学院国际交流处卡尔·扎克里森主任

记得当时是从北京走的，那是第一次出国，第一次坐飞机。飞了十几个小时，其他就没什么印象了。一下飞机，就感受到中国与美国的巨大差距：国内那时候都没什么飞机，美国机场的飞机却一架接着一架起飞；当时中国也没什么汽车，而在美国，我下飞机之后上高速路，看到的全是汽车。这些对我触动很大。

加州克莱蒙特大学于1925年正式成立，距离洛杉矶市中心仅35英里[⊖]。克莱蒙特城有5所本科院校：波莫纳学院（Pomona College，1887年成立）、斯克利普斯学院（Scripps College）、克莱蒙特·麦肯纳学院（Claremont Mckenna College）、哈维·穆德学院（Harvey Mudd College）和匹泽学院（Pitzer College）；还包括两所研究生学院：克莱蒙特研究生大学（Claremont Graduate University）和克莱蒙特神学院（Claremont School of Theology）；还有一个综合性服务机构——克莱蒙特大学联盟。克莱蒙特大学不仅提供了大型学校所拥有的资源和机会，同时具备私立学校注重专业化和关注个人的特点。到了克莱蒙特城后，

⊖ 1英里≈1609.34米。

我发现这个城市很漂亮，简直就是一个大花园。克莱蒙特城只有三四万人，富人很多。一放假这里就只有老人，一到开学又全是年轻的大学生了。

出国前，我太太许晓梅已经有孕在身。当时通电话很不方便，那时的中国，普通人家里基本上没有私人电话，更不要谈互联网、电子邮箱了。我与太太唯一的交流方式就是写信，一封信在路上需要走十多天。后来发现了一个打电话的方法，就是写信约好时间，让我太太到门房等公用电话。第一次通话，我们好不容易能直接在电话中交谈，可太太一直在电话那头哭，一句话也不讲。这样的经历，现在的留学生可能很难想象得到了。记得当时我是1981年3月1日去的美国，而同年9月1日女儿就出生了，等我回国第一次见她时，她已经两岁了。

那段日子太太为家庭付出很多，我不能陪伴在她身边，她既要工作又要照顾孩子。想起初次留学的经历，我对太太一直很是愧疚。

第一次出国是因公出国，我本来可以早点回来。但是，当时国内大学已经准备招研究生了。如果仅仅是为了镀金回来，已没有太大的意义了，之前工农兵学员的身份已经不吃香了。经过与太太和父母、岳父母反复沟通后，我决定在克莱蒙特研究生大学攻读硕士学位。就这样，有着坚定的目标，经过严格考试，我被录取了，并获得克莱蒙特研究生大学全额奖学金。我非常珍惜这次学习的机会，整整一年时间我没有参与任何娱乐活动，整天都在学习。最后终于如愿以偿，获得硕士学位。

1983年，我获得硕士学位回到了南京大学。在当时的校园里，这也曾轰动一时。我是办公室里唯一的硕士，工资也从一个月42元涨到68元，这在当时也是不小的数字。而且当时我不仅完全脱掉了工农兵学员的帽子，还拥有了个洋硕士学位。我继续留在南京大学外事部门工作，从副科长、科长到副处长主持工作，一路得到提拔与重用。

不过没过多久，拿到洋硕士学位这种新鲜劲儿过去了，优越感也没有了，因为有些人已开始攻读博士学位。同时，中国开启了城市改革，计划经济的寒冰逐渐消融，苏南的乡镇企业呈现蓬勃发展之势。改变是必然的，不跟着时代潮流前进，就将成为落伍者。根据当时我所观察到的中国发展趋势，以及我所了解到的美国发展状况，尤其是美国管理学研究的成熟与发展，我逐渐意识到，将西方管理学特别是人力资源管理理论引入中国，研究如何提高中国企业管理水平极为重要。

1982年南京大学代表团来美国看望我

这时，一个愿望在脑海里形成，且越来越强烈，那就是重赴美国，回到以管理学研究闻名于世的美国加州克莱蒙特研究生大学攻读高等教育与人力资源管理学博士学位。

我们这批20世纪80年代初出国的留学生，大都吃苦耐劳、自强不息。要知道，那时中国和西方已完全隔绝了30年，和苏联、东欧也断绝来往20多年了。"留学报国"成为那一代留学生的共同理想。改革开放初期，外派留学生的专业主要集中在科技领域，这主要是考虑到要适应我国改革开放初期的国家需要。随着20世纪80年代中期以后中国经济的快速发展，开始有更多的留学生选择经济学和管理学等专业。我在1981年、1987年两度赴美留学，学的分别是教育学与管理学专业，也可以算得上适应潮流了。

因为我在南京大学外事办工作干得还不错，校领导并不同意我抛下工作去读博士。后来好不容易找到了替换我的人选,安排好工作相关事宜后,于1987年,我选择自费公派方式再度赴美,又一次踏上了留学之路。

1981年我赴美进修时,美国加州克莱蒙特研究生大学的校长曾让我考虑读管理学专业,但我没有过多犹豫就拒绝了,理由就是想当然地认为"学了管理也不一定会当上管理者"。因为那时,中国虽然已经开始改革开放,但仍然实行高度集中的计划经济体制,我在南京大学做着行政工作,也教过一门课,自然就想到了攻读教育学专业。但这一次,我主动选择了高等教育与人力资源管理学专业,其理由也相当充分,因为"这个专业对世界人口第一大国有着举足轻重的意义。人是可以塑造的,人力资源管理的可贵之处,就在于怎样引导和塑造人"。

1987年和太太许晓梅在美国Huntington图书馆

第二次出国,居然能把太太、女儿一块带出去,这在当时来说也是破天荒的事情,因为没有先例。按照当时的有关政策,一般是要自己先出国,半年以后她们才可以申请出去探亲。抱着试试看的态度,我先去美国驻上海总领馆申请办理出国签证手续,第二天太太带着女儿去办签证,很快获得批准,我们全家都很开心,总算我们可以一起在美国生活,不用分开了。现在看来,在那个年代办下陪读的手续,也是新中国较为特殊的例子。后来我们到了美国,中国的留学生们看到我们都很惊讶,因为我们是一家人一起出来的。

一开始商量出去读博士的时候,我太太心里其实很难受,心想又要分开了。没想到这回一家人都能出去,那股高兴劲儿真的无法形容!不过,还没想着用什么方式庆祝,就开始愁机票了。

这一次,我在美国待了四年,攻读博士学位花了整整三年时间,获得博士学位后,我又到美国佛罗里达大西洋大学商学院做了一年博士后研究,专门研究国际企业人力资源管理问题。

攻读博士学位又是一场硬仗，后来我归之为有三只拦路虎：专业基础薄弱、生活费拮据、学习时间紧张。我不能有丝毫退缩，只能朝着目标奋力前行。现在想来，我很多时候都没有退路，在不得不竭尽全力时，才能见到曙光。不管是高中毕业回乡做个小干部，还是作为英语系学生拼尽全力摆脱垫底的尴尬境地，包括这次为了拿下博士学位背水一战，都是困难重重，但这些既是对意志的一种磨炼，也是一个不断自我完善、自我提高的过程。现在回想起自己有这样一段人生历程，我很庆幸，也很满足。

这一次的求学，一点不比攻读硕士学位轻松。生活方面，太太与女儿一起来到了美国，她们需要很长一段时间来适应异国他乡的生活。比如，她们要学习英语，学习各种人际交往之道，女儿还要选学校，她要学着如何与当地的小孩融洽相处。因为是自费留学，昂贵的学费令我一筹莫展，但我很幸运，攻读博士学位三年都获得了克莱蒙特研究生大学的奖学金，基本上解决了学费问题。我还兼任克莱蒙特六所学院校长联合委员会轮值主席秘书，能够获得部分收入。我太太许晓梅除了自己在匹泽学院学习英语课程外，还要打工来赚生活费。在处理好这些事务和关系的同时，拿到博士学位是我当时的重中之重，因为这是放弃国内较为舒适的生活、再次赴美的根本诉求。

读博士是艰苦的。每周要看好几本书，每一本书都要写一篇点评文章，而且都要求打印出来，这个压力还是蛮大的。看完书、写完文章后，老师在课堂上还会提问，如果回答不好，平时成绩就会受影响。当时没有买电脑，我写文章都要到学校电脑打字房去打字。我从早晨背着书包出去，一直到晚上才回来。一般情况下，我会带两顿饭量的面包，有时候带一顿饭，或者中午回来吃饭，晚上不回来就带点三明治。打字房晚上 12 点钟关门，我基本上都是到 11 点半以后才回来，几乎每天都是这样，没有什么休息的时间，包括周末。

上完所有博士学位课程后，还要通过博士资格考试。美国博士学位资格考试有两种：一种是周五下午 5 点去拿题目，回去考试，叫 take-home exam，下周五下午 5 点前交回去；另一种是周六早晨 9 点至下午 5 点到学院考试，这种叫闭卷考试，中午自带中饭。1989 年年初的一个星期五下午，我到老师那拿了四个论文题目,每一个题目要写 20 多页纸,一个星期内完成。经过一周的挑灯夜战,我顺利地通过了博士资格考试。博士资格考试通过后,我开始着手准备博士论文大纲,却突然累倒了。一天,我忽然感到天旋地转,不能动,一坐起来就吐,一睁开眼睛就感觉房子在旋转,后来得知是眩晕症,在家整整躺了三天,可把我太太吓坏了。

还有更伤心的事,那时候我已买了个旧电脑,论文初稿和相关论文资料都输在电脑里,输着输着电脑坏了,所有的资料不见了踪影,我那时异常沮丧。后来找人来修理,总算找回了一部分,心里多少才好受了些,这也算是留学期间最痛心疾首的一件事情了。攻读博士学位的时候,每天睡眠时间很少有超过 5 个小时的,那个时候是不得已而为之。现如今,我每天的睡觉时间一般也不会超过 5 个小时,就是在那时候养成的习惯。只不过现在是主动的安排,不同于过去那样不得不做拼命三郎了。

1990 年 5 月我获得博士学位后,应美国佛罗里达大西洋大学商学院院长斯丹利·希利(Stanley J. Hille)教授的邀请,到该院从事国际人力资源管理博士后研究。在 1990 年和 1991 年,南京大学老校长曲钦岳院士和商学院老院长周三多教授分别到美国佛罗里达大西洋大学商学院来看望我们一家,希望我回南京大学并到商学院工作。1991 年 9 月,结束博士后研究后,我谢绝了美国几所大学的邀请,

1990 年与美国佛罗里达大西洋大学商学院希利院长

回到培养我的祖国和母校,开始我一直向往的教书育人和学术研究的生涯。我 1991 年回国时,周三多教授担任商学院院长,我担任副院长。1995 年周三多教授卸任,学校任命洪银兴教授担任商学院院长。由于他要到新加坡南洋理工大学做访问教授一年,所以在 1995 年 8 月,学校任命我担任了代院长,后来我一直担任南京大学商学院院长至 2011 年 7 月。

在我从美国回到南京大学工作的30多年来，我努力工作，在教学科研等方面取得了一定的成绩，获得了领导和同事的认可，也获得了诸多荣誉，如"南京大学先进工作者""2005年中国十大教育英才""2006年江苏省先进工作者""中国最具影响力十大管理大师""美国内布拉斯加大学世界杰出人力资源管理专家""美国斯顿·霍尔大学管理学名誉博士学位""美国密苏里大学校长最高特别奖章""复旦管理学杰出贡献奖""江苏社科名家"、南京大学"师德先进"奖等。

1991年夏天周三多院长到佛罗里达大西洋大学看望赵曙明夫妇

后来我总结，人是可以塑造的，有时要善于"自找苦吃"，不断超越自己。很多人一不小心掉进自己的舒适陷阱不肯爬上来，几年或者十几年过去之后，猛然发现与身边人相差甚远，这时后悔晚矣。

德鲁克先生对我的影响

加州克莱蒙特研究生大学因彼得·德鲁克（Peter F. Drucker）的影响力而声名远扬，1987年，克莱蒙特研究生大学的管理学院更名为德鲁克管理学院。德鲁克先生从1971年开始执教于克莱蒙特研究生大学，一直到2005年11月11日病逝。我1981年第一次在克莱蒙特研究生大学求学时并不认识他，也不知道周围有这样一位伟人。1987年我在该校攻读高等教育与人力资源管理专业时，除了选修著名高等教育管理专家杰克·舒斯特教授、著名领导学专家吉恩·李普曼–布卢门教授等讲授的课

1987年与管理大师德鲁克教授在一起

程外，我还认真阅读了德鲁克先生的著作，听他的讲座，开始认识和了解德鲁克教授。随着接触越来越多，我与他也慢慢开始熟悉，打交道也就多起来了。中国人特别不习惯直呼别人的名字，所以我就喊他 Professor Drucker。他有一次抱怨说："你怎么不叫我 Peter 呢？"后来我就直接喊他 Peter 了。1991 年回国以后，基本上每年到美国讲学时，我都会抽出时间去拜访他。学生毕业后与老师保持联系，这也许是我们中国人尊师爱教的优良传统吧。

30 多年前在美国读书期间，我常常聆听德鲁克先生的教诲，多次读过先生的著作，受益良多。尔后，每每碰到新问题，我都会再次研读他的著作，重温他的教诲。令人惊奇的是，随着阅历的增长、知识的丰富，每每重读他的著作，重温他的教诲，我都会有新的启发，受到新的教益。一本优秀的著作就是一座挖掘不尽的宝藏，它可以陪伴你的一生，让你受益终身。这样的著作一旦诞生，就已经独立于作者，独立于时代，成为每一个读者一生享用不尽的精神财富。

德鲁克教授是当代著名的思想家，也是管理学界的一代宗师。他特殊的家庭背景、传奇式的经历、渊博的学识及睿智的才思，使他在政治、法律、社会、管理、历史等多个学科领域都留下了精辟的见解和耐人寻味的启示。管理学是他一生耕耘的主要学术园地，在此领域，他成就卓著。他是推动管理学发展成为一门严肃科学的先驱，是现代"管理丛林"中经验主义学派的创立者和代表人物。他的论著被译成 30 多种文字，在世界各国广为传播，成为全世界管理者、学者奉为圭臬的经典。

德鲁克先生对未来管理学的发展做了许多大胆的预测，但他并不喜欢人们称他为预言家，而自称是一位"社会旁观者"。年轻的时候，他曾尝试成为一个经济学家，他曾经用经济计量工具分析纽约股市，并且预测纽约股市未来将不断繁荣。但一个月后，纽约股市即发生大崩盘。德鲁克先生说："这是我所做的最后一次市场预测。"他说，任何人都无法预测未来，他唯一能做的是以旁观者的身份，观察已经发生并对未来可能产生影响的重大事件。他意识到经济学家只对商品的行为有兴趣，而他关心的重点则在于人的行为。从表面来看，管理似乎离不开商品的范畴；然而在德鲁克先生的眼中，"人"才是管理的全部内容。德鲁克先生具有强烈的人文关怀，最终致使他决心以管理顾问和管理学家为终身职业。

德鲁克先生具有不断学习的精神、广博的知识基础、独特的思维方式，这使他能够达到常人所不能达到的思想高度。德鲁克先生坚持每两三年就要学习一门新的学科，使得他涉猎了经济学、管理学、社会学、心理学、数学、政治理论、历史及哲学等众多的知识领域。在此基础上，他运用其独特的思维方式，从社会、历史的高度，冷峻地俯瞰和分析组织及组织管理的变迁。这一独特的视角使其避免了一叶蔽目的狭隘，从纷繁复杂的社会现象中，准确地把握和预测组织的发展和管理的变化。

我们很多人只是从著作中认识了德鲁克先生，并没有见到过他本人，因而想当然地认为世界著名的管理大师一定是一个严肃、超然、不食人间烟火的"得道高人"。而当我初次见到先生的时候，顾虑立刻就消除了。站在我面前的，是一位身材高瘦，因年事已高而微微驼背、前额微秃、平易近人的长者。在那张布满皱纹的脸上，总是充满着慈祥的笑容。在讨论问题的时候，为了使你能够更容易明白他的观点，他习惯用很重的口音加强语气。总之，在他身上，你更容易看到一个行为保守、知识渊博、循循善诱的老者形象。他保留了传统欧洲"旧知识分子"的人格魅力。举一个简单的例子，德鲁克先生虽然在20世纪50年代就预测到了计算机对管理的重大影响，但是他本人却一直拒绝使用计算机。数十年来，德鲁克先生一直坚持用一台老式的电动打字机完成数百万字的著

2002年夏天赵曙明一家与德鲁克在德鲁克先生家门前合影

作。我问他："为什么不换成现代化的电脑呢？"他说："我不喜欢用电脑，因为它总让我觉得写文章好像是在咬文嚼字。"试想，一个如此保守的人怎么会提出自我管理、知识社会等激进的管理思想呢？先生生活上如此保守，但思想上却又如此激进，这始终让我感到匪夷所思。

许多年前，德鲁克先生回绝了哈佛商学院聘请他担任研究所教授的邀请，主要原因就是学校要他教的对象几乎全是刚从大学毕业的学生。先生强调："没有丰富工作经验的学生，是不会从我这里学到任何东西的。我从他们身上也学不到任何东西。"管理是一种责任和实践的思想，始终贯穿于德鲁克先生的所有著作中，它也深深地影响了我。

现在回想起来，不管是政府的公共管理、农村的农业管理，还是城市的城市管理、企业的企业管理，抑或是学校的教育管理、医院的医疗管理，管理的基本原理都是相通的，但将管理知识运用于不同的组织，其过程却迥然不同。千万不能用一个模式去管理不同的组织，也不能完全效仿别人的做法，因为那是完全行不通的。管理一个新生代农民工跟管理一个高级知识分子或一个 CEO 肯定不一样，所以管理学是一门实践性很强的学科，无论是学习还是研究管理学，都必须高度重视管理实践活动。

德鲁克先生的多产、智慧及其深刻的社会洞察力，很容易让人产生他是一位天生英才的感慨，殊不知先生付出的努力远远超过了常人。正是由于先生对事业的无比热爱、对完美的不懈追求超乎常人，才铸成了先生的伟大成就。先生经常对我讲起对他的人生有很大影响的一件事情。先生毕生喜欢看歌剧，在他 18 岁那年，有一天晚上，他到汉堡歌剧院看意大利著名作曲家威尔第的歌剧《福斯塔夫》，并且完全被它所折服。但后来，他惊奇地发现，这样一部充满热情、活力四射的轻歌剧竟然是威尔第在 80 岁时创作的。别人问威尔第："你是 19 世纪最重要的歌剧家，为什么在如此高龄还要继续从事创作，是不是对自己的要求太高了？"威尔第回答道："我的一生就是作为音乐家为完美而奋斗的一生。完美永远躲着我，我当然有义务去追求完美。"这件事对德鲁克先生影响很大。他下定决心，无论从事什么行业，无论到了什么年纪，他都要追求完美，决不放弃。因此，当有人问德鲁克先生"您认为您的哪一本书最好"时，他总是微笑着回答"下一本"。

在长达60多年的职业生涯中，德鲁克先生总共出版了40本著作，平均下来，不到两年就有一本书问世。德鲁克先生在他94岁高龄的时候还完成了最后一部著作。他在《哈佛商业评论》上发表了30多篇论文，并且有6篇获得了麦肯锡最佳论文奖。这一成果足以令当今最杰出的管理学家叹为观止。德鲁克先生经常告诫经理人："一定要知道你自己是如何利用时间的。"

他本人就是有效利用时间的典范。在克莱蒙特校园里面流传着这样一则故事。如果你写信邀请德鲁克先生发表一场演讲或写一篇书评，你将会收到他本人寄来的一张明信片，背面写着："非常感激您诚挚的邀请，但我无法做下列各项事情：撰写前言、替手稿或新书写书评、参与专题讨论会、参加委员会或任何形式的会议、接受问卷调查或访问、上电视或上广播电台。"我问德鲁克先生："您是如何打发工作以外的休闲时间的？"德鲁克先生反问我："什么是休闲时间？"德鲁克先生的高产再次验证，一个人再有天赋，也要有目标和愿景，也需要对目标的不懈追求。我从德鲁克先生身上学到了对工作的态度、对人生的追求、对学习的热情，这不仅是一个学者成功的基础，同时也是一个卓有成效的管理者成功的基础，而这远胜于任何管理方法和技巧。即便是德鲁克先生这样的伟大学者，也需要刻苦的追求、坚持不懈的努力，更何况我们这样的普通人呢？

2005年11月12日，我在澳大利亚讲学期间，突然收到时任我的母校加州克莱蒙特研究生大学校长Robert Klitgaard教授写的电子邮件，他告知我德鲁克先生已去世的消息。当时我异常震惊。在我的印象中，德鲁克先生正如他的思想一样是永远年轻、不会逝去的。现在回想，2005年8月我参加完世界管理学大会，转道回母校拜见老师德鲁克教授，竟然就是我与先生的永别。在那个夏天的见面中，先生告诉我，自从2002年癌症动过手术以后，他的身体就远不如从前，只能依靠轮椅走路，依靠助听器来与人进行交流，甚至连他最喜欢的游泳也不能进行了。但他依然坚持写作和研究，只不过写作的速度减缓了很多，以前两周可以完成一篇论文，现在两三个月才能够完成。我一直以为德鲁克先生会活到100岁。现在想来，写作就如他的生命一样。先生停止写作的那天就是离开我们的那天。但当看到书架上摆放着先生的一本又一本著作，我又逐渐释怀：先生虽然走了，但是其作品、精神和思想将永远陪伴着我们，仿佛先生就在我们身边一样。

德鲁克先生去世后，每年夏天我都会利用在美国讲课的机会，和家人一起去拜访师母多丽斯·德鲁克（Doris Drucker）博士。

2009年夏天我和太太许晓梅老师拜访德鲁克夫人多丽斯·德鲁克博士

2014年8月11日我和女儿赵宜萱拜访103岁的德鲁克夫人多丽斯·德鲁克博士

我的家庭

我的父亲赵振泉传承给我的不仅有吃苦的精神、孝顺的品性，还教会我一门不错的手艺，那就是理发。帮人理发，我并不觉得是件不够光彩的事儿，反而伴我度过了大学期间、留学期间许多快乐的时光。因为会理发，父亲在村子里的人缘很好，随着年岁增长，还树立了不少的威信。不过父亲也曾有过遗憾，那就是读了一段时间的私塾却没能继续求学，被爷爷赵鸿波叫回去干农活了。因为爷爷一直以来的观点是，上学所学的东西只要让人会做账就足够了。爷爷在1949年前做过生意，有一艘运输船，贩过鸡蛋。把鸡蛋运到上海卖，然后从上海倒些东西回来卖，后来这条谋生的船被充公了。奶奶赵徐氏的父亲是举人，算是知识分子家庭，奶奶不识字，但因为她父亲是私塾先生，她也跟着背了一些诗词。

爷爷比较威严，父亲有些怕他。但爷爷让我早点儿回家干农活，别再上学时，父亲却没有听从他。父亲坚持让我上学，能读多少就读多少，仅就这一点，我就无限感激他了。爷爷67岁时因食道癌去世，奶奶79岁去世，那一代人多灾多难，生活过得很不容易。

我母亲严秀芳是一位慈母。记得小时候我很调皮，喜欢钓鱼、摸螃蟹、抓黄鳝，夏天游泳钻到河底摸河蚌，父亲考虑我的安全，经常教训我，小时候没少被父亲打过，但是父亲一打我，母亲就会站出来保护我。"棒打出孝子"，这在中国传统文化背景下还是有一点用途的，但这在西方是行不通的。

父母生养我们兄妹四个，拉扯大三个，分别是我、比我小6岁的妹妹赵素琴和我比小9岁的弟弟赵曙凌。中间本来还有个小我3岁的弟弟，但是因为一个亲戚家没有小孩，多次找我父母要，二弟后来被他们领养了。由于他们家条件比我们家还差，又不注重对我二弟的教育，我父母又把他要了回来，但回来之后他身体一直很差，后来就去世了。我妹妹赵素琴是一位非常善良、勤劳的农村女性，她只读到初中就开始帮助家人料理家务和种田了。弟弟赵曙凌开始在海安中学担任代课老师，后来海安县为了支持云南少数民族地区的教育事业，安排海安中学对口支援云南省宁蒗彝族自治县宁海中学办教育，派了大批教师到那儿任教。弟弟为了解决户口和教师转正问题，主动报名去宁海中学任教了几年。他边教边学，通过成人高考和电大学习，先后获得了大专和本科文凭。现在他在海安市教育局担任考试中心副主任、中共江苏省电大海安分院副书记。我们兄弟姐妹感情很好，相互体贴，孝敬父母和长者是我们家的传统。

我大学毕业后留在南京大学外事办，经人介绍认识了太太许晓梅，我们的婚姻不是父母包办的，而是自由恋爱。

记得第一次约会，我们去南京军人俱乐部看印度电影《流浪者》。说是约会，其实是第一次见面，当时好不容易买了四张电影票，我们两个坐中间，两个介绍人坐两边。看完电影后我们分别骑车，我在她前面骑，她在我后面骑。后来，晓梅跟我说，她当时看到我穿的袜子后跟上有个大洞，感觉到我生活有些寒酸，于是就给我买了袜子，后来她又拿上海牌的手表与我交换了钟山牌的手表。

晓梅 1957 年在天津出生。她父亲许泽民是一位高级工程师，同济大学的毕业生，后来在江苏省设计院做副总工程师。晓梅的父亲一开始在上海上学、工作，后来调到内蒙古支边，之后才调到南京工作。那时候，晓梅家的经济条件肯定比我家好得多。

晓梅的外公是开珠宝店的，有一个很大的珠宝店。她的母亲陈静仪是独生女，老听晓梅讲，她的母亲年轻时长得很漂亮，上过《中国妇女画报》封面。后来在"文化大革命"时期，晓梅一家受到了很大的冲击。我们谈恋爱时，她父亲因为受"文化大革命"的冲击，还没有完全恢复工作。晓梅朋友的父亲是南京大学的教授，也因为"文化大革命"受到冲击，当时也还没有完全恢复工作，他们两家人住在一个小院子里。她这个朋友与我的同事一块儿牵线搭桥，我们就这样相互认识了。谈恋爱的时候，晓梅给我买过不少东西，现在回忆起来还挺感动的。她后来跟我开玩笑说："别人谈恋爱都是男孩子给女孩子买东西，我们谈恋爱时却是我给你买东西。也不是我多有钱，就是觉得你人还不错。缺这少那的，看着心疼。虽然你也没跟我要，但我觉得应该买点儿东西给你。"

当时谈恋爱还比较讲究家庭的政治出身，我是贫农家庭出身，是一位中共党员，曾担任过大队党支部副书记、大队长，后来又以工农兵学员身份上大学，算是根红苗正。她父亲觉得我是南京大学的老师，跟学术界又能够搭上一点儿，所以很同意晓梅跟我交往。

1980年，学校有两个出国进行学术交流的名额，其中一个给了我，当时学校有要求，出国的人一定要是已经成家的。所以谈了两年的恋爱，我们就结婚了。

我1981年3月1日出国时，晓梅已有孕在身了，待我1983年回国，女儿已经两岁多了。从家庭的角度来讲，我太太还是比较辛苦的，尤其是在女儿出生后，那两年多我又不在她身边，想来很是歉疚。我也很感激她的父母帮忙一起抚养女儿，后来第二次到美国读书时，就让她父母在美国待了大半年，他们玩得很开心，这也算是对他们的一种报答。

长期以来，对我太太晓梅，我一直觉得很歉疚。我实在太忙，又经常不在家，在外面上课，讲学，组织学术活动，参加各种学术论坛、国内国际会议等，家里的事情全由我太太操持着。唯一能有所慰藉的是，1991年我回国后，基本上每年夏天到美国或澳大利亚讲学，我都会带上她和女儿。

生活上我比较依赖太太。结婚后，我的穿着都是她帮我搭配的，特别是后来参加外事和公众活动多了，需要注意穿着。这里还有个小故事。有段时间，我的穿着很不得体，西装配运动鞋，或者白袜子搭配黑皮鞋，我的学生们私下就猜肯定是许老师不在家，还真被他们猜中了。许晓梅在南京大学外语部工作那段时间，被外派到美国纽约市的一所大学学习、工作了半年。谈及穿着的事，我太太好不得意："我们家是上海人，比较讲究。我爸在江苏省设计院工作时，每天穿的都是笔挺的毛料衣服。记得我家就住在设计院华侨路新街口那一块儿，那里有好多家洗衣店，我爸三天两头要么是把中山装送去洗，要么是把裤子送去洗。我爸有个习惯，衣服穿不过两天就一定要换。所以，这些都是从家里、从我爸身上学到的。"

我的女儿叫赵宜萱,是她外公取的名字,出生于1981年9月1日。那时候我在美国,因为家里没有电话,只能通过书信沟通。岳父在信上一直说我太太怀的是儿子,后来生下来是个女儿,他写信给我时,我还以为搞错了呢,愣了很长时间。这件事后来成了我在女儿手中的把柄,她要拿我开涮时,就说我重男轻女。

其实后来我们在美国可以生第二胎,但我们没有要,因为我很传统,很守规矩,或者说是很忠诚吧。虽然我在美国,但我总认为,作为中共党员,我不能违反党和国家的计划生育政策。女儿赵宜萱还是很优秀的,她在美国读的小学,中途回来读到高二,大学是在美国密苏里大学读的,还获得了该校的全额奖学金。回国工作几年后,又到美国著名的南加州大学马歇尔商学院攻读国际MBA,她东西方礼仪都懂,且经常做一些慈善活动。再后来赵宜萱在南京大学商学院攻读了人力资源管理的博士学位,虽然是80后,但她很能吃苦,学业上很钻研,她在研究新生代员工的管理和人工智能对员工管理的影响方面有不少研究成果,现在担任南京大学商学院人力资源管理系副教授。

还记得第一次见女儿时的情景。第一次回国,由美国飞到中国香港地区,经香港地区到广州然后回南京,太太晓梅带着我从未见过面的女儿及岳母坐火车来广州接我。女儿第一次见我很面生,我买了一根冰棒才哄她抱了我一下。其间发生一则趣事。当时女儿穿着开裆裤,车厢里面有老外,老外就跟她妈妈说,你家孩子裤子破了。太太听了又好气又好笑,说中国小孩2岁时都还穿开裆裤。那次回国,我带了很多东西回来,国家对留学生有优惠政策,可以免税带八大件回国,所以我在香港买了八大件,包括冰箱、电视、洗衣机、大三七收录机、自行车之类的,东西很多。那时候不像现在能快递回来,都是需要自己带的。

女儿很可爱,也很调皮。她在美国上小学的时候很爱面子,美国小孩经常嘲笑她带的中国饭。为了不被同学取笑,她曾把妈妈辛辛苦苦准备的午餐倒了。但有的时候,她淘气得也很出格。有次回国途经日本,酒店中间有个很大的鸟笼，里面有一只像热带鹦鹉一样的鸟很漂亮。女儿在美国读小学时，老师曾教育她们要保护动物，所以她就把人家那个鸟笼的锁给拿掉了。没过多久酒店的经理就找上门来，说是我们家的赵宜萱把鸟给放了。当时，酒店经理说这只鸟价值几万美元，抓不回来就得赔，这真把我们吓坏了，那时哪有那么多钱呀！

后来那只鸟还是被找到了，原来鸟被关太久了对主人也有感情，也不怎么会飞了，就在酒店里头转。回忆起这件事，女儿还觉得很好玩，一脸淘气样。她说，自己很清楚地记得当时的场景："那个酒店经理的手都被鸟给啄破了。"但要知道，当时我对她的行为是很生气的。

在女儿小的时候，我也打过她，骂过她。但在她上中学以后，我就很少打她，也不骂她了。

女儿在16岁那年很是反叛。一次她跟她妈拌起嘴来，她妈说了一句：你滚！她真的就跑出去了。那可是在寒冷的冬天，我们非常着急，叫了很多人找她。

没想到她就躲在院子里，凌晨两三点饿极了才自己走出来。赵宜萱后来说，她一直记着这件事呢，并且还记得我当时抱住她又气又心疼地说："你妈让你出去你就出去啊，你怎么着也不能出去的。"其实，我倒不太记得自己说了些什么，估计她现在初为人母，已经体会到身为父母的不易了。

女儿赵宜萱于2009年正式结婚。她从美国密苏里大学毕业后，回国在美国毕博管理咨询公司和欧洲最大的咨询公司凯捷管理咨询公司工作。几年工作后又到美国著名的南加州大学马歇尔商学院攻读国际MBA硕士学位，后被该校聘请到南加州大学中国办事处（上海）担任负责人。

2010年7月，女儿赵宜萱为我们添了一个可爱的外孙赵塑廷，英文名是Kevin，他活泼可爱又聪明。Kevin一直养在我们家，我太太照顾小外孙很辛苦。为了给小孩喂奶，当初女儿每周从上海到南京来回奔波两三次，她对铁路的贡献确实不少。南加州大学给她的薪酬很高，她也很喜爱这份工作，但由于要照顾自己的儿子，她辞去了心爱的工作，回到南京。凯捷管理咨询公司专门为她在南京成立办事处,请她当经理。她经常跟我说,自己有了小孩之后才真正感到做父母的不易。其实,我又何尝不是这么想呢?父母的一项非常重要的工作就是培育孩子。在很多关键时刻,是父母的教育引导了我们,他们相信我们的能力及选择,这些都让我们感激不已。

第 2 章
我的人力资源管理观

"《国际企业：人力资源管理》一书填补了国内教材的空白；《中国企业：人力资源管理》是国内最早专门研究中国人力资源管理与开发的专著；开发设计了国内第一套'企业人力资源指数'；写出了国内管理学界第一份企业人力资源调查报告；《人力资源管理研究》是相关研究领域最有影响力的著作之一，获教育部'第四届中国高校人文社会科学研究优秀成果'一等奖，是一等奖中仅有的两本管理类的著作之一……"有记者对我所做的这些工作进行总结，认为我是"中国人力资源管理领域的开拓者"，其实我只是比较早地认识到了加强人力资源管理问题的研究，对中国这样一个人口大国有着极其重要的意义，并且在人力资源管理研究领域比别人早做了一些工作，多做了一些事情而已。

老友吴瑞祥先生在一次聊天时说，一起共事时我做了一件事让他印象深刻：对每块农田进行规划及酸碱度测试。现在回头想想，当年在农村当生产队队长的那个时候，可以说是已经接触上管理了。生产队长多少也会涉及人、财、物方面的管理，特别是每年农作物种植的布局与安排，需要认真思考和研究，因为这块地当年种的是小麦或棉花，下一年就要考虑种植其他作物，一定要轮作。一个组织、一个集体需要管理，这些都用得上管理学的基本原理。我与管理学结缘，可以说是偶然，也可以说是幸运。如果不学习英文，我不太可能留在南京大学外事办；如果不在学校外事办，我不太可能在改革开放后第一批赴美留学。人力资源方面的专业启蒙，是在留学美国之后完成的。一连串的选择决定了我与人力资源管理学之缘。

对一个生在农村、长在农村的人而言，能吃苦是唯一的优势。这种精神让我顺利地完成了大学学业，让我在美国获得了奖学金，并先后取得硕士学位、博士学位，还有机会在美国从事博士后研究。如果说在求学过程中让我明白了什么的话，那就是：我有明确的目标追求，并且通过持续不断的努力去实现这个目标。当然，我还有一种坚定的信念和强烈的使命感，那就是：为中国人力资源管理学科的创建和发展，做出自己应有的贡献。

初涉管理学

我于 1981～1983 年在美国留学的时候，曾接触到美国著名经济学家、芝加哥学派领军人物之一加里·贝克尔（Gary S. Becker）等学者的人力资本理论。对人力资本理论的学习与研究也加深了我对教育学的认识，并初步形成了一个"把人作为社会进步的关键性资源，研究这种资源整体素质的提升、合理配置和充分利用"的想法。于是在获得教育学硕士学位、重返南京大学后，我深深感觉到我国迫切需要建立一个适合本国国情的人力资源管理与开发的理论体系。正是抱着这样的目标，我于 1987 年再次赴美，开始攻读高等教育与人力资源管理专业的博士学位。

我经常提及德鲁克先生，不仅因为他的为人智慧对我有启迪，而且在人力资源管理学术研究上，他也是极好的榜样。我1981年3月1日留美之前，国内对德鲁克先生的介绍并不多，因而我对他并没有太多了解。在我到美国加州克莱蒙特研究生大学读书以后，才意识到原来身边就有如此厉害的人物存在，从而也渐生敬仰之心。"人力资源"这一概念就是由德鲁克先生于1954年在其《管理的实践》一书中提出的。在管理学领域，人力资源管理已经发展成为一门重要的学科，正在引起学术界越来越多的关注。我认同和敬重德鲁克先生，特别是他面对现实、关注实践、不拘一格、理性思维、高度总结、系统前瞻的行为方式，实际上这正体现了管理的基本特征和真谛。

我第一次赴美学习时，当时美国加州克莱蒙特研究生大学的校长约翰·马圭尔（John Maguire）博士曾建议我读管理学，当时的中国虽然已经开始改革开放，但从制度上看，实行的还是高度集中的计划经济体制，管理学用不上，也几乎不为人知，因此我当初没有做深入的思考，错过了更早接触管理学的机会。后来，随着中国改革开放的逐步深入，社会环境越来越重视管理，于是我选择了攻读高等教育与人力资源管理专业的博士学位，理由简单而直接：这个专业对世界第一人口大国有着举足轻重的意义。人力资源管理是当时西方管理学研究领域的新潮流，我最终选择了高等教育与人力资源管理专业，主要是因为我通过学习比较清醒地认识到，人力资源在现代经济和现代企业管理中具有决定性的作用。

德鲁克教授的著作以实用性、系统性和前瞻性为世人所称道。我在美国加州克莱蒙特研究生大学攻读博士学位时，能有机会直接聆听大师的管理思想，是十分幸运的。受大师思想的影响，我在获得博士学位后，对人力资源管理的研究更多地以企业为对象，完成了由宏观的人力资源开发向微观的企业人力资源管理的转变。

现在，越来越多的企业管理者意识到，人力资源管理对一个企业的发展具有关键性的作用。人力资源管理不再是事后才考虑的因素，而是企业为了保持竞争力和高效率，在制定整体战略的过程中必须考虑的一个活跃性关键要素。

人是"活"的资源、最重要的资源、第一资源,其他所有资源都是"死"的资源,它们需要人这一资源才能"盘活"。

人力资源管理存在于所有的企业管理活动中,其聚焦点是企业中所有的人。

早在19世纪,人本管理研究的先驱罗伯特·欧文(Robert Owen)曾告诫他的制造商同行要关注人的因素,并声称:"如果把钱用来改善劳动者因素的话,那么这笔钱给你带来的利润将不是整个投资的5%、10%或15%,而是50%,甚至会是100%。"20世纪30年代,两位哈佛商学院的研究员乔治·埃尔顿·梅奥(George Elton Mayo)和弗里茨·罗斯伯格(Fritz Roseberger)通过霍桑实验宣告:企业的员工,而不是工作条件本身(技术)对劳动生产率有决定性的影响。20世纪50年代,德鲁克先生明确指出:"企业绝不是一个机械的资源汇集体。若仅仅将资源按逻辑顺序聚集在一起,然后打开资本的开关是不够的。需要的是资源的嬗变,而这种变化不可能来自注入资本之类无生命的资源……能够递增的资源只能是人力资源……在人类所有能够运用的资源中,只有人才能生长和发展。"

但这些还只是人力资源管理的雏形,早期的人事管理依然掩盖着人力资源管理对管理的重要性。直到20世纪60年代,人事管理还只被认为与蓝领和操作工人有关,它的作用就是记录活动、颁发奖章和协调每年一次的公司聚餐。20世纪60年代以后,一个明显的发展变化趋势就是利用人力资源管理代替人事管理。根据考夫曼(Kaufman)的研究,美国最早用人力资源管理代替人事管理是在1964年,当时梅耶斯(Mayers)等人把他们所著的人事管理教材更名为《人力资源管理:人事管理阅读材料》。在学术界,到20世纪90年代中期,几乎所有的商学院都把专业课程设置中的人事管理更名为"人力资源管理",几乎所有的教材都放弃了人事管理而选择了"人力资源管理"这一称谓。

今天,因为企业认识到了人的关键作用,所以人力资源管理部门已经在越来越多的企业中扮演了战略角色。人力资源管理战略必须是能够明确反映企业对人、利润和总体效益的战略,今天的人力资源管理职能已经更加一体化和战略化。招募、甄选、培训、开发、考核、奖励、薪酬及激励等的重要性,已经被企业的每一部门或职能领域的经理所认可。

我与中国人力资源管理的 30 多年

20 世纪 90 年代前的中国，无论是政府管理部门，还是企业界，对人的管理还停留在人事管理阶段，人力资源管理的概念还没有形成。我于 1991 年 9 月从美国学成回国后，便迫切地希望能够填补这方面的空白，所以我于 1992 年出版了《国际企业：人力资源管理》，系统地介绍了西方人力资源管理的理论体系和发展趋势。1993 年起，我开始进行将西方人力资源管理理论与中国实践相结合的尝试，出版了专著《中国企业人力资源管理》。其后，在国家自然科学基金的资助下，我在人力资源管理方面的研究不断深入，对企业人力资源开发的理论基础与管理对策、中国企业国际化进程中的人力资源开发和管理、企业集团人力资源管理战略和企业经营管理者的任职资格、转型经济下我国企业人力资源管理的若干问题等进行研究，先后出版了《人力资源管理研究》《跨国公司人力资源管理》《中国企业人力资源战略管理》《企业人力资源管理与开发国际比较研究》《我国管理者职业化胜任素质研究》等著作。在展开论述这些年我的学术路径之前，有必要让大家了解这些年来中国人力资源管理发展的脉络，以及在这个过程中我都做了哪些工作。

改革开放 40 多年来，中国经济、社会等各个方面都实现了空前的发展，人力资源管理更是经历了从计划经济体制下的劳动人事管理向现代人力资源管理的转变。尤其是进入 21 世纪以来，"以人为本""人才资源是第一资源"等理念已成共识，作为国家竞争力来源的人力资源已上升至国家战略层面的高度。

总体上看，改革开放以来，我国人力资源管理的发展经历了理念导入、实践探索、系统深化的过程。20 世纪 80 年代前，中国基本处于传统计划经济体制下的"劳动人事管理"阶段。从 20 世纪 80 年代后期开始，"人力资源管理"的基本理念逐步被引入中国，但人力资源管理实践尚未大规模地应用，这与当时中国社会经济管理体制改革的情况基本相一致。到了 20 世纪 90 年代中后期，全社会已经意识到人力资源管理需要不断改革和发展创新，人力资源管理理论在中国企业管理实践中开始得到普遍运用，但当时企业管理体制和劳动力市场经济体制的改革尚不能有力地支持现代人力资源管理规章制度的建立和健全。进入21世纪后，随着外部环境发生重大变革，人力资源管理的改革也在进一步深化，正朝着国际化、市场化、职业化、知识化、数字化的方向发展。

人力资源管理理念的导入期

人力资源管理在美国兴起于20世纪80年代初期，是当时美国管理研究的前沿领域之一。然而在20世纪80年代中期的中国，大众对"人力资源管理"一词非常陌生，甚至误以为"人力资源管理"就是"人事管理"，此时对人员的管理仍属于高度计划经济体制下的行政命令式管理。当时，劳动者只是生产关系的主体，而非和土地、资本等其他资源一样被看作生产力的基本要素。人们对人力资源管理的认识仍停留在员工只是被管理和控制的工具这种固有观念上，而此时，人事管理部门的工作仅仅是如人事考核、工资发放、人事档案管理等日常的事务性工作。用工管理主要依靠行政调配的方式，工作岗位缺乏有效的考核，劳动合同的执行流于形式，缺乏有效的激励作用和竞争性用人机制。

人力资源管理的发展离不开人力资源管理理论的指导。虽然这一时期的计划经济烙印明显，但西方的人力资源管理理念已经开始被引入中国。早期的研究主要针对的是劳动人事管理和人才管理，对这些问题进行研究的学者主要有赵履宽和王通讯等人。王重鸣、张德、时勘等人则是国内较早将心理学和企业文化理论引入人力资源管理领域的学者，他们的研究成果丰富了中国人力资源管理发展的理论基础。我和另外一些学者则著书立说，致力将西方先进的人力资源管理理念介绍到中国，如1991年我刚回国时撰写了《国际企业：人力资源管理》与《企业人力资源管理与开发国际比较研究》等著作，提出人力资源管理是对人力这一特殊的资源进行有效开发、合理利用和科学管理。从开发的角度看，它不仅包括人力资源的智力开发，也包括人的思想文化素质和道德觉悟的提高；不仅包括人的现有能力的充分发挥，也包括人的潜力的有效挖掘。从利用的角度看，它包括人力资源的预测与规划，也包括人力资源的组织和培训。这些研究成果对国内学术界和实践界产生了较大的影响。

人力资源管理的探索期

从20世纪90年代中期开始，中国开始探索人力资源管理在实践中的运用，人力资源管理实践已开始应用到企业和政府的人事管理工作中。我曾于1999年在全国范围内对中国企业集团的人力资源管理状况进行了大规模调查，在国家自然科学基金项目研究成果的基础上，出版了《中国企业集团人力资源管理战略研究》一书。研究结果发现，越来越多的企业开始试图从招聘、培训、绩效考核、薪酬等方面完善人力资源管理实践的各项职能。人力资源管理的各项专业技术有一定程度的提高，尤其是部分企业通过实施年薪制加大了对企业家激励的力度，强化了对企业家经营行为的约束，并且在一定程度上设定了企业家年薪收入的范围，而对于一般员工，已基本实现基于绩效的薪酬管理。然而在这一阶段，企业薪酬制度的改革还主要停留在分配方式改革的层面上，在相当一部分企业中，真正的薪酬管理体系还不够完善，企业薪酬管理的依据和基础还不明确，岗位分析、绩效考核体系、薪酬体系还没有真正建立起来。

需要指出的是，由于市场发育程度不高，这一时期人力资源管理存在许多弊端，如模糊的企业产权制度导致企业内部管理权责不明确，国有企业内部管理机制的行政化和干部化、专业化的人力资源市场管理机制尚未建立等问题。针对这些问题，廖泉文（1998）、常凯（1995）[一]等学者进行了较为深入的研究，主要探讨国家人力资源的相关法律和政策对人力资源管理的影响，试图从宏观层面分析企业人力资源管理面临的问题；张一弛（1996）[二]则重点关注了国有企

[一] 廖泉文. 人力资源开发与管理 [M]. 上海：同济大学出版社，1998.
常凯. 劳动关系、劳动者、劳权：当代中国的劳动问题 [M]. 北京：中国劳动出版社，1995.
[二] 张一弛. 试论国有企业改革中内部人控制与公司治理与结构 [J]. 经济科学，1996(6).

业改革中的内部人控制与公司治理结构问题；张文贤（2002）、石金涛（1998）[①]等人是国内较早关注经营者人才价值、人力资本价值计量与收益分配激励问题的学者，提出了人力资本如何参与价值分配的问题。

人力资源管理研究的系统深化期

20世纪90年代末至今，人力资源管理改革得到了系统性的深化，国家对人力资源管理重视程度日益提高（熊通成、曾湘泉，2008）[②]；企业对人力资源管理的认识已经发生了本质变化，人力资源的管理与开发水平大为提高。此阶段，中国劳动力市场发育较为充分，劳动法律逐步健全，政府人力资源管理水平提高，企业拥有了用人自主权，越来越重视人力资源管理实践。人力资源管理已经成为企业管理的重要内容，人力资源管理部门的职能正在由传统的人事行政管理职能转变为战略性人力资源管理职能，成为企业发展战略的参谋部、执行部和支持部。而随着基础管理模式的深刻变革，人力资源逐渐成为核心资源，以人为本的思想也得到了广泛的认同。在此背景下，以人才测评、绩效评估和薪资激励制度为核心的人力资源管理新模式得以确立。

与此同时，人力资源管理方面的学术研究也取得了丰硕的成果。到20世纪90年代末期，中国学者的研究已经大有进步，开始从不同视角对人力资源管理进行研究。尤其是西方的战略人力资源管理理念开始为国人所熟悉，人力资源已被视为组织核心竞争力的来源。学者们研究发现，人力资源管理与开发的政策和方式只有与企业外在环境、经营战略和组织结构保持一种动态协调关系，才能提高组织的应变能力，创造持久的竞争优势（Barney，1991；Wright & McMahan，1992）[③]。这一时期的理论研究重点主要围绕人力资源管理与企业效

[①] 张文贤. 人力资源会计研究 [M]. 北京：中国财政经济出版社，2002.
  石金涛. 现代人力资源开发与管理 [M]. 上海：上海交通大学出版社，1998.

[②] 熊通成，曾湘泉. 从十七大报告看国家与企业人力资源管理趋势 [J]. 中国劳动，2008(1).

[③] Barney J. Firm Resources and Sustained Competitive Advantage [J]. Journal of Management, 1991, 17(1)：99.
  Wright P M, McMahan G C. Theoretical Perspectives for Strategic Human Resource Management[J]. Journal of Management, 1992, 18(2)：295.

益的关系，如人力资源管理效益的概念、人力资源管理与企业效益的关系，以及人力资源管理对企业效益的作用过程、作用方式等。另外，诸如企业发展演化与人力资源管理的关系、企业家薪酬制度、知识员工管理、高新技术企业和学习型企业的人力资源管理等也成为学术界和实践界重点关注的问题。

我的三个学术阶段

从1991年算起，引进人力资源管理理论，并力图将西方人力资源管理理论与中国的管理实践相结合，我和我的团队坚持了整整30多年的研究。尽管离最终目标仍有相当的距离，但毕竟取得了很大进展，我感到很自豪。

不少人认为，我是中国人力资源管理研究的探路者，因为在引进西方人力资源管理理念及如何落地本土等相关工作上，我和南京大学人力资源研究团队都做了大量的开拓性研究工作。之前，中国只有基于计划经济的人事管理。回国后，我虽然在一开始担任了南京大学商学院副教授、副院长，后来又担任教授、博导、院长，期间还做过一段时间的校长助理，老校长曲钦岳院士曾希望我担任南京大学副校长，分管国际交流与合作工作，但我不太愿意在那么年轻的时候就全部做学校的行政工作。我还是想从事教学和科研，那么多年来，我不管多忙，主要精力还是坚持从事人力资源方面的教学与研究工作。我选择了人力资源管理专业，并将其确定为自己学术研究的方向，使我有机会成了国内人力资源管理领域的拓荒者之一。

我的学术研究大概可以分为三个阶段：第一阶段（1991～1995年），我的主要精力都集中在人力资源管理领域；第二阶段（1995～1998年），自1995年开始，我将主要精力集中在中国企业人力资源管理模式的选择和跨国企业的跨文化管理问题上；第三阶段（1999年至今），大概从1999年开始，我把更多精力转到本土化管理理论的研究上来。

1991年回国之际，我发现中美对人力资源管理的认识和研究相差甚多。当时，我认为要改变这种状况，首要任务应该是系统地了解和研究发达国家在此领域的思想与方法。为了系统地介绍西方发达国家在该领域的研究成果和发展趋势，我撰写了《国际企业：人力资源管理》。该书由于概念界定准确、文献引证丰富、理论体系完整、学术见解新颖，使读者在看到了人力资源管理全貌的同时，还能了解到国外学术研究的前沿和发展趋势。这部著作先后被评为南京大学优秀教材和原国家教委优秀教材，到现在已经多次再版，第6版于2021年正式出版。

另外，在当时的背景下，对从事人力资源管理领域研究的学者而言，最大的困难就在于如何构建理论研究体系。经过历时两年多的研究，我编写出版了《中国企业人力资源管理》一书，既从宏观的角度探讨了我国人力资源的配置机制和政策体系，又从微观的角度分析了中国企业人力资源各个管理活动的优势和劣势。有人把该书称为人力资源管理的"开创性著作"，虽然有些言过其实，但在国内人力资源管理理念和实践均缺乏的当时，该书的确具有较强的理论意义和实践指导价值。

在20世纪90年代初期，中国关于人力资源管理的教材和著作十分稀少。有些学生报考我的硕士研究生或者博士研究生，都因受这两本书的触动较大，慕名而来。

我指导的1997级博士研究生曹大友后来告诉我说，是《国际企业：人力资源管理》引他入门的。正是因为仔细阅读了《国际企业：人力资源管理》，对人力资源管理的概念和内涵有了新的认识，对人力资源管理与组织内外部环境之间的关系有了研究兴趣之后，曹大友才选择了人力资源管理作为博士研究方向，才开始了对战略性人力资源管理的关注和探索，并把它作为自己博士论文的理论基础。现如今，曹大友颇具成就，已担任多年西南政法大学管理学院院长、教授，在管理学、人力资源管理与劳动法制等方面很有建树。

另一位博士研究生张弘也讲过这两本书对他的启蒙引导作用。1995年，张弘进入南京大学商学院攻读硕士学位，当时他的硕士指导老师不是我。但在学习和研究过程中，我的《国际企业：人力资源管理》《中国企业人力资源管理》这两本教材给他留下了较深的印象。他一直跟他的师弟师妹们说，从我国企业人力资源管理领域启蒙这一角度来看，《国际企业：人力资源管理》和《中国企业人力资源管理》是先行者。有相同感触的学生不少，南京大学商学院副教授戴万稳早期就是通过《中国企业人力资源管理》书中我的电子邮箱联系到了我，之后放弃在山东一所大学安稳而有前途的教职，执意报考我的博士生。

1995～1998年是我学术研究的第二阶段。从1995年开始，我将主要精力集中在中国企业人力资源管理模式的选择和跨国企业的跨文化管理问题上。前者是中国国有企业推行科学管理所面临的紧迫课题，后者是企业跨国经营要面对的主要问题，也是国际学术界的理论前沿。为此，我申请承担了两项国家级研究课题，一项是国家自然科学基金项目"中国企业国际化进程中的人力资源开发与管理研究"，另一项是原国家教委博士点人文社会科学研究基金项目"国有大中型企业人力资源管理应用与开发"。为了保证研究成果的科学性，我和研究团队成员一起，根据中国的具体情况，开发设计了企业人力资源管理的科学工具"企业人力资源指数"。同时，我用了两年多的时间，带领博士生利用这一工具走访和调查了100多家中国国有企业、三资企业和私营企业，拿出了国内管理学界第一份企业人力资源调查报告。通过这些研究我发现，要振兴国有企业，必须首先改变人力资源管理状况，尤其是国有企业的领导应该首先增强其人力资源、人力资本和人才资产的意识，改变人力资源管理政策，充分释放现有人力资源的能量。国家应该积极采取措施促进人才的合理流动，实现人才资源的优化配置和充分利用。这些研究成果集中体现在《企业人力资源管理与开发国际比较研究》一书中。

很多人都认为学术研究较为枯燥无味，纯理论研究尤其需要较强的忍耐力，但我个人觉得人力资源管理更需要实证研究，因此让许多学生跟着我进入企业进行调查。与实际紧密结合的实证研究让博士、硕士生兴奋不已，有些学生或许都忘了毕业论文的具体内容，但是进入企业调查，最终写出能为企业产生效益的研究报告，这些却能让他们记忆犹新。

我指导的1995级博士研究生朱江说，他记忆最深刻的求学经历便是到一线做调研。1996年，他参加了我参与的江苏省计划经济委员会的江苏16家企业的联合发展战略调查研究工作，其中有小天鹅、春兰等著名公司。当时做的一整套未来发展战略规划对企业的发展的确发挥了作用，这让他至今仍津津乐道。把学生推到一线锻炼，是我一贯的主张。我认为，实证研究既能巩固对理论的认识，又是创造理论的源头。

我指导的 2000 级博士研究生朱克江说，他在政府部门负责企业管理工作，系统地学习人力资源管理理论，使他能用人力资源管理知识指导他的管理实践。在南京大学商学院攻读硕士和博士期间，他先后担任江苏省省长秘书和国家经贸委企业改革司副司长，工作任务非常繁重，但他坚持认真学习。在写论文期间，他每个周末专程回南京和我探讨，或我利用去北京出差的机会，与他讨论他的论文撰写。我在他的住处看到床上、地上到处摆的中外著作和刊物，他大量查阅中外文献，经过调研和企业管理的实证研究，写出了题为《经营者薪酬激励机制研究》的高质量博士论文，该论文后经修改完善后作为专著由中国经济出版社出版发行。后来他回到江苏工作，担任江苏省科技厅厅长职务，积极推动科技管理创新，有力地促进了江苏的自主创新和科技产业化，江苏的区域创新能力迅速提升至全国第一位。朱克江为人谦逊、严谨、务实，思路清晰，善于开拓。他原在江苏省无锡市担任市长职务，自 2013 年起担任中共江苏省盐城市委书记，后来担任江苏省国信集团党委书记、董事长。

德鲁克一直认为管理非常注重实践，管理学如同医学、工程学一样，是解决实际问题的学科。研究人力资源管理可以为企业做咨询，帮助企业解决问题。1996 年年底，我应邀到深圳一家叫新鸿光的企业帮助该企业做管理咨询，该公司现已改名为深圳光汇石油集团股份有限公司（简称光汇石油集团）。

光汇石油集团是一家创立于深圳，总部在深圳，伴随着国家改革开放逐步成长起来的民营油气实体企业，连续多年成为中国企业 500 强，中国民营百强企业，在石油天然气行业民企中一直处于领先地位。作为唯一一家获得国家批准开展外轮免税油全国港口连锁供应牌照的民营企业，光汇石油集团是中国最大的保税燃料油供应商之一，服务深圳、上海、宁波、舟山等中国主要港口，在深圳港口海上保税油市场占有率超过 90%，多年来为完善深圳港口配套服务做出了重要贡献。

集团成立 29 年来，坚持发展实业，立足深圳，辐射海外，专注主业，致力成为具备完善石油产业链和供应链的综合石油企业。在深圳地区拥有华南地区领先的总库容 40 万立方米的油库及 10 万吨级到千吨级大小泊位的配套码头，拥有大型油品运输车队和中国沿海航线的海上油运船队，在广东省内拥有五家自营加油站。其旗下一家香港联合证券交易所上市公司光汇控股，主要从事上游油气田开发开采和生产、仓储码头设施的投资、远洋油轮运输、海上供油及国际贸易等业务，在新疆塔里木盆地拥有吐孜和迪那 1 号两个在产天然气田及作业权，拥有渤海湾曹妃甸两个海上采油油田区块 35% 的有效作业权益。在舟山自贸区投资建设了总库容超过 300 万立方米的油库及配套的从 30 万吨级到千吨级不等的 13 个泊位的油码头。在海外拥有 30 万吨级、10 万吨级和万吨级远洋油轮 15 艘，每年的国内外油品海上供油及贸易量超过 2000 万吨，营业收入超过千亿元，是中国规模最大的民营油企之一，为国家能源供应做出了积极贡献。

光汇石油创始人薛光林，是一位年轻、肯干、有魄力、有战略眼光和全球视野的实业家，连续四届担任全国政协委员。他用 2000 块钱起家创业，在他的领导下，该企业从无到有、从小到大，发展到总资产近 500 亿元人民币的规模，年销售收入超过千亿元人民币，拥有员工 5000 多人，在竞争激烈的国际、国内市场上都赢得了一席之地，作为一家民营企业实属不易。特别是在 2018 年左右，受国际油价大幅下挫以及国际、国内金融市场变化的影响，在国内降杠杆降负债等金融政策影响下，很多民营企业遭遇债务危机，陷入困境，光汇石油也未能幸免，正常生产经营受到影响。企业创始人薛光林先生带领企业，在国家相关部门及地方政府的支持和帮助下，克服影响，花了两年多时间终于顺利实现集团债务重组，脱困发展，重新走向正常发展的轨道。在此期间，企业同步进行了业务瘦身和重组，包括出售海外的 15 只大型油轮船队，又将舟山油库码头项目的 90% 股权出让给深圳盐田港集团，同时发展包括云油加油和海运在线两个互联网平台，分别服务于成品油零售市场的车主与加油站客户以及全球海运市场的船东客户。在继续聚焦业务重组后的上游油气资源开发生产等重点传统业务基础上，它们将涉足新能源领域，逐步进行集团的战略转型。

薛光林本人非常注重学习，他在20世纪90年代末到美国留学，后来又到南京大学哲学系攻读博士学位。企业发展了，他不忘回报社会，积极支持教育事业，他专门捐资1000万元人民币在南京大学仙林校区建造"薛光林楼"，并出资500多万与民盟中央合作，在全国多个省市出资建设了十多所"光汇烛光学校"。

该企业在多年的发展期间碰到的主要问题就是组织机构和人力资源管理的问题，这也是民营企业和家族企业的一种通病。我们帮助该企业做了整个组织框架的改革和人力资源的管理咨询，提供给企业一整套整改方案，后来这家企业发展得非常好。我和我的博士生专门把光汇石油集团从创办、扩张、成功的成长与管理的经验与教训写成了MBA案例，提供给全国MBA学生共同研究。

当然，从这个角度来讲，管理和医学有很多相似的问题，人生病的时候要找出病理，人力资源和组织管理是一样的道理，所以美国人在20世纪70年代末到80年代初就提出了组织发展（organizational development，OD）问题，因为组织如同人一样会生病，而病因就在于组织的外部环境、内部环境发生变化以后，整个组织的政策与管理没有跟着去进行变革，所以组织才会出现一些问题。

所以我们提倡企业要形成学习型组织，要通过学习适应外部环境、内部环境的变化，而且要参与变革。关键的问题是个人怎么成为学习型的人，组织怎么成为学习型的组织。20世纪90年代，全球500强跨国公司的平均寿命是四五十年，中国大企业的平均寿命大概是七八年，中国中小民营企业平均寿命是3.7年，企业都在考虑怎么样延长寿命，这就需要从管理这个角度来研究企业的机理、制度、文化。管理大师彼得·德鲁克教授曾经说过，管理不在于"知"，而在于"行"。不管知多少，关键在于行动，所以从这个角度来讲，管理非常注重实践，如同医学和工程学一样。

第三阶段开始于 1999 年，在这一阶段，我把更多精力转到本土化管理理论的研究上来。

到 20 世纪 90 年代末期，尽管中国学者对人力资源管理领域的研究已经大有进步，企业经营者对人力资源观念已经发生本质变化，人力资源的管理与开发水平也大为提高，但发达国家已经逐步转向战略人力资源管理。对此变化趋势，国内学术界尚未引起充分重视，更没有人专门研究中国企业的战略人力资源管理模式。当时，国外管理学界对于集团人力资源管理问题尚未形成公认的理论体系和有效的研究方法，企业的外在经营环境、经营战略、组织结构与人力资源管理模式之间存在着多重动态相关关系，难以准确认识和把握。而且，中国企业集团正处于改革进程中，不易进行规范分析和研究。于是，在完成了"中国企业国际化进程中的人力资源管理研究"后，我在国家自然科学基金的资助下，着手进行"中国企业集团人力资源管理战略研究"。经过多年努力，这一项研究成果集中反映在《中国企业集团人力资源管理战略研究》一书中。

2000～2003 年，我主持国家自然科学基金重点项目"企业人力资源开发的理论基础与管理对策"的课题研究，与课题组成员以及我指导的博士后和博士研究生对这一重点课题进行了大量的企业调查，研究成果主要体现在专著《人力资源管理研究》一书中。这一研究成果先后获得"江苏省第八届哲学社会科学优秀成果一等奖""第十三届中国国家图书奖"、教育部"第四届中国高校人文社会科学研究优秀成果"一等奖。该书内容充分体现了"古为今用，洋为中用，取长补短，殊途同归"的管理思想，在结合我国国情与企业实践，广泛涉猎和深刻理解当代最先进的人力资源管理理论和管理方法基础上，对我国人力资源管理研究和实践做出了一系列富有创新意义的理论与实践贡献。

该书在世界人力资源管理理论研究的前沿基础上，全面总结了现代人力资源管理理论的新进展和新趋势，主要论述了人力资源管理演变历程、人力资源管理与企业效益、中国国有企业人力资源管理、21 世纪全球企业人力资源管理以及未来人力资源管理的新探索等五个方面的内容,特别是对当前人力资源管理研究中的三个重要领域:战略人力资源管理、国际人力资源管理、人力资源管理效益评估的研究现状、存在问题、对策思路以及发展方向,进行了系统的研究和深入的分析,开创性地提出了许多有价值的观点。书中的新观点、新见解不仅在学术上具有坚实的理论依据和丰富的实践资料作为支撑,具有很强的科学性,而且在实践中具有很好的针对性和可操作性,解决了企业在人力资源管理实践中面临的一些困惑,这对于提高企业人力资源管理水平具有直接的指导意义。可以说,《人力资源管理研究》这本书对我国人力资源管理的研究与学科发展产生了积极而深远的影响,同时对我国企业的人力资源管理实践也具有很强的现实指导意义。

在同一阶段,自1998年年初以来,"知识经济"这个词已经深入到国人心中,成为人们使用最为频繁的术语之一。事实上,无论是在美国还是在中国,知识经济都是一个学术前沿领域,很少有人做过深入且细致的研究。自从我1991年回国以后,好几所美国大学商学院邀请我去讲课,由于平时我忙于南京大学商学院的行政管理工作,加上上课、做科研、指导研究生比较忙,我只能利用每年夏天去美国大学商学院给它们的MBA学生讲课。我也注意到知识经济这一新生事物,所以每年利用在美国讲学之际,就此问题进行一些初步的思考。我发现,知识经济本质上是一种创新经济,在这种新的经济形态中,拥有知识的人才将对组织的生存、发展与竞争具有关键性的意义。因此,如何加强对这种人才的管理与开发成了企业经营管理者的当务之急。为此,我于1998年9月在《新华日报》上发表了《知识企业的人力资源管理》一文,阐明了知识企业人力资源管理与开发的特殊性,对于企业经营者改变人力资源管理观念具有重要指导作用。为了使研究对中国企业的发展更具实践指导意义,我将研究重点集中到中国高科技人才的流动问题上,并向科学技术部申请了"中国高科技人才流动态势及相关政策研究"的软科学项目。试图通过这项研究,分析影响高科技人才流动的主要因素,并为国家有关部门提出具有科学依据的政策建议。这一课题研究得到了同行的一致好评。

我的研究方向除了人力资源管理，还有企业跨国经营。在企业跨国经营研究方面，我撰写的《欧洲统一市场与我国企业的跨国经营对策》一文因对政府决策具有重要的指导意义，获得了中国社会经济决策咨询中心最高决策咨询一等奖。

2003～2007年，我开始关注的另外一个研究领域是管理者的职业化与胜任素质问题，希望通过这些领域的研究，全面推动企业经营管理者的职业化、市场化、国际化进程，这对于科学公正地评价、推荐、培养和造就高素质企业经营管理者队伍，开发我国经营管理人才资源，营造使企业经营管理者脱颖而出的机制和社会环境具有极其重要的意义。在此领域，我先后主持了国家自然科学基金项目"企业管理者任职资格测评系统研究"、教育部博士点人文社会科学研究基金项目"管理者职业化、市场化、国际化研究"，以及国家自然科学基金项目"人力资源经理的胜任特征研究"等多项课题的研究，其中一些研究成果主要体现在《我国管理者职业化胜任素质研究》一书中。该书对管理者胜任素质的概念做出了更加明确的界定，对胜任素质的理论研究进行了更加详尽的分析，系统地构建了以中国企业为研究对象的管理者胜任素质模型。该书于2011年3月获得了江苏省第十一届哲学社会科学优秀成果一等奖。该领域的其他研究成果包括与江苏省委组织部联合开发的"江苏企业经营管理者任职资格测评系统"，该项研究成果于2004年荣获江苏省科技进步奖二等奖，已经作为江苏省委、省政府公开选拔厅级干部与企业选拔高层经理人的一种重要方法。

学术研究相互竞争，更需要相互合作。记得申报的国家自然科学基金"企业人力资源开发的理论基础和管理对策"这一重点项目，就是相互合作的一个案例。1999年年初，我和研究团队就介入到这一项目的申请中。当时，我们的合作对象是北京航空航天大学的汪群教授。我们确立这一课题的核心研究问题是"人力资源管理是如何影响企业绩效的"，后来才知道，美国学界对这一问题的研究也仅仅比我们早了4年。申请书修改了很多遍，以致没有能够通过南京大学社科处集体寄送，是在截止日由我的博士研究生张弘亲自送到北京的。1999年夏天，我们赴厦门大学参加了课题申请的最后答辩，最终的结果是国家自然科学基金委让我们与时勘教授的团队合并，联合开展该项目的研究工作，两个团队由竞争对手变成了合作对象，其后演绎出一段学术合作的佳话。

2008年我获得了国家自然科学基金重点项目"转型经济下我国企业人力资源管理若干问题研究"的课题研究。我带领团队对此项目进行四年的专题研究。根据研究成果，南京大学出版社出版了两本著作：《企业人力资源管理若干问题研究：新发展、复杂性与绩效管理》（赵曙明、刘洪编著）、《企业人力资源管理研究：企业文化、创新与国际化》（赵曙明、杨东涛、彭纪生编著）。人力资源管理在企业发展中的作用越来越重要。我国企业学习和应用的人力资源管理理论与方法大多来自西方发达的资本主义国家。西方人力资源管理理论对于我国企业的适应性成为理论和实践界一直关注的问题。借鉴发达市场经济国家企业人力资源管理经验是必要的，但是创建适合中国转型经济特点和发展趋势的"本土化"人力资源管理理论和方法更为关键。目前我国经济体制还处于计划经济向市场经济的转型时期。经济转型导致了宏观经济中资源配置方式与经济增长方式的变化，也带来了企业文化和企业经营活动等一系列的变革。在我国经济转型过程中，人力资源管理的职能、手段所依赖的社会、文化、技术背景和企业制度都发生了演变，企业必须根据转型经济需要、结合中国特色，重视和解决若干现实的人力资源管理问题。本研究项目正是在这个背景下探讨我国企业的人力资源管理问题。研究内容主要包括四个方面：首先，从总体上，对我国企业人力资源管理和经济转型的适应性状况做出总结与分析，指出经济转型对企业人力资源管理的要求，从而指导"本土化"人力资源管理理论和方法的创建。其次，研究基于经济转型的三个主要特征（趋势），即①我国企业文化发生了重要的变化；②自主创新成为我国企业的新目标；③国际化是本土企业发展的新趋势，探讨与这些特征（趋势）相适应的人力资源管理理论和方法，分析经济转型下我国企业文化的演变及其对人力资源管理的影响，建立适合我国企业文化的人力资源管理模式。再次，寻求有助于企业自主创新的员工组织模式和人才优化结构，推动企业自主创新。最后，建立适合我国本土企业国际化的人力资源管理理论和方法，促进本土企业国际化的进程，提升国际化经营效果。本项研究在理论和实践上对于建立适合我国转型经济特征和趋势的人力资源管理理论和方法都具有重要的意义。

我于2012年又承担了国家自然科学基金面上项目[○]——"我国转型经济下企业劳资冲突的发生机制及对策研究"课题，并于2016年年初结题。面对我国当时一些地区劳资关系日益紧张，劳资冲突呈现群体性对抗趋势的问题，以及在政府主导下，建立全面协调劳资双方利益关系的长效机制需求，我带领研究团队开展企业调研，并结合理论分析，提出针对不同类型企业的劳资冲突的应对和管理措施。首先，此课题研究了当时中国雇用关系所面临的劳动力市场、经济环境和政治环境；评析了中国雇用关系产生和发展的过程，工会、雇主组织以及政府在中国雇用关系中所承担的角色，以及全球化所带来的雇用关系挑战和农民工权益保护等一系列新的劳资冲突问题。其次，课题中提出劳资冲突是雇主与雇员（或代表两者的组织）在权利、利益或情感上无法协调而产生的不一致行为或心理状态，然后以"宏观—微观"和"产业关系—人力资源管理"为视角构建了劳资冲突源矩阵模型，将劳资冲突的前因、后果、表现形式以及理论解释纳入其中。相关研究认为，有效的冲突管理策略、员工建言、员工创新行为是减少或消灭引发劳资冲突的潜在要素；员工心理契约破裂和心理契约违背在劳动环境与员工对企业产生不公平感进而引发劳资冲突方面具有解释作用。研究提出，在宏观层面，集体谈判是应对劳资关系与劳资冲突的有效策略；在战略层面，文化管理是跨文化背景下构建和谐劳动关系的有效抓手；在组织层面，劳动管理、员工发展、员工参与和工作嵌入等在企业劳动关系对组织绩效的影响中发挥了显著作用；在领导层面，以辱虐管理为代表的负面领导行为影响了劳动氛围，领导者的胜任素质、价值理念等在劳动关系管理中也扮演着极其重要的角色；在员工个人层面，员工素质、协作性、主动性以及员工建言对构建和谐劳动关系至关重要。该项目为当时突破我国社会主义市场经

○ 面上项目也叫一般项目，照顾的面比较大，是国家自然科学基金研究项目系列中的主要部分。

济发展历史较短、劳资关系研究处于起步发展初期、西方背景下的研究结论很多并不适合我国情景的研究困境发挥着积极的推动作用。

我于 2014 年获得国家自然科学基金重点项目——"中国企业雇用关系模式与人力资源管理创新研究",并于 2019 年年初结题。在前期项目申请和实施的基础上,我意识到结合中国具体的管理实践,开展课题研究才是最有意义的。我观察到,当时我国经济社会正处于转型和全球化过程中,多种形式的所有制企业并存,企业雇用关系从传统的单一模式转变为组织导向和工作导向等多种模式并存。然而,现有对于什么样的模式最佳以及不同模式适用性的研究,大都是从经济效果来探讨的,很少考虑社会、企业与员工的人文福祉,更缺乏从这一视角探讨不同模式选择的前因。这导致社会上劳资纠纷日益严重甚至发生冲突的现象,现有理论无法给予合理解释,进而也不能从人力资源管理实践上给出有效对策。

从 2014 年 1 月开始,我作为项目负责人,带领我们团队,包括我的博士生、硕士生,正式开启了该项目研究。自立项以来,我们紧紧围绕中国企业的雇用关系模式,并关注与人力资源管理实践相结合,根据各个子课题的核心内容有序进行研究。例如,在 2014 年,我们首先开展了理论研究,包括员工组织关系理论、合作伙伴关系理论、高阶理论、战略性领导理论的研究,为后续的实证研究和案例研究打下了基础,同时为了更好地与其他业界同人交流课题研究的成果,我们还举办了学术会议:第 8 届和第 9 届企业跨国经营研讨会、中国人力资源管理论坛、全国人力资源管理师资课程研讨会、德鲁克论坛、江苏企业家高层论坛等,也鼓励课题组成员积极参与其他国内外的学术会议,包括中国管理研究国际学会会议、美国管理学年会等。此外,为了更好地识别中国企业情境下的最佳雇用关系实践,在 2015 年 1 月份,我们先后走访了广东、江苏、安徽等地的 50 家企业,开展了预调研,并根据调研结果对问卷进行了修订,于当年 3 月正式进行问卷调研,先后向四川成都、重庆、天津、广东深圳、江苏镇江、安徽合肥等地 150 家企业邮寄问卷。在第一次调研数据的基础上,我们在 2015 年 7 月、2017 年 7 月进行了二次、三次追踪调研,共发放了近 150 份企业问卷和 4300 份员工问卷，三次调研的数据全部录入数据库，为团队进行课题研究提供了较好的数据支撑。正是因为课题组全体成员的共同努力，我们提炼出了我国企业雇用关系模式呈现形态多元、过渡稳健、策略失配、发展保守四个特征；首次识别并开发了中国企业情境下的最佳雇用关系实践——合作伙伴关系实践。此外，我们还总结了雇用关系冲突发生的前因、后果以及表现形式，并提出了雇用关系冲突源矩阵模型。在探讨企业雇用关系模式的人文福祉方面，我们发现雇用关系最佳实践是营造和谐性雇用关系氛围的重要前因，是解决雇用关系冲突的重要方式。

五年的时间，我们不负所望，按照研究计划认真执行该项目，超额完成了项目预定的研究目标并取得了丰硕的成果。截至课题结项，我们团队拥有已经公开发表或接受发表的英文 SSCI①期刊论文 23 篇，其中 JCR②排名一区的有 4 篇，JCR 排名二区的期刊有 6 篇；拥有已经公开发表或接受发表的中文 CSSCI 论文 87 篇。课题组出版了 7 部著作；在重要媒体平台上，如人民日报、新华日报、光明日报，发表学术观点文章 7 篇。为了提高项目的社会影响，在项目执行期间，课题组还开发了 10 多个教学案例，其中有 7 篇教学案例都获得了"全国百篇优秀管理案例"，有 4 个案例配合录制了 20 分钟左右的教学视频，这为高校老师进行案例教学提供了丰富的内容与素材。在此项目实施的过程中，我共培养了 4 名博士后、12 名博士以及 8 名硕士，建立起一支年轻、有科研激情的研究队伍，为后续的学术研究奠定了良好的基础。

目前我正在主持的国家自然科学基金重点项目是"基于创新导向的中国企业人力资源管理模式研究"。随着课题的有序开展，我组织我的团队多次讨论和交流，以明确后续还可以探究的研究方向和研究内容。以移动互联网、大数据、云计算、物联网技术为支撑的共享经济已经给社会生产、消费、交换等分配方式带来深刻影响，形成了从宏观经济发展方式→中观企业运行方式→微观管理模式的联动反应。由此，我们发现，在创新驱动战略背景下，这种基于技

---

① SSCI，即社会科学引文索引。
② JCR，即期刊引证报告。

术变革与创新而产生的共享经济人力资源管理模式的内涵、特征、构成要素、运作方式，以及对企业创新的影响值得深入探究。另外，我们还发现，在移动互联网时代，人与组织关系的颠覆性重构给当前组织的人力资源管理带来了前所未有的挑战。不少世界500强公司对传统的人力资源管理体系进行重新设计，构建了以人力资源共享服务中心、人力资源业务伙伴和专家中心为"三支柱"的人力资源管理模式。尽管以基于管理创新与组织变革而产生的"三支柱"人力资源管理模式在实践中已经得到大量的应用，但它如何上升到理论层面？是否能够对企业的绩效产生影响？如何促进企业的创新？因此，在创新驱动战略背景下，将"三支柱"人力资源管理模式理论化，探究其对企业创新和企业绩效的影响具有重要的理论价值。

利用以往课题实施的经验，我们在立项的第一年，对国内外人力资源管理领域的研究进行梳理，撰写了两篇综述性的文章，一篇是"新中国70年中国情境下人力资源管理研究知识图谱及展望"发表在《经济管理》2019年第7期上，该文获得了2020年江苏省第十六届哲学社会科学优秀成果奖一等奖；另一篇是"人力资源管理百年：演变与发展"发表在《外国经济与管理》2019年第12期上。

此外，我们从企业的高层、中层和基层三个层面出发，全方位、立体化地对企业创新导向的人力资源管理实践、共享经济和"三支柱"人力资源管理模式下的管理创新的变量和问卷进行讨论，整理并汇总了此次调查问卷。2020年3月至8月，团队里的博士生们实地调研了117家制造类企业，共回收了3159份问卷；在线上向47家人力资源服务类企业发放1269份问卷，收回问卷961份，并于2020年9月至10月完成预调研问卷的整理和录入工作。尽管课题才开展两年多，但就2020年一年，依托课题研究和各个学术会议平台，我们在国内外开展了13场专题报告和讲座，围绕课题研究进行广泛沟通和交流。截止到2021年8月1日，在该项目的资助下，团队成员共发表了23篇SSCI论文和38篇CSSCI论文，出版了一本专著，同时获得了五项科研奖励，其中有两篇还荣获"全国百篇优秀管理案例"奖。

课题还在有序进行中，我希望我的团队在后续研究中，明晰研究目标，满怀激情和动力，以认真和踏实的态度做好每一个子研究，发表高质量的论文，真正做到把论文写在祖国的大地上。

传播德鲁克管理思想

我在美国克莱蒙特研究生大学读书期间，得到德鲁克先生的教诲。德鲁克先生对管理理论的贡献，提出的管理理论和管理思想，是任何人都无法比拟的，其中随便列举就有目标管理、自我管理、顾客导向的组织、高层管理团队、效能与效率、时间管理、企业愿景、业绩管理、知识工作者、组织分权等。我从德鲁克先生身上学习到对工作的态度、对人生的追求、对学习的热情。我经常讲德鲁克的先生"知行合一"对我影响甚大——付诸实践，不空谈管理。德鲁克先生是我的精神导师，所以，传播德鲁克管理思想也是我的重要使命，有机会为德鲁克管理学说引进中国做些力所能及的事情，我备感荣幸。

德鲁克先生于1945年创办了德鲁克管理咨询公司，自己任董事长。他著述颇丰，主要著作有：《公司的概念》（1946）、《管理的实践》（1954）、《管理：使命、责任、实践》（1973）、《知识社会》（1993）等⊖。他特殊的家庭背景、传奇式的经历、渊博的学识及睿智的才思，使其在政治、法律、社会、管理、历史等多个学科领域都留下了精辟的见解和耐人寻味的启示。管理学更是他一生耕耘的主要园地。我经常对学生们说，一本优秀的著作就是一座挖不尽的宝藏，这样的著作是永恒的、跨越时空的，需要反复研读，德鲁克先生的《管理的实践》和《卓有成效的管理者》等就是这样的书。

与别的管理学家不同，德鲁克先生对管理问题的思考呈现出两个明显的特征：其一是从社会、历史的高度去俯瞰和分析组织及组织管理的变迁。这一独特的视角使其不仅能够把握管理的全貌，避免了一叶蔽目的狭隘视野，而且能够正确预测管理变化的方向。知识工作者阶层的兴起即是明证，德鲁克教授早在20世纪

⊖ 德鲁克全部著作的中文版基本已由机械工业出版社出版。

50 年代中期就首先提出了"知识工作者"这一概念。60 多年后的今天,知识工作者已逐步发展成为现代社会中的一个新兴阶层,成为企业组织中的一个特殊团体。德鲁克教授分析、研究管理问题的另一个特征就是其经验主义分析法,他对管理问题的研究总是从企业管理的实际出发,以大企业的管理经验为主要研究对象,通过分析概括和理论升华后,向企业管理人员提供实际的建议。

德鲁克先生自称为"旁观者",他站在社会、历史的高度上,从纷繁复杂的社会现象中,准确把握和预测组织发展和管理的变化。德鲁克先生的渊博知识、深刻思想不仅影响了学术界,而且也影响了企业界,无数知名学者和成功的商界领袖都从他那里汲取养分,微软创始人比尔·盖茨曾说"所有的管理学书籍中,德鲁克先生的著作对我影响最深";有世界第一 CEO 之称的杰克·韦尔奇(Jack Welch)认为,全世界的管理者都应该感谢德鲁克这个人,因为他贡献了毕生的精力,来厘清我们社会中人的角色和组织机构的角色;英特尔的缔造者之一安迪·格鲁夫(Andrew S. Grove)也把德鲁克先生奉为心目中的英雄。

作为聆听德鲁克先生教诲的学生,我在回国以后一直致力传播德鲁克先生的学术思想。1998 年,我为机械工业出版社华章公司出版《现代管理宗师德鲁克文选》一书牵线搭桥,德鲁克教授希望我为他的这本英文论文集在中国的出版用中文作序,我即兴而作,把德鲁克的管理学说引进中国。时至今日,德鲁克先生的著作在国内不断再版,我感到异常欣慰。

2002 年夏天,我在美国南加州大学马歇尔商学院讲学期间,专程回母校克莱蒙特研究生大学拜访了老师彼得·德鲁克教授。交谈中,得知机械工业出版社和美国某国际出版公司将合作在中国出版德鲁克教授的系列管理学著作,我非常高兴地写了一长篇针对中国读者的推荐序,我也在教学及学术交流时极力推荐德鲁克教授的相关中文版书籍。这套丛书在国内的销量很大,对传播德鲁克的思想产生了很大的促进作用。

我在南京大学商学院举行的"德鲁克论坛",也是传播德鲁克思想精髓的重要阵地。由我牵头于 2003 年设立,在南京大学商学院、管理学院和众多师生辛勤工作、社会各界人士的热情支持下，该论坛迄今已成功举办了近130届，它已成为南京大学最为知名的学术交流平台之一。

"德鲁克论坛"的主讲嘉宾都是知名的管理学家、经济学家，以及享誉国际的企业家和职业经理人。比如，我们邀请过诺贝尔经济学奖得主约瑟夫·斯蒂格利茨博士，日本著名企业家、日本京瓷公司创始人、日本航空公司原董事长兼总裁稻盛和夫先生，一流的职业经理人如创新工场董事长兼CEO李开复博士，深圳盐田港国际集装箱公司（YICT）董事、总经理谢锦添博士（Dr. Kenneth Tse）、艾默生电气公司亚太区总裁杨绍曾女士（Ms. Sara Yang Bosco）、香港太平绅士、资深银行家张惠彬博士（Dr. Charles Cheung），惠而浦公司全球副总裁、惠而浦北亚地区总裁、惠而浦中国区总经理李彦先生，阿里巴巴公司原总裁及阿里巴巴集团执行副总裁、嘉御基金董事长兼合伙创始人卫哲先生，李宁公司CEO张志勇先生，星巴克咖啡公司全球高级副总裁兼亚太地区总裁王金龙先生，日本全盛控股株式会社、小川贤太郎会长兼社长小川一政先生，澳大利亚悉尼大学商学院原副院长、荣誉教授兰兹伯里博士（Dr. Russell Landsbury），浙江省义乌市双童日用品有限公司董事长楼仲平先生，美国喜马拉雅资本（Himalaya Partners）董事长李录先生，法国巴黎高等商学院战略与国际企业管理荣誉教授拉康博士（Dr. Jean-Paul Larcon），澳大利亚Monash大学商学院朱久华教授，美国新泽西罗格斯大学管理和劳动关系学院刘明巍教授，美国美利坚大学Kogod商学院院长德莱尼博士（Dr. John Delaney），西交利物浦大学执行校长、英国利物浦大学副校长席西民教授，上海交通大学安泰经济与管理学院原院长、上海交通大学校长特聘顾问王方华教授，美国杜兰大学弗里曼商学院前院长德尼西博士（Dr. Angelo DeNisi），美国长岛大学商业管理系主任及资深教授萧伯春博士，北京大学国家发展研究院BiMBA商学院院长陈春花博士，华与华营销咨询有限公司董事长华杉博士等名家，担任"德鲁克论坛"的主讲嘉宾。

2009年10月，创新工场董事长兼CEO李开复博士带来的报告最具轰动性，受年轻学生热捧，有1000多人参加，现场气氛异常火爆热烈。

在南京大学商学院德鲁克论坛上,李开复博士的报告深受年轻学生热捧

2011年与德鲁克女儿塞西莉·德鲁克(Cecily Drucker)在德鲁克论坛上合影

"德鲁克论坛"开设近20年来,取得了非常好的效果,深受南京大学广大教师及学生们的好评,也得到社会各界人士的关注。

2009年10月16日,由我牵头组织在南京大学商学院召开"德鲁克诞辰百年暨德鲁克管理思想研讨会",这也是我一直引以为豪的一次研讨会。研讨会邀请到了德鲁克生前任教的美国加州克莱蒙特研究生大学德鲁克管理学院院长艾勒·杰克逊（Ira Jackson）教授、韩国彼得·德鲁克学会原主席张英哲（Young-Chul Chang）教授、北京德鲁克管理学院院长杜绍基先生，以及清华大学、北京大学、复旦大学、上海交通大学多位教授等国内外30多位著名管理专家，我们还对面向全国征集的近百篇德鲁克研究相关论文进行评审，收录其中40篇优秀论文，编成《德鲁克管理思想解读》一书由机械工业出版社出版，这一系列的工作也算是对德鲁克学说在中国的推广尽了微薄之力。

2009年是德鲁克诞辰100周年，除了我组织的"德鲁克诞辰百年暨德鲁克管理思想研讨会"外，美国、欧洲、日本、韩国等许多国家和地区也组织了多场纪念德鲁克的活动。那一年，我应邀参加韩国德鲁克研究会和美国克莱蒙特研究生大学德鲁克学院举行的德鲁克管理思想研讨会，会上有来自全世界的400多名管理学者、企业家和政府官员，我很荣幸在大会上做了主题报告。同时，通过这次会议，我也认识了世界各国许多德鲁克研究者和传播者。

与德鲁克夫人多丽斯·德鲁克交谈

2012年4月29日，由我牵头，邀请著名创业管理专家、南开大学商学院院长张玉利教授，著名家族企业管理专家、中山大学李新春教授，著名职业经理人阿里巴巴前CEO、嘉御基金董事长兼创始合伙人卫哲先生担任主讲嘉宾，就"家族企业二代传承与持续创业"做主题报告，吸引了大批高校创新、创业及人力资源管理的教师、企业家以及EMBA学员、EDP学员参加。各位理论界和实践界的专家就家族企业的传承和持续创业问题发表了新颖而深刻的见解，也引发了现场观众的思考。

2014年9月8日，由我牵头，邀请澳大利亚悉尼大学商学院原副院长、荣誉教授 Russell Landsbury 就"员工敬业度"这一论坛主题做了演讲。Landsbury 教授全面分析了职场中如现代技术手段的应用等各种新现象,指出新技术并未真正改善人们之间的沟通,需要有效的领导来保证沟通的效果,从而提高员工的敬业度。最后,他建议,可以通过在组织内部执行沟通审计、为员工创造一个向管理层建言的完善的保密系统、为员工高效传达建议设立规范、为员工提供与高层管理者互动的机会等途径提高员工敬业度。

Landsbury 教授与同学们分享员工敬业度的相关研究

2016 年 4 月 17 日,第 89 期德鲁克论坛邀请到了浙江省义乌市双童日用品有限公司董事长楼仲平先生分享"新时代的工匠精神:双童的管理实践"。短短一个半小时的分享,楼总回顾了双童吸管二十多年的发展历程,分享了创业过程中的点点滴滴,也讲到了他所恪守的"三心":企业的基因之初心、无可复制的制胜法宝之恒心,以及商海浮沉中的平静之平常心,楼总向我们诠释了以坚守和坚持为核心的工匠精神。

赵曙明教授与楼仲平董事长在德鲁克论坛上

自 2018 年起,机械工业出版社华章公司在彼得·德鲁克系列图书基础上开始对彼得·德鲁克 IP

（intellectual property，知识产权）进行体系化深度开发，一方面以"彼得·德鲁克全集"为主线持续完善图书套系，另一方面以"纪念彼得·德鲁克中国管理奖"为主线开发出一系列创新衍生业务，有效推动了德鲁克管理思想的学习和传播，搭建起一个广为认可的管理思想和管理实践交流平台。该项目不仅直接帮助华章拓展了优秀作者资源，促进了德鲁克系列图书的销售，而且衍生出评奖、论坛、企业家游学、培训等新业务，也显著提升了机械工业出版社和华章公司的品牌势能，培育了合作伙伴生态，为广大企业的持续发展不断增添能量。作为德鲁克的学生，能够看到德鲁克管理思想在中国传播开来，我倍感欣慰。

"纪念彼得·德鲁克中国管理奖"自2018年开始筹备，在"2018彼得·德鲁克中国管理论坛"上正式宣布启动，计划以两年为一个周期，单数年面向企业界评选"企业实践奖"，双数年面向学术界和培训、咨询等专家领域评选"管理推进奖"。于2019年组织了第一届"企业实践奖"的评选，2020年的评选工作因为疫情原因暂停，2021年原计划组织评选第一届"管理推进奖"和第二届"企业实践奖"，但是在开展过程中发现评选"管理推进奖"有很大的难度，所以决定暂时推迟"管理推进奖"的评选。2021年"企业实践奖"的评选结果已经揭晓，第三届"企业实践奖"的评选工作将按计划在2023年如期进行。

2019年度评选会议在北京举行

"企业实践奖"评选标准

"企业实践奖"面向中国大陆企业评选。评选主要针对企业现阶段的管理实践,而不是针对企业的全生命周期。被提名推荐的企业的管理需符合下列原则。

(1)有清晰而坚定的使命、愿景和核心价值观,可以指引企业持续健康发展。

(2)核心领导层在经营管理中显示出正直的品格,为自己和他人的工作订立高标准,坚持不懈地促进目标和使命的达成。

(3)在努力为客户创造价值的过程中努力提升效率、持续创新,形成了出色的核心竞争力和独特的行业地位。

(4)保障员工的自由和尊严,在机制、文化上做出精心安排,努力帮助员工发展,实现个人价值。

(5)对社会影响负责,绝不明知有害而为之,采取有效措施,消除经营活动产生的负面影响,担当起企业的社会责任。

同时,触犯以下底线原则的企业不能获得提名。

(1)非市场竞争性企业。

(2)存在违法乱纪行为的企业,例如存在行贿、制假售假、财务造假、侵犯他人知识产权、侵犯个人隐私权等行为。

(3)在企业管理过程中侵害员工自由和尊严的企业。

"管理推进奖"评选标准

"管理推进奖"评选的是管理类著作,包括学术类著作、咨询类著作和报道类著作,可以是专著或文章,聚焦于德鲁克博雅管理思想在中国的传播、发展和应用。评选主要针对著作,不针对作者的终身成就。上述管理类著作的作者可以是中国作者,也可以是海外华人。被提名推荐的作品需符合下列标准。

(1)是专业、严谨的研究和写作。

（2）在德鲁克博雅管理思想关注的核心方向上做出重大贡献，包括推进相关研究，开发有效的实践应用方法或工具，研究写作代表性的案例，做出出色的传播努力，等等。

同时，触犯以下底线原则的作者，其作品不能获得提名。

（1）个人价值观违反彼得·德鲁克博雅管理思想最基本的观念与原则。

（2）作品和工作中存在剽窃、欺诈、贿赂、侵犯个人隐私权等违法乱纪行为。

服务于纪念彼得·德鲁克中国管理奖项目的市场活动主要包括"（年度）纪念彼得·德鲁克中国管理论坛""纪念彼得·德鲁克博雅管理思想研讨会""纪念彼得·德鲁克博雅管理实践研讨会"等系列活动。

"纪念彼得·德鲁克中国管理论坛"是热爱彼得·德鲁克思想的"德友"们每年一度的学习和交流盛会，也是"纪念彼得·德鲁克中国管理奖"的年度颁奖典礼，从2018年开始已经连续举办了三届，其中2020年因为疫情原因改为线上形式举行。

以2019年度论坛为例，共有800位"德友"报名参会（其中付费注册190人），我和王方华教授、席酉民教授、肖知兴教授、张志学教授、陈春花教授、宋志平董事长、陈驯博士、段永朝老师、陈威如副教授、杜绍基老师等管理专家和首届彼得·德鲁克中国管理奖获奖企业的领导做了专题分享。论坛与不同领域的伙伴多方合作，打造彼得·德鲁克中国管理奖的平台效应。这届论坛的合作伙伴包括：正和岛、华制国际、当当网、书享界、混沌大学、创业酵母、HR Face、今日头条、新浪网、凤凰网、中欧商业评论、商业周刊中文版、创业邦、智囊传媒、春暖花开、MBA智库、笔记侠、文化风向标、北京书友会等。会议当天采取直播形式，新闻稿和演讲文章经深度整理，通过主办方自有媒体、微信群、获奖企业、合作媒体的多形式、多层次传播，阅读量累计超过100万次。

2019年彼得·德鲁克中国管理论坛颁奖典礼

2019年彼得·德鲁克中国管理奖入围企业展示

"纪念彼得·德鲁克博雅管理思想研讨会""纪念彼得·德鲁克博雅管理实践研讨会"都是本着以学习和传播德鲁克博雅管理思想为目的的中小型学习研讨活动,每年举行2~3次。以2019年8月举行的"纪念德鲁克诞辰110周年管理实践研讨会"为例,秘书处邀请了当年评选活动的20家提名入围企业的企业代表和专家代表一起参加,最后出席的企业代表共34人,专家代表共31人,来自实践界和学术界的人数基本达到了1∶1,这样的构成比例有利于推动管理界的交流、创新和思行合一。

2020年11月11日,机械工业出版社华章公司、南京大学商学院、领教工坊共同举办了纪念彼得·德鲁克诞辰111周年暨德鲁克论坛第122期,论坛的主题为"卓越绩效,人文精神",论坛以线上形式召开,吸引了10万人共同参与。我与机械工业信息研究院院长、机械工业出版社社长李奇,携威廉·科恩、陈春花、陈驯、肖知兴、施炜、吴伯凡、华杉等知名学者和企业家,共同探讨了中国企业家和管理者如何积极而理性地应对新冠疫情以来的新环境,在突破创新和创造卓越绩效的同时,培育深厚的人文底蕴,打造生生不息、健康发展的企业,让企业与社会和谐共赢。

纪念彼得·德鲁克诞辰111周年暨德鲁克论坛第122期

把脉人力资源管理现状

21世纪社会经济的发展主要依靠知识，知识的创造者与知识的载体——人将取代企业所拥有的其他资源（如土地、原材料、房屋、机器等）而成为最重要的战略性资源。同时，技术革命和经济全球化迅速改变着企业的经营环境，企业的人力资源管理面临着各种不确定性因素的挑战，因此为了与之相适应，传统的人力资源管理研究也需要为迎接新的挑战做出调整。

自从德鲁克先生于1954年在《管理的实践》一书中提出了"人力资源"的概念之后，现代人力资源管理理论的研究又有了许多新进展，产生了许多新的研究成果。现代人力资源管理理论吸取了各种相关理论的研究成果，从政治学中引申出了资源依赖理论，从经济学中引申出了工作成本理论，从企业战略管理中引申出人力资源战略理论，从社会学中引申出了制度化理论，从心理学中引申出了行为理论，人力资源管理理论得到了前所未有的发展。

在此，我想就当前人力资源管理研究领域的几个重要问题谈些认识。

关于战略人力资源管理

在20世纪的最后10年中，我认为，人力资源管理研究领域一个最重要的变化是把人力资源称为组织的战略贡献者，人力资源管理正在逐步向战略人力资源管理转变。

战略管理的鼻祖是军事战略。军事战略意味着，首先确定你要达到的地点，然后组织各种资源并通过适当的路径到达目的地，在你占领一座山头后，再向下一座山头进发。军事战略与企业思想和实践之间一直存在着很多相似之处。许多人认为，孙子兵法是战略的巅峰，管理者们热切地接受这种观点，20世纪80年代，《孙子兵法》在西方成了商业畅销书。

德鲁克和阿尔弗雷德·钱德勒（Alfred D. Chandler）究竟谁先提出商业战略思想一直存在争议。德鲁克先生认为，他在1964年出版的《为成果而管理》一书是商业界第一本可以被称为战略方面的书，但钱德勒的《战略与结构》

（1962）无疑也称得上现代对战略的理解的第一本集大成著作。

虽然在战略管理上，德鲁克和钱德勒两者孰先孰后尚有争论，但第三位重要人物无疑是伊戈尔·安索夫（Igor Ansoff）。安索夫出生于1918年，从布朗大学毕业后就职于兰德公司，之后在洛克希德公司任副总裁，1963年离开商界加入卡内基－梅隆商业管理研究院。安索夫在洛克希德公司的经历是他写第一本书《公司战略》（1965）的原动力。在该书中，他试着更深刻地体会他在公司中学到的经验的含义。安索夫相信"在一个商业企业内存在制定战略决策的实用方法"，而这种方法很容易为所有企业所运用。

对于战略人力资源管理，一些学者认为其本质是一种"关系"，即人力资源管理实践和系统与组织绩效之间的关系；还有一些学者认为战略人力资源管理的本质是一种"适应性"，主要包括内部适应性（水平适应性）和外部适应性（垂直适应性），即人力资源管理实践和系统与组织竞争战略之间的适应性。Chadwick和Cappelli在1999年定义了人力资源管理中的战略，即"人力资源管理实践和政策与组织输出之间的关系"。而Delery和Doty（1996）认为战略人力资源管理实践包括7方面的内容：内部职业机会、正规培训体系、业绩测评、利润分享、就业安全、员工意见投诉机制和工作设计。

对战略人力资源管理进行研究，我认为有三种较为普遍的研究方法。第一种方法是把战略人力资源管理与它对组织绩效的贡献联系起来加以考虑，关注人力资源管理对组织绩效的影响；第二种方法是在组织的竞争环境中考虑人力资源战略选择及这些选择对组织人力资源管理子系统的影响；第三种方法是确定组织战略和人力资源管理实践与政策之间的"适应"程度，从而考虑这些适应性对组织绩效的影响。一般来说，可以根据人力资源管理战略在企业发展中的时效、企业在人力资源战略管理中的作用、企业变革程度以及管理方式将人力资源管理战略分成几种类型。

按人力资源战略在企业发展中的时效可以将人力资源战略划分为：①累积型人力资源战略，即企业以长期的观点来考核衡量人力资源管理工作，因此较重视内部员工的培养和人才的发掘，通过严格的筛选从内部获取适任的人才；

以终生雇用为原则，同时以公平原则对待员工；员工晋升速度慢，依据员工的工作层次和工作年限来确定薪酬。②效用型人力资源战略，即以短期的观点来考核衡量人力资源管理工作，因此提供较少的员工培训机会，企业职位一有空缺随时填补；实行非终生雇用制；员工晋升速度快，采用以个人为基础的薪酬支付方式。③协助型人力资源战略，指介于累积型和效用型人力资源战略之间的一种战略。

按企业在人力资源战略管理中的作用可以将人力资源战略划分为：①投资型人力资源战略，指企业通常聘用不同类型的员工，以提高企业弹性和使用多样化的专业技能，同时企业与员工通常建立长期工作关系，注重培训和提高；员工工作较有保障，企业通常十分重视员工，视员工为投资对象。②吸引型人力资源战略，指企业为控制工资成本而最大限度地限制员工人数；由于工作的高度分化，员工的招聘和录用都较为简单，培训费用也较低；企业与员工的关系纯粹是直接和简单的利益交换关系。③参与型人力资源战略，指企业将很多决策权下放到基层，使大多数员工能够参与决策，从而提高员工的参与性、主动性和创新性，增强员工的责任感和归属感。

按企业变革程度及管理方式可以将人力资源战略划分为：①家长式人力资源战略。其主要特点包括集中控制人事管理，强调次序和一致性，内部任免规定是硬性的，重视操作与监督，人力资源管理的基础是奖惩与协议，注重规范的组织结构与方法。②开发式人力资源战略。其主要特点包括注重开发个人和团队，尽量从内部招聘，制订大规模的发展和培训计划，"内在激励"多于"外在激励"，优先考虑企业的总体发展，强调企业的整体文化，重视企业绩效管理。③任务式人力资源战略。其主要特点有非常注重业绩和绩效管理，强调人力资源规划、工作再设计和工作常规检查，注重物质奖励，同时进行企业内外部招聘，开展正规的技能培训，有正规程序处理劳动关系问题，重视战略事业部的组织文化。④转型式人力资源战略。其主要特点有对企业组织结构进行重大变革，对职务进行全面调整，进行裁员，调整员工队伍结构，缩减开支，从外部招聘骨干人员，对管理人员进行团队训练，建立新的"理念"和"文化",打破传统习惯,摒弃旧的组织文化,建立适应经营环境的新的人力资源系统和机制。

关于国际人力资源管理

经济全球化和管理国际化也同样使众多管理学者将研究方向从国内和地区的人力资源管理研究转向国际人力资源管理研究。二十多年来,国际人力资源管理理论和实践的研究有了很大的发展,在这些研究和实践中,国际人力资源管理研究人员一直在集中与分散这两种管理模式之间存在争论。支持集中管理模式的学者认为,国际人力资源管理的关键是将在美国开发并得到成功应用的观念推广应用到国际范围;支持分散管理模式的学者认为,国际人力资源管理应该根据不同文化开发不同的管理方法。里克斯(Ricks)、托因(Toyne)和马丁内斯(Martinez)等人就指出,在国际人力资源管理中必须考虑和国内人力资源管理不尽相同的方面。总体来说,国内人力资源管理研究与国际人力资源管理研究的差异体现在:国际人力资源管理研究应包括若干独特的维度,需要关注不同文化观念和社会价值观的相互影响,关注一种文化向另一种文化转化时管理方法的适用性、法律和经济的差别,以及由于社会文化差别而引起的不同学习风格。跨国管理运作的复杂性和雇用不同国籍员工的必要性,是国内人力资源管理与国际人力资源管理之间的主要差别。

我认为,近年来国际人力资源管理理论和实践研究主要集中在四个领域:①外派员工、内派员工以及他们的职业生涯设计问题;②国际人力资源管理的职责问题;③国际人力资源管理流程的统一模式开发问题;④跨文化管理问题。

关于人力资源管理效益评估

正如我们所知道的那样,人力资源管理能给组织带来效益和效率。但是,如何测量与评估其效益呢?关于这个问题,Husehid(1995)就一直致力研究人力资源管理与子公司财务状况之间的关系,而Lam和Wite(1998)也曾对14家制造企业进行研究,发现人力资源管理与企业财务效益具有一定的相关性。不管是人力资源管理的收益还是为此而付出的支出，都难以得到准确的计算值，这说明运用简单的比值法去评估组织人力资源管理效益的做法并不现实可行，还需要研究和开发能够评估企业人力资源管理绩效的其他方法。目前在一些管理实践中已经出现如下几种测评人力资源管理工作绩效的办法。

（1）人力资源指数问卷调查。有些组织使用组织士气态度测验来评估人力资源管理部门的工作成效，这些问卷试图将员工的态度与企业绩效联系起来。比如，美国联邦快递公司在1993年建立起了自动员工调查系统，这被认为是该公司成功的一个关键因素。现在关于员工意向的调查已经被一些企业和研究者们进一步拓展，开发出了人力资源指数问卷，用来对该企业的现实情况与历史情况进行比较，或者与其他企业相比较，旨在寻求改进人力资源管理的途径。使用者认为，一方面，人力资源指数问卷在评估企业的民意、整体满意度、员工对组织目标的认同度以及辨识需要集中解决的困难或问题方面是有效的；另一方面，人力资源指数问卷虽然能说明人与企业绩效之间有关系，但没有任何根据说明它们之间存在怎样的关系。

（2）人力资源声誉。有些专家认为，人力资源管理工作的有效性是一种价值判断。因此，什么水平的客观绩效是有效的，什么水平的客观绩效是无效的，要通过人力资源管理对象的反馈意见来判断。这类研究表明，顾客感觉的人力资源管理效果与企业绩效成正比。另一类研究集中对了解、精通企业当前人力资源管理的人，如企业主管、人力资源高级执行主管、教员、基层管理者、顾问和商情传播者等进行调查，让他们聚集在一起对反映人力资源管理的重要因素做出评估，用以判断企业人力资源管理政策和措施的效果。这两类研究表明，人力资源管理部门的工作不仅要在感觉上被认为是有效的，而且还要让它的服务对象感到满意。但是，几乎没有证据说明客户满意程度与整个企业的绩效之间存在着什么样的关系。

（3）人力资源会计。人力资源会计将企业人力资源作为一种资产或投资来研究，考察人力资源管理政策和活动导致企业人力资本的变化情况，如计算员工缺勤与离职成本、员工录用和培训损益分析等。但是，人力资源会计发展缓慢的主要原因在于还存在一些尚未得到很好解决的问题。通常，人力资源会计侧重于企业整体人力资源的价值和贡献，并不着眼于人力资源管理部门的工作业绩。因此，该方法在联系人力资源管理工作的绩效与企业绩效方面显得不足。

（4）人力资源审计。人力资源审计就是通过调查、分析和比较来评价企业人力资源管理的有效性。人力资源审计通过对统计数据和研究报告的开发及使用，试图评价企业人力资源管理活动已经取得的业绩状态，使管理者知道现存的问题和改进的方向。人力资源审计着眼于企业内部人力资源管理功能的有效性，包括人力资源管理部门的各类活动及其执行过程的管理效果。但是，这些功能的有效执行并不一定会增加整个企业人力资源工作对企业的贡献。所以，人力资源审计是必需的、重要的，但可能还不是非常有效的评估人力资源功能的方法。

（5）人力资源案例研究。人力资源案例研究就是通过研究组织实施人力资源管理规划、政策和实践的具体案例，对其成功的经验和存在的问题加以总结。成功的案例研究具有巨大的价值，可以用较少的花费达到宣传目的。案例研究方法作为一种评估活动，并不是人力资源管理绩效衡量的标准，而是某项活动成功的证明；它通常不能对某项特定计划或整个工作进行跟踪评估，而仅仅是在某一时点上的一次性检验；通常是以主观判断为依据的。此外，对某一项目成功与否的判断还受到其他因素的影响。

（6）人力资源成本控制。一般来说，开展人力资源管理活动会带来开支的变化，所以评估人力资源绩效的一种方法是测算人力资源成本，并将其与标准成本相比较。有些组织将其与其他组织，尤其是与相似组织的相关成本进行比较。通过对每项成本的核算与比较，能够对人力资源管理工作的绩效进行监控，但是用来作为比较的标准数据本身并不一定是有效的。通常，人力资源成本控制方法仅仅利用了企业的一部分记录。

（7）人力资源竞争基准。基准是用来比较或者对照某事物的模型或测度。基准确定法就是将特定比较的指标与其他"最佳实践者"组织的指标相比较。

最常见的人力资源管理的基准绩效评价指标是：总报酬占税前总收入的百分比、内部管理职位占有率、单位员工的销售额、津贴占工资成本的比重。一种评价人力资源管理情况的方法是计算各种比率。这些比率可以按照年度来计算和比较，提供有关人力资源工作变化的信息。根据国家统计得来的基准来比较比率指标是确定人力资源有效性的最好方式。比较活动应该在一个企业内部每年进行，这样可以通过不同年度情况的比较，找出企业人力资源管理存在的问题和已经取得的进展。

（8）人力资源关键指标。美国有学者提出用评估组织绩效的关键量化指标来反映人力资源管理工作业绩，但是缺乏合适的数据库往往成为评估人力资源管理工作对组织绩效贡献度的困难之一。我认为，用于人力资源评估的关键指标的数据资料，需要企业建立起人力资源管理信息系统，进行长期不懈的收集、整理和分析工作。目前互联网、大数据、人工智能的飞速发展为企业的数据收集、处理和分析提供了可能，也正是人力资源管理方面值得探索的一个方向。

（9）人力资源效用指数。有些企业试图建立一个指数来衡量人力资源管理工作的效益情况。通用电气公司在20世纪50年代建立的员工关系指数就是由反映员工行为的8个代表性指标组成的。而人力资源绩效指数（human resource performance index，HRPI）建立在大量的人力资源系统数据基础上，开发者称它能够成功地评估企业在招聘、选拔、培训和留用方面的工作。但是，目前还缺乏将其与组织绩效相比较的尝试。我认为，最具综合性的研究是由美国学者杰克·菲利普斯研究开发的人力资源有效性指数。他通过对8个工业部门、91家企业进行研究，发现人力资源有效性和组织绩效之间确实存在一定的关系。

（10）人力资源目标管理。20世纪60年代管理大师彼得·德鲁克提出了目标管理（MBO），它通过确定组织总体目标并进行层层分解、落实到各个单位或个人，辅之以各种考评政策和措施，以促进组织目标的实现。制定的目标必须具有如下特征：明确、可评估、有时效性、富有挑战又可以达到、合乎实际并能为所有参与者理解。目标必须是管理者所期望的，为了达到某一高水平绩效所必需的。

（11）人力资源利润中心。20多年来，西方企业内部市场日益呈现显著的发展趋势。所谓内部市场，就是把企业看成是一个由企业家群体组成的社团，他们在企业内部与在外部市场上一样进行买卖，开发新产品或服务。不管在企业内部还是外部，采用的仅仅是经营哲学，使企业能够迅速而又有效地适应变革。人力资源管理部门被作为独立的利润中心来运营，可以对自己所提供的服务和计划项目收取费用，有时还要与企业外部市场上提供的服务进行竞争。我国企业也开始对此进行尝试，如海尔的海企通就是专门提供人力资源服务的公司，也正在尝试使其转变为人力资源的利润中心。

（12）投入产出分析。美籍俄裔经济学家、诺贝尔经济学奖获得者华西里·列昂惕夫（Wassily Leontief）早在1988年就提出了投入产出分析方法，他将这一方法应用于分析企业人力资源管理工作效益之中，人力资本所创造的价值就是总产出扣除物质投入（包括折旧）后的余额，其数值的大小可以归结为人力资源管理的效益。在利用投入产出分析方法测评人力资源管理工作效益时的主要问题在于企业成本的投入核算，如果仅仅考核单一的人力资源管理活动效益的话，那么还得测算企业效益中有多大成分是由此项活动创造的。一般来说，我们主张在使用该方法进行测评时，对人力资源管理效益进行整体测量。

（13）人力资源指数。美国的舒斯特教授提出了一种由15项因素综合而成的人力资源指数，这15项因素分别是：报酬制度、信息沟通、组织效率、关心职工、组织目标、合作、内在满意度、组织结构、人际关系、组织环境、员工参与管理、工作群体、群体间的协作能力、一线管理和管理质量。研究者对美国、日本和加拿大等国家的许多企业进行了调查，并在此基础上建立了地区标准和国际标准。

（14）应用人力资源研究的评价方法。人力资源研究就是通过数据分析来决定过去和现在人力资源实践的有效性，通常可以分为初始研究和二手研究。初始研究的数据是为一定的项目研究第一手收集起来的；二手研究就是利用著作、专业期刊论文或其他来源的他人已有的数据来从事研究。常用的初始研究模型有试验和样板项目、员工态度调查和离职面谈。对于企业人力资源管理的评估有不同的假设和方法，虽然目前尚缺乏公认的成功工具，但有一点需要指出：人力资源评估的结果好坏不是企业管理的目标，测评本身是一种管理工具，它可以促进企业人力资源管理效益的提高，尤其是增加对组织目标实现的贡献。有关人力资源管理效益的评估研究，是人力资源管理中需要继续探索的课题之一。

人力资源管理未来展望

中国企业的人力资源管理经历了从"人事管理""人力资源管理"到"战略人力资源管理"的发展历程，然而目前仍有很多企业将人力资源管理部门看作成本中心，忽视人力资源管理的战略地位以及其对人力资本开发的重要作用，导致人力资源利用效率的低下。就人力资源管理实践方面而言，中国企业的最大问题还在于管理理念和模式的落后。我国很多企业目前仍然沿用旧的管理理念和模式进行人力资源管理，以物的管理思维来管理人。旧的、僵化的人事管理体制会导致人才的巨大浪费，人事管理改革决不应停留在只将"人事部"换成"人力资源管理部"的牌子。

步入 21 世纪，全社会对人力资源管理提出了更高的要求，也给其赋予了更重要的历史使命，我们有必要了解未来人力资源管理的发展方向。我认为，未来的知识经济和数字经济时代背景下的人力资源管理，应当是一种动态的、战略性的、全球性的人力资源管理。

知识经济时代下的人力资源管理

知识经济本质上是一种创新经济，在这种新的经济形态中，拥有知识的人才将对组织的生存与竞争具有关键意义。在新的全球经济中，竞争能力将越来越多地依赖于创新能力。谁能成为全球的、柔性的、创新型的和拥有丰富社会关系资源的企业，谁就能拥有更为强大的能力和竞争优势。越来越多的全球企业采取全球战略、柔性战略、联盟战略和合作战略来管理企业。德鲁克先生认为 21 世纪是知识经济时代，对知识型员工的管理是 21 世纪管理者面临的最大挑战。过去人才追逐资本的现象将被资本追逐人才的现象取代；素质越高、越稀少、越热门的人才将获得越多的工作机会和越高的报酬；知识型员工成为企业人力资源管理关注的重点；知识的创造、传递、应用和增值成为人力资源管理的主要内容。因此，如何加强对这种人才的管理与开发成为企业经营管理者的当务之急。

人力资源管理的国际化

当今世界，全球化浪潮正席卷商业世界的各个领域，全球领导者逐渐成为学术界和企业界所关注的焦点问题。德鲁克先生曾指出，21 世纪有两类经理人，一类是具有全球视野的经理人，另一类是下岗的经理人。全球化时代需要更多的全球领导者，缺乏足够的全球领导者已成为全球性企业获取成功的制约因素（Javidan & House，2002）○。在中国，随着国际资本和技术的加速涌入，很多产业已经呈现"国际竞争国内化与国内竞争国际化"的特征，中国企业同样面临全球领导者不足的现实挑战。在此现实背景下，企业必须具有全球性的思维。企业需要通过对各业务单元所构成的跨国网络中的资源流动、共同体意识和范围经济的管理来培育自身的全球性协作能力和团队精神。

首先，在不断变化的全球性竞争越来越激烈的环境中，寻找、留住优秀人才是组织成功的关键，是组织最具竞争力的根本。企业一方面要帮助员工规划职业生涯，为员工提供个性化的人力资源服务和产品，考虑员工个人在本企业工作过程中人力资本的增加；另一方面，要设法提高员工的工作生活质量，使他们通过在本企业的工作和生活实现自身的人生价值和目标。战略人力资源管理既要求人力资源管理者使企业拥有创造市场价值技术的硬能力，又要有能吸引、留住优秀的全球性人才的能力，这些能力的获取要求企业培育战略导向的

○ Javidan M, House R J. Leadership and Cultures around the World: Findings from CLOBE(An introduction to the Special issue) [J]. Journal of World Business, 2002, 1(37):1-2.

价值观，并从培养组织能力的角度来安排人力资源管理的政策和实践。中国企业需要通过多种方法开发全球人才，一方面可以通过全球性的招聘计划和系统培训来为企业培育全球化的高级人才，另一方面甚至可以通过"买"或"借"的方式获得高质量的人才。用市场交易从其他国际企业或当地的其他组织获得人才，可以在获得知识和经验的同时保持人力资源方面的柔性。

其次，如何实现全球范围内有效的核心能力管理将是一个全新的挑战。中国国际化企业未来的经营活动需要将跨国家和跨生产部门的合作置于更加重要的位置上，通过提高管理人员薪酬制度中的"对全球产出和绩效的贡献"这一指标的权重，从而提升各个业务单元对全球绩效的贡献。再次，还需要建立新的全球激励机制来适应新形势下的企业战略，鼓励知识分享。最后，信任能够促进沟通，鼓励合作，并降低冲突。全球化发展进程中的中国企业需要通过制度安排、跨文化培训和信息共享系统来建立不同文化员工之间的信任。

人力资源管理的职业化

职业化是市场发展成熟的重要标志，市场环境的变化使得我国的人力资源从业人员面临着职业化的挑战。与此同时，知识经济社会的来临，也使得人力资源成为组织最重要的资源，人力资源从业人员由于拥有广泛的专业技术，被认为是人力资源专业领域的顾问专家，从而赢得了职业的地位和尊重。爱立特·弗莱德森（Freidson，1973）[一]对人力资源管理专业人员的职业化给出了这样的定义："职业化是一个过程。通过这个过程，人力资源管理从业人员由于其拥有的独特专长、关注工作和生活质量以及为社会带来利益，而获得从事某种特定的工作、控制职业培训和职业进入、确定与评价该职业工作方式的专有权力。"一直以来，人力资源管理工作者被认为只是承担核对工资、收集档案等一般行政性管理工作，其从业人员很难形成专业技能，因而也就丧失了职业化的基础。由于从业人员不具有专业技能，很难对其他人员形成专业进入壁垒，因而难以拥有专业权力和专业人才市场。我国企业人力资源管理者的职业

[一] Freidson E. The Professions and Their Prospect[M]. London: Sage Publications, 1973.

化基础在于人力资源管理工作的专业化和技能化。而人力资源管理者职业化的关键在于建立职业化的人力资源管理从业人员市场，通过市场，对人力资源管理从业人员所拥有的专业技能进行认证、定价、交易和发展。未来，人力资源管理从业者的职业化将会突出表现在以下几个方面：严格的职业资格认定机制、规范化的人力资源管理教育、专业性协会和专业化培训、专业化的人力资源管理人员配置、较高的人力资源管理专业人员薪酬等。

人力资源管理的本土化

目前我们所了解的大部分管理学理论都是西方学者通过对西方企业的研究而建立起来的，因而这些理论拿到中国来应用首先会面临一个本土化的问题。这种本土化主要表现在两个层面：第一个层面是将西方成熟的人力资源管理理论拿到中国的环境下来验证，如果不适用，就要寻找原因，并且对其进行修正和完善；第二个更高的层面，针对的是一些在西方理论框架下难以解释的中国特有的现象，需要发展出新的概念和理论框架来解释这些现象。例如，由于中国社会中比较重视"人际关系"和"面子"管理，一些华裔学者已经在管理研究中创造了"关系""面子"的概念来解释中国企业中特有的问题。

对于中国情景下的人力资源管理实践，我认为最关键的是要转变观念。管理是一种1+1可能大于2的学问，既要"管"更要"理"，目的在于最大可能地发挥人的积极性。管理就是"管"事"理"人。我们要科学"管"事，艺术"理"人。也就是说，"管"事时要讲究科学管理；而"理"人时，要讲究艺术，因为每个人来自不同的家庭，受过不同的教育，文化背景不同。而反观当下的中国，人力资源管理在很多企业和机构仍然被看作只是人事上的监管，很多人才在这种体制观念下要么积极性得不到发挥，要么白白浪费掉。从深层次讲，这是一种制度文化的问题。管理是以文化为基础的，中国管理要发展，必须摒弃消极的制度文化，结合本民族优良的文化积淀，再借鉴西方先进的管理理念，从而形成自己的模式。

数字经济下的人力资源管理

互联网与数字技术的飞速发展,推动人类进入数字经济时代。马克思曾指出,各个经济时代的区别就在于如何生产以及用什么劳动资料生产。数字经济时代下,人们以数字化的知识和信息作为关键生产资料进行数字化劳动(韩文龙等,2020)[一]。2021年8月2日,中国信息通信研究院发布了《全球数字经济白皮书:疫情冲击下的复苏新曙光》,该报告指出,全球各国依托各自产业优势发展起了不同的数字经济发展模式,也探索出了数字经济在不同领域和场景的发展格局。数字经济有效对冲了疫情冲击,2020年,全球数字经济规模达到32.6万亿美元,同比名义增长3.0%,占GDP比重为43.7%,数字经济发展态势可见一斑。

同时,报告也指出,数字经济发展背景下,企业需进行数字化转型,更加强调数字化与绿色化协调发展。因此,企业的人力资源管理也需要根据企业数字化转型进行相应的变革与创新。数字经济下,互联网、大数据、云计算、人工智能等科学技术迅猛发展,也诞生了共享经济、零工经济等新的经济形态,这些新的经济形态与技术形式改变了雇用模式、工作性质和岗位、工作内容以及管理流程,因此企业需要重新审视人力资本的价值,构建适合企业发展的新型人力资源管理模式。

(1)人力资源管理的数字化转型

数字经济时代的到来,深刻改变了员工的工作内容与性质,也改变了管理者的管理手段与管理对象。如前所说,数字经济下,员工所进行的劳动不同于传统福特主义生产阶段的劳动,数字经济下的关键生产资料是数字化的知识和信息,员工以此进行数字化劳动,例如,互联网领域具备较高技能的知识型员工利用数据进行编程、软件开发,电商平台员工所进行的后台运营管理、网站客服等。对数字经济下的员工来说,员工需要面对海量的信息以及倍速更新的信息技术,工作内容不固定,岗位边界模糊,这对员工的工作能力提出了更高

[一] 韩文龙,刘璐. 数字劳动过程及其四种表现形式[J]. 财经科学,2020(1):67-79.

的要求。员工需要具备较高的知识水平、创新能力以及新技术的应用能力。同时，数据信息的无限可得性给员工的工作提供了更大的灵活性和便捷性，员工可以随时随地开展工作而无须依赖工作场所提供的工作条件和生产工具。而知识更新速度加快则需要员工具备良好的自我管理能力，能够合理安排自我工作时间和学习时间，在提高工作技能的同时也能够不断拓展自我潜能，以应对充满不确定性与复杂性的外部环境。从企业管理者角度来说，互联网技术的发展为管理者提供了更多元化的监督手段，大数据、智能监控工具可以实现无间断的监督与控制。与此同时，算法技术的发展为顾客以及其他利益相关者对员工进行评价提供了可能，算法控制也丰富了管理者对员工的监督方式（韩文龙等，2020）[一]。除了对员工进行管理，管理者还需要对生产资料，即数据信息进行管理。数据信息更新快、易传播，如何做好数据的保密工作也给管理者的管理工作加大了难度。新的管理手段的运用一方面节约了人工成本和时间成本，另一方面，不间歇、无处不在的工作监督以及更高的工作要求也给员工造成了更大的心理压力，员工可能面临着更大的工作强度、更长的工作时间以及更激烈的竞争环境。

在此背景下，企业的人力资源管理需要结合数字经济时代下员工的工作特征、心理特征以及新的管理现实来构建数字化的人力资源管理模式。首先，国家需制定有利于企业人力资源管理数字化转型的公共政策与法律规范，确保企业以合法渠道获取和使用信息进行人力资源管理，切实尊重员工价值、保障员工合法权益。信息技术的飞速发展为人们获取数据和信息提供了极大便利，也使得人们的隐私受到了前所未有的威胁。数字化人力资源管理将建立在大规模的员工信息的基础之上，国家需要制定严格的法律、法规以规范企业合理、合法使用员工信息，切实保障员工的隐私权。其次，企业需结合企业战略按部就班开展人力资源管理的数字化转型，有效利用数据与技术手段激励员工，提高员工绩效，开发员工潜能，并注重员工心理健康的关照，为员工提供心理疏解的渠道和方式。最后，员工个人需积极利用现代技术以及企业提供的培训项目

[一] 韩文龙，刘璐.数字劳动过程及其四种表现形式[J].财经科学，2020（1）：67-79.

与发展机会，提高自身的技能与自我管理能力，提升自我的可雇用性，为未来的职业发展创造更多可能。

（2）人力资源管理的多样化转型

数字经济的快速发展既促进了传统的雇用型就业，也催生了包括自主创业、自由职业、兼职就业等在内的灵活就业新模式。这种新型的就业模式，如斜杠青年、疫情期间的共享员工等也是零工经济的具体表现形式，零工经济成为当下促进就业创业的重要形式。基于互联网的零工经济形式可以进一步分为资本平台零工（capital platform work）、众包（crowdsourcing）和基于App（App-work）的零工。资本平台零工指人们利用平台出售和租赁资产，比如Airbnb；众包指人们通过平台提供服务，通常是远程完成工作任务；基于App的零工则是指通过平台提供本地服务，如送外卖、网约车等（Duggan et al., 2020）[⊖]。我国零工经济呈现出工作内容技能化、参与方式灵活化、就业人员年轻化的特征。零工经济下企业的职能、客服、运营、技术、管理、法务等相关工作内容均包含灵活就业人员的渗入，也就是说，各部分均由全职员工与零工型的员工构成，这种用工模式为企业节约了用人成本，但同时带来了管理的困境。传统的管理方式并不适用于零工经济的灵活模式。如何对这一庞大的零工群体进行有效管理是中国传统企业、互联网企业以及平台型企业面临的人力资源管理难题。

员工构成的复杂化使得单一的人力资源管理模式已不适用于零工经济下的企业，因此，企业应探究更为有效的、多样化的人力资源管理模式。不同类型的人力资源具有不同的人力资本价值，企业可以根据员工具有的不同人力资本价值建立不同的人力资源管理模式。例如，针对具有价值性高、独特性高的人力资本价值的员工，企业可以建立相互投资型的内部人力资源管理模式；针对具有价值性高、独特性低的人力资本价值的员工，企业可以建立短期合作的外

⊖ Duggan J, Sherman U, Carbery R, et al. Algorithmic management, and app - work in the gig economy: A research agenda for employment relations and HRM[J]. Human Resource Management Journal, 2020, 30(1): 114-132.

部人力资源管理模式；针对具有价值性低、独特性高的人力资本价值的员工，企业可以建立长期合作的外部人力资源管理模式；针对具有价值性低、独特性低的人力资本价值的员工，企业可以建立短期合同关系的内部人力资源管理模式。同时，零工经济的灵活性也使得人力资源管理模式需要具有动态性，企业需要根据员工特征灵活调整企业的人力资源管理模式，以提高企业应对外部不稳定环境的能力。

（3）人力资源管理的智能化转型

近年来，人工智能的发展受到了人们的广泛关注。《2021人工智能发展白皮书》显示，中国人工智能核心产业规模达到3251亿元，同比增长16.7%，截至2020年年底，中国人工智能相关企业数量达到6425家；其中，22.3%的企业分布在人工智能产业链基础层，18.6%的企业分布在技术层，59.1%的企业分布在应用层。人工智能技术已被广泛运用于企业各个层面，除了在生产领域引入人工智能技术外，企业还积极将人工智能技术运用到管理领域，例如人力资源管理也已运用人工智能技术解决大量的重复性工作，大大节约了人工成本，提高了工作效率。但人力资源管理的智能化转型不仅仅是在工作中运用人工智能技术，更是从顶层设计上重构人力资源管理的认知，进而打破传统的人力资源架构，促进企业员工人力资本价值的提高，释放人的无限潜能，实现企业与人的共同发展。

首先，人力资源管理的智能化转型需要重新认识企业与人的关系。过去我们认为，员工为企业工作，获得报酬，协助企业实现发展目标；进入知识经济与数字经济时代，员工越来越多样化，新生代员工的崛起使得员工的个体价值意识提升，员工在工作中更希望获得满足感、意义感和幸福感，企业不仅要实现发展的目标，还需要帮助员工找到工作的意义和自我价值提升的机会，最终实现企业与员工互利共生。因此，企业在进行人力资源管理智能化转型时应明确转型的目的，意识到管理实践中人工智能等先进技术的运用不是为了取代员工的工作，而是为了提高员工的工作效率，对员工的工作手段进行补充，为员工争取更多的时间、创造更多的机会进行自我提高，同时促进员工进行更多的创造性工作，以此提高企业的竞争力，也帮助员工实现更高的人生价值。其次，人力资源管理的智能化转型需打破职能化模块的传统思维，汲取其他应用场景的元素构建高效的、具有预测功能的人力资源管理体系。目前大多数企业的做法仍然是将人工智能技术运用到招聘、遴选、薪酬以及培训等模块中，这确实提高了工作效率和人岗匹配度，也为制定个性化的薪酬体系及培训体系提供了可能。但这不是智能化人力资源管理的真正含义，智能化的人力资源管理更应具备预测的能力，能够利用大数据、算法等预测员工的工作状态、工作满意度、离职意向等，进而帮助企业提前准备预案，提高企业应对变化的能力。因此人力资源管理的实践者和学者可以通过汲取生产领域、营销领域、会计领域等人工智能应用场景的元素构建真正智能化的人力资源管理体系。

人力资源服务业

人力资源服务业是落实创新驱动发展战略、人才强国战略、就业优先发展战略的关键产业。回顾我国人力资源服务业四十余年的发展历程，人力资源服务业从原本的借力人口红利调整至顺应劳动力结构，在快速发展中经历了由单纯的引入、引入模仿到自主创新的一系列转变。尤其是数字经济及人工智能时代的到来，给人力资源服务业带来了新的挑战和发展机遇，因此急需探索从传统模式向新兴业态、新模式转型升级的路径以及中国本土化情境下的发展趋势，挖掘产业持续发展的新动能，以期为实现我国人力资源服务业的可持续发展提供参考。

我国人力资源服务业的演变历史遵循"人才流动→人才市场→人才服务业→人力资源服务业"的变革路线，经历了始于计划经济时期的统包统配，并伴随着改革开放形成了以市场机制为核心的资源配置模式，逐渐由传统的人才、劳动力市场管理模式发展转变为基于人力资源市场的整合与配置模式，并发展成为人力资源供需双方的重要服务媒介，实现了人力资源的合理配置与供求对接，进而极大提升了人力资源的利用水平和价值创造水平。

由于移动互联网、大数据、人工智能、云计算、区块链等技术的发展，经济全球化、社会知识化的趋势日益明显，乌卡时代（VUCA：volatility, uncertainty, complexity, ambiguity）的易变性、不确定性、复杂性、模糊性等成为这个时代的关键特征，这对人力资源管理提出了新的要求。21世纪中国企业的人力资源管理必须致力提高企业的学习能力、培养企业的全球性思维，招揽具有全球领导力的经理人员和知识工作者，加强人力资源管理的职业化建设，为中国经济的可持续发展提供人力资源保障。

与人力资源密切相关的领域

除了对人力资源管理方面的问题进行研究外，我也关注中国经济发展的大环境，密切跟踪研究中国经济改革方面的问题。早在1998年，我曾专门写了一篇文章，题目是"市场经济下政府与企业的关系"，发表在《生产力研究》杂志上，对政府和企业之间的关系进行过归纳。研究政府与企业的关系可以发现，在不同的国家，政府与企业的行为是有差异的。所以，首先要弄清各种不同的政府与企业的角色和结构，才能了解两者相互作用的关系。

政府与企业的关系在市场经济中的总方向是一致的，前者维持市场的秩序，后者保持市场的活力。当然在市场经济体制下，各国政府与企业的关系也有不同的模式。我曾经将世界上典型的政府与企业的关系总结出四种，被很多研究者所接受。

一是美国式的，可称"警民"关系，即美国的政府机构与企业之间的关系是法律界定经济关系，政府着重告诉企业哪些可以干、哪些不该干，政府只是掌握宏观调控。美国政府对经济的调控主要是宏观的，不具体涉及某一行业、企业。对宏观经济的调控主要是通过制定法律、条令和通过税收政策来实施的，而且政企绝对分开。

二是日本式的，可称"朋友"关系，即政府和企业"穿一条裤子"，着重告诉企业应该怎样干，政府协助和支持企业发展。日本政府在与企业关系的协调措施上，主要采取四种方法：①会议，即通过学术界、工商界、工会领导人和政府官员会议协商，形成政府与企业的共识；②行政指导，即日本政府通常由通商产业省（简称通产省）指导公司的行为，如宏观调控、稳定价格、保护日本的公司来对付外国政府施加的压力；③银行低利贷款，这是指日本银行经常对某些刚刚发展但对日本未来十分重要的企业给予低利息贷款，帮助这些企业提高竞争力；④管理官员，这是指在日本，许多大公司的高层主管一般都是由通产省资深高职的前部长来担任的。这四种方法对于促进政府与企业的良好关系及相互了解是很有帮助的。

三是德国式的，可称"仲裁"关系，即强调效率和公平的合理取舍，政府按照竞赛规则对企业进行公平裁定。在德国，政府与各种利益集团，如工会、企业管理者、环保、学术界和消费者等代表会谈，界定共同体的优先顺序及如何实现的政策，让企业公平竞争。

这三种关系，尽管国别和文化传统不同且政企关系有异，但有两点是一致的，一是企业地位完全独立，二是政府和企业都按一个标准来处理相互关系，即什么不该干、该怎么干、按什么规则干。

四是传统的中国式的，可称为"父子"关系，也有人称"婆媳"关系。我国政府对经济的调控在很大程度上是控制投资行为，有时要具体到审批每一个投资项目，直接干预企业的经营管理。

政府与企业的关系如何，对国家的经济发展和企业的活力确实有很大影响。日本在发展半导体及电子产业时，就是政府协助和支持企业，由通产省协同电子行业的企业共同开展基础技术研究，研究的成果提供给企业开发自己的专利产品。这使其半导体和电子技术在国际市场很有竞争力，处于领先地位。但是，在市场经济下政府与企业如果采取联合模式，就可能导致"政府失灵"，出现腐败现象，产生钱与权的交易，最终会妨碍国家长期竞争力和综合国力的提升。

在我国市场经济体制下建立现代企业制度，政府的社会经济管理职能与所有者职能必须切实分离，政府与企业的"父子"关系必须脱离，政府不应直接干预企业的经营管理活动。因此，我曾提出如下改革建议：理顺产权关系、确定企业法人制度、转变政府职能、加强宏观调控等。

政府与企业相互影响，人力资本与经济增长无疑也密切相关，这也是我较为关注的研究领域。

资源当然不是资本，怎样把人力资本利用起来，是把它作为一个工具还是作为手段？管理学中明确提出，人力资本增值的目标要优先于财务增值的目标，即不能把人只作为一个赚钱的工具，员工本身的成长和发展应该是企业追求的目标之一。

过去，我们在谈及经济增长时，往往只强调技术进步因素的作用。关于究竟何为经济增长源泉的研究，单纯从生产函数着手的方法论已被注重从其他侧面来研究决定经济增长的内在机制所代替，已从"树木"发展到"森林"。

我曾经总结"人力资本论"对经济增长理论发展的贡献过程，在这里，我们可以回顾一下关于人力资本与经济增长关系的基本问题。

第一位需要知道的人物是罗伯特·索洛（Robert Solow）。作为新古典增长理论的代表，索洛首先提出了技术因素对经济增长的关键作用。虽然他只强调了"物"的因素，忽视了"人"的因素，但相对单纯强调资本作用的传统增长理论来说是一次重大的革命。

第二位人物是西奥多·舒尔茨（Theodore Schultz）。作为人力资本理论的创始人，舒尔茨将资本分为"常规资本"与"人力资本"，并提出了人力资本理论。他认为，可以通过对卫生、教育等方面进行投资，增强人的体质、智力和技能，提高人口质量，使一般的人力资源转化为人力资本。这种人力资本可以产出"知识效应"与"非知识效应"，来直接或间接地促进产出的增长。遗憾的是舒尔茨没有提出一个以人力资本为核心的经济增长模式。

第三位人物是罗伯特·卢卡斯（Robert Lucas），美国著名的经济学家，1995年诺贝尔经济学奖获得者。他运用更加微观化的个量分析方法，将"舒尔茨的人力资本"与"索洛的技术进步"概念结合起来，具体化为"每个人的""专业化的"人力资本，提出了将人力资本因素真正内生化的经济增长理论。他认为只有这种特殊的、专业的人力资本的积累才是产出增长的真正源泉。此外，卢卡斯的贡献还在于区别了人力资本的两种效应：内在效应与外在效应。内在效应是指人力资本只影响本人的劳动生产率；外在效应是指人力资本对其他人的劳动生产率会产生影响。正是各国在人力资本方面的差异，导致了各国在收入和经济增长率方面的差异。

1993年，美国学者汤姆·斯图尔得（Thomas Steward）提出了智力资本，主要包含人力资本、结构性资本和顾客资本。一个企业能不能参与竞争，能不能成功，能不能生存下去，首先要靠人力资本，这是人才的问题。能不能在竞争中取得成功，关键看企业里员工掌握知识的多少和掌握知识的能力的大小，以确定核心竞争力的大小。成本与价格的优势越来越小，关键是要形成差别化优势。产品之间除了品牌的差别，基本上成本与价格的差异已经很小，实际上都是微利。但是对于高科技的产品，主要是看知识和技术的含量。

这里面关键的问题是，我的企业和你的企业、我和你有什么不同？我们之间的差别化优势是什么？不同，即差别化优势主要在于知识的含量和诚信。首先是人力资源问题，然后是结构性资本。你能不能通过你的企业创新，生产出新的产品，形成新的销售渠道，把你的产品销售出去，这当然也牵涉到顾客的问题，看你能不能吸引到忠诚于你的企业、产品和服务的顾客群。

世界经济发展的历程已经表明：物质资源与人力资源相比，后者更为重要。人力资源作为第一资源要素，是经济发展的关键。进入20世纪90年代乃至21世纪，世界各国在实现现代化的过程中，都面临着从物质资源开发向人力资源开发的大转移，都在加紧加快实施人力资源的教育、培养、开发工程，构成这一趋同性实践的最深厚的理论基础就是人力资本的投资理论。人力资本存量的迅速扩张将有助于促进经济高速增长。

中国是一个人口大国，人力资源的优势因素与掣肘因素共存。在21世纪世界经济与科技的竞争愈趋激烈的大环境中，要使经济增长方式始终处在一个有序的转轨之中，就必须积极推行人力资本依托型的经济增长的方式，通过对人力资本的高投资，研究如何把人力资源优势真正地变为人力资本优势，这样，中国的经济与社会发展的前景才能更加美好。

人才战略不仅在企业、商学院引起了足够重视，在国家层面也有重大举措。

2017 年 10 月份的中国共产党第十九次全国代表大会上，习近平总书记提到，在加快建设创新型国家的过程中，需要培养造就一大批具有国际水平的战略科技人才、科技领军人才、青年科技人才和高水平创新团队……加快建设实体经济、科技创新、现代金融、人力资源协同发展的产业体系。

由此能看到，人力资源已是国家大计、发展之本。

我与《第一资源：科学人才观简明读本》

从 2011 年开始，应中共江苏省委组织部的邀请，我参与撰写了《第一资源：科学人才观简明读本》，此书已由江苏人民出版社出版。人才是推动社会变革和发展进步的根本力量，人才问题是关系国家兴衰、民族强弱、政党存亡的重大战略问题。翻开世界历史，我们不难发现，大国的崛起无不得益于成功的人才战略。早在改革开放之初，邓小平同志就指出，中国能否造就比发达的资本主义国家更多、更优秀的人才，是我国社会主义制度优越性的重要标准之一。胡锦涛同志在中国科学院第十三次院士大会、中国工程院第八次院士大会上谈到人才的重要性时曾强调："世界范围的综合国力竞争，归根到底是人才特别是创新型人才的竞争。谁能够源源不断地培养、吸引、凝聚、用好人才特别是创新型人才，谁就抓住了在激烈的国际竞争中掌握战略主动、实现发展目标的第一资源。"

习近平总书记在中国科学院第十九次院士大会、中国工程院第十四次院士大会上谈到人才的重要性时曾强调："全部科技史都证明，谁拥有了一流创新人才、拥有了一流科学家，谁就能在科技创新中占据优势。"人才是科学发展的第一资源，如何树立科学的人才观，充分发挥第一资源的作用，《第一资源：科学人才观简明读本》一书全面地回答了这一系统性问题，为我国当前的人才工作进一步厘清了方向，并结合前沿性、地方性案例研究，具有极强的操作性价值。

从"中国特色人事管理"制度,到"本土化的人才学"探索

长期以来,我国在人才管理与人才服务领域的制度设计,脱胎于传统计划经济体制下的劳动人事管理体制。改革开放40多年来,中国经济、社会等各个方面都实现了空前的发展,人力资源管理更是经历了从计划经济体制下的劳动人事管理向现代人力资源管理的转变。尤其是进入21世纪以来,"以人为本""人才资源是第一资源"等理念已成共识,作为国家竞争力来源的人力资源已上升至国家战略层面的高度。而随着经济全球化、社会知识化的趋势日益明显,广泛性、快速性、复杂性和不确定性等特征日趋显著,这些变化对人力资源管理提出了新的要求。中国的人力资源管理要如何适应新时代的发展,已成为当今社会面临的新课题。《第一资源:科学人才观简明读本》一书,站在建立科学人才观的高度上,深度剖析了我国人才管理体制机制的实践创新与理论创新,有助于我们在更深层次上认识中国人力资源管理发展过程中的特点和难点,为未来人力资源管理的前瞻性研究提供借鉴,从而更好地推动我国人力资源管理实践的健康发展。

在体制机制的创新与理论体系的建设过程中,借鉴发达国家人力资源管理的理论和经验是必要的,但是创建适合我国转型经济特点和发展趋势的"本土化"人才学理论和方法更为关键。在当前经济转型过程中,人才管理的职能、手段,以及所依赖的社会、文化、技术背景和制度环境都在演变,政府和企业必须根据转型经济需要,结合中国特色重视和解决现实的人才管理问题。特别是近年来知识经济、创新经济形态崛起,人才作为流动的知识资本,知识的创造、传递、应用和增值成为人才研究的主要内容,再加上日益深化的全球化进程,这就决定了当前这一时期的人才管理必须是动态的、战略的、全球性的。《第一资源:科学人才观简明读本》在全局上准确把握了当前我国经济转型的特征和演变机理,突出增强自主创新能力、知识资本形成与价值实现的关键在于人才和对人才的管理,把中国特色社会主义制度优势与国际先进人才管理经验相结合,探索建立新的人才工作体制机制,丰富和扩展了本土化的人才学实

践研究与理论建设。

科学人才观：创造"中国范式"，彰显"中国价值"

人才是经济社会发展的第一资源，如何为实现中华民族伟大复兴谋求人才保证，是新时代给中国的新挑战。胡锦涛同志在 2003 年 12 月 19～20 日在北京召开的全国人才工作会议上要求树立科学人才观，习近平总书记更给出了明确的理念，即择天下英才而用之。首份人才发展规划，是国家发展的"顶层设计思想"和"系统规划"。随着它们在实践中的逐步展开，一个"人尽其才、才尽其用""不拘一格降人才"的生动局面必将出现，国家发展和竞争的新优势必将形成，"世界人才强国"的新目标必将实现。自党的十八大、十九大以来，我们党在推进人才观、践行人才强国战略上付出了很多的努力。

在十八大的会议报告中，胡锦涛同志指出，随着全民受教育程度和创新人才培养水平明显提高，我国进入人才强国和人力资源强国行列，教育现代化基本实现。而在推进社会主义文化强国建设、改善民生、推进国防和军队现代化建设中，更需要高素质人才的加入。

随着对人才重要性认识的加深，以及近年来中国面对的重大发展机遇，习近平总书记在十九大会议报告中指出，在建设现代化经济体系中，需要加快建设实体经济、科技创新、现代金融、人力资源协同发展的产业体系，需要在包括人力资本服务等在内的领域中培育新的增长点。在保障民生水平、创新社会治理上，总书记提出，破除妨碍劳动力、人才社会性流动的体制机制弊端，使人人都有通过辛勤劳动实现自身发展的机会；完善政府、工会、企业共同参与的协商协调机制，构建和谐劳动关系。

科学人才观，是对什么是人才，人才在经济社会发展中所处的地位，育才、聚才、用才所必须坚持的，能够适应新形势下的新任务要求，符合人才发展规律且可以充分发挥人才作用的科学观念和正确态度。2021 年 5 月 28 日，在两院院士大会、中国科协第十次全国代表大会第二次全体会议上，中共中央政治局常委、国务院总理李克强指出，近年来，我国科技实力跃上新的大台阶，在关键领域取得一批重大科技成果。新形势下，要充分发挥我国人力人才资源丰富的优势，增强科技创新对经济社会发展的引领带动作用；强化基础研究，筑牢科技创新的基石。注重战略引领，推动关键领域取得更多创新突破；激发企业创新活力，落实好提高制造业企业研发费用加计扣除比例等政策，促进产业升级。推进科技体制改革，为科研人员减负松绑，营造良好环境；弘扬科学精神，加强知识产权保护，激励科研人员特别是青年人才矢志攻关；加强国际科技合作，在开放中提升自主创新能力。

《第一资源：科学人才观简明读本》根据"科学人才观"在10个方面的思想内涵，对每一方面思想内涵单独形成章节，进一步深化理论解读与分析阐述，并配以国内外最前沿、经典的案例进行剖析和说明，是国内首部完全按照"科学人才观"思想脉络与内涵框架展开理论和实践研究的论著，开创了人才学研究意义上的"中国范式"。

实施人才引领发展战略，构筑全球的"中国梦"

纵观多年来，发达国家在发展历程中之所以能够在高科技领域保持"一览众山小"的绝对优势，并不是因为其天赋远超其他的族群，而是因为他们能成功地吸聚到全世界最多的顶尖人才。然而随着2008年以来全球金融危机的爆发和深化，以及2019年年底暴发的新冠疫情，发展中国家人才净流出的格局已悄然发生变化。美国等发达国家出现了前所未有的经济萎缩和低迷，并演变成尖锐的社会矛盾，人们原有的"美国梦"正在慢慢地褪去，全球经济秩序正从"失衡"向"再平衡"转型。

2012年9月，国家高层次人才特殊支持计划（"万人计划"）启动实施，面向国内高层次人才，我国计划用10年左右的时间遴选和支持一万名高层次人才。2021年5月28日，习近平总书记在中国科学院第二十次院士大会、中国工程院第十五次院士大会、中国科协第十次全国代表大会上的重要讲话中指出："世界科技强国必须能够在全球范围内吸引人才、留住人才、用好人才。我国要实现高水平科技自立自强，归根结底要靠高水平创新人才。"人才是实现民族振兴、赢得国际竞争主动的战略资源。无论是建设世界科技强国，还是加快构建新发展格局，都要求我们从塑造我国参与国际合作和竞争的新优势的角度，审视人才尤其是国际化人才引进和培养的新模式、新路径。正如《人民日报》在 2019 年 9 月 24 日"为实现中国梦提供有力的人才支撑"一文中所说，"国势之强由于人，人材之成出于学"，中国梦的实现归根结底靠人才、靠教育。

在这样的时代背景下，《第一资源：科学人才观简明读本》的公开发布，实质上是为全球的人才构筑一个在中国创新创业的梦想。就如同新中国成立之初，钱学森、钱三强、钱伟长、李四光、邓稼先等一大批海外顶尖人才怀揣报国梦欣然归来，让中国有了自己的"两弹一星"，也让中国真正拥有了大国地位。在当今开放、创新、发展的中国，创新创业机遇更加无限，对全球顶尖人才来说，中国将是他们实现改变世界的梦想的一个最佳舞台。

第 3 章

商学院院长之路

在南京大学工作了整整 44 年,在商学院工作也有 30 多年,商学院和谐的环境、优秀的师资和管理队伍以及高素质的学生使我很享受在其中学习和工作的乐趣。此外,让我欣慰的是,我推动和见证了南京大学商学院 MBA/EMBA/MPAcc/EDP 项目的蓬勃发展,以及它们日益加深的社会影响和不可低估的社会贡献。南京大学商学院作为我海外学成归来后的事业起点,无疑是我一生无悔的选择。

知名记者斯图尔特·克雷纳（Stuart Crainer）撰写的《管理百年：20 世纪管理思想与实践的批判性回顾》中介绍，商学院是美国的发明，最早的商学院可以追溯到 1881 年成立的宾夕法尼亚大学沃顿商学院。19 世纪末，美国许多一流大学都成立了专门的管理学院或管理系。哈佛商学院宣称自己是第一个要求学生具备大学本科学位才能进入管理课程学习的学院。该学院成立于 1908 年，于 1910 年授予了第一个硕士学位。20 世纪前半叶，欧洲人对商学院几乎没有什么兴趣，直到 20 世纪 40 年代末和 50 年代，欧洲大陆才涌现出大量的商学院，如瑞士洛桑的国际管理发展学院可以追溯到 1946 年，随后欧洲工商管理学院（INSEAD）在巴黎成立，曼彻斯特商学院、伦敦商学院等也先后成立。

回顾商学院的发展历史，可以这么说，商学院虽然是在世界许多著名大学内运行的，却毋庸置疑地影响和改变了整个商业世界，并培养出一代又一代的职业经理人，构成了一个推动社会进步的新兴社会阶层。

以南京大学商学院院长为荣

南京大学商学院是一所古老而又年轻的商学院。说她古老，是因为早在成立于 1902 年的两江高等师范时期，就已经开设了商科，这为南京大学商学院今天的发展奠定了基础；说她年轻，是因为从 1978 年我国改革开放起，南京大学恢复经济学系，后来成立管理系，到正式成立商学院，至今不过 43 年的时间。

南京大学的文化传承是一个大熔炉，毕业的学生常说自己有"南京大学味"：内敛、低调、务实。在南京大学"严谨、求实、勤奋、创新"的校风和"诚朴雄伟，励学敦行"校训的精神指导下，商学院也十分注重学院文化建设，以"创造商学新知，拓展学生才能，引领社会未来"为使命，提出了以"育一流人才，出一流成果，为社会提供一流的服务"的办院宗旨和目标。我们实现既定目标和战略的主要措施就是把南京大学商学院建设成有国际影响的国内一流商学院。

悠久的发展历史、经济和管理学科的融合以及国际化的视野等铸就了今日南京大学商学院的特色。南京大学商学院自从1988年成立以来发展很快，现已成为我国著名的经济与管理教学和科研中心之一。与国内大多数综合性大学不同的是，南京大学管理学和经济学两大学科都在商学院，某些方向的教学和科研已经达到国内领先水平。南京大学商学院的核心优势从学科来讲主要是两个方面：一个是理论经济学科，一个是工商管理。这两个是国家级重点学科，并具有国家一级学科博士学位的授予权。理论经济学方面，其领域内的政治经济学、世界经济、国际贸易等学术研究成果较为突出。我们有一支很强的师资队伍，承担了多项国家社科基金和教育部基金项目，同时还有教育部的经济学人才培养基地、教育部南京大学长江三角洲经济社会发展研究中心。工商管理方面，我们影响最大的是人力资源管理专业。我1991年从美国学成回国后一直从事人力资源管理方面的教学和研究工作，重视教学科研团队的建设和后备人才的培养。现在人力资源管理专业已经形成了一支业务素质较好、科研能力较强、结构优化合理、老中青相结合的人力资源管理专业教学和科研团队，为国家和地方经济建设培养了一大批专门人才。工商管理学科中的会计专业也很强。会计、财务、审计等领域研究成果突出，国际化程度也比较高。工商管理学科也承担了大量国家自然科学基金项目以及教育部、财政部等科学研究项目。

管理学和经济学两大学科都在商学院，国外也有类似的学科安排。比如我曾经担任兼职教授的南加州大学马歇尔商学院。南加州大学马歇尔商学院是在美国排名前20位左右的商学院，该校会计专业非常强，会计学院是在商学院下成立的。这样的既独立又包含的架构可以促进学科的互补和发展。经济和管理学科统一在一个学院管理体系下面，突破了两大学科之间的壁垒，有利于经济和管理学科相互促进、融合发展，也有利于培养复合型的商科人才，使学生能够掌握更为扎实的经济和管理专业知识。

致力于国际化战略

不管是对中国企业发展需要而言,还是对人力资源管理专业人才的培养、教学和科研工作的开展而言,国际化都是必然趋势。中国商学院的发展,毫无疑问也要走国际化之路。或许由于在美国有较长时间的求学经历、与国外大学开展交流合作较多的缘故,不管是工作还是处理社会事务,我的脑中时刻都离不开国际化思维。在担任南京大学商学院院长之初,我就主张商学院的国际化发展方向。二十几年下来,坚持国际化的发展战略已经成为南京大学商学院的办学特色。

南京大学商学院自成立以来,一直致力同国际一流大学商学院的交流与合作,并通过国际合作与交流,培养一批具有国际教育视野的中青年师资。只不过,在我任职期间,更进一步加强和推动了这一战略。

把南京大学商学院建设成为一个具有国际化视野的国内一流商学院是我们的战略目标。

在澳大利亚纽卡斯尔大学毕业典礼上做报告

为此,我们在教师的引进、教材的选择、学科的发展、科研的选题和人才的培养等方面,都强调"国际化和开放型"的理念,做到教育观念国际化、合作办学国际化、教师队伍国际化、学生培养国际化。具体的做法包括以下几个方面。

一是树立国际化观念。变本土化教育为国际化教育,积极推行开放式办学,积极开展对外合作交流,立志把学生培养成为具有全球视野的现代化、国际化人才。在办学过程中我们也认识到,教育的国际化犹如一把"双刃剑",一方面可以给我们带来先进的教育理念、教育思想和教育方式,有力地促进中国教育的发展;另一方面,它也会对中国传统文化带来巨大的冲击。所以我们要特别注意在吸收国际先进教育理念的同时,不让我们一些优秀的传统文化在国际化中丢失,使我们教育培养出来的学生能解决好中国的实际问题。

二是培养国际化的教师队伍。在2002年的时候,南京大学商学院就面向全球进行招聘,这在全国的商学院中是比较早的。我们从事业感召、物质待遇、发展空间、感情投资等方面来制定人才策略,积极从国际市场中想方设法广招贤才,从而造就一支骨干师资力量雄厚、新人辈出、在国际竞争中能站得住脚的优秀的教学科研队伍,以确保教育教学的质量。同时,将引进来与走出去相结合,一方面,积极尝试与国外知名大学、国内外著名企业开发联合办学的新途径,引进国外优秀教师来南京大学商学院工作,以更加积极的姿态参与国际教育交流;另一方面,直接选派人才赴西方发达国家深造,或是进行专项培训,进一步拓宽国内外专家交流渠道。

三是加快教学管理体制等方面的改革。着眼于国际大市场的供需状况,树立市场意识,根据学校的办学总体定位和办学思路,构建商学院国际化人才培养的模式和课程体系,创建符合时代特征的、具有我国特色的商科教育体系。

通过采取一系列有效措施,南京大学商学院从师资到品牌,再到生源都得到了不断的优化,使现有的国际合作办学项目更加扎实,真正做到根深叶茂。如:我们与荷兰马斯特里赫特管理学院(Maastricht School of Management)合作的中荷国际MBA项目(包括IMBA和EMBA)的品牌效应日渐扩大,已经通过了欧洲的认证;而与美国康奈尔大学合作的EMBA项目(NJU—Cornell EMBA),已进入美国《财富》杂志的国际项目排名,全美排名前10左右;还有我们与美国密苏里大学圣路易斯分校合作的国际MBA双学位项目,学员先在南京大学商学院学习一年,再到美国学习一年,还有三个月在美国公司带薪实习,最后回到南京大学商学院完成MBA论文,收到了良好的效果。如今,南京大学商学院已经在国际化的道路上迈出了坚实的一步,走在国内兄弟院校的前面。

1993年经国务院学位办批准,南京大学商学院与新加坡石林集团合作,在新加坡开办MBA班。这是中国高校第一次赴海外开办高层次的学位班。因此可以说，南京大学商学院首开中国商学院海外办学之先河。在新加坡，我们先后招收了11届学生，培养了近200名MBA毕业生。此项目为新加坡培养了人才，同时也对江苏苏州中国—新加坡工业园区的建设在人力资本方面做出了一定的贡献。

南京大学新加坡MBA班第三班毕业生合影，前排左四是赵曙明教授

在国际交流方面，南京大学商学院与美国的哈佛大学、斯坦福大学、康奈尔大学、南加州大学和密苏里大学等，澳大利亚的悉尼大学、新南威尔士大学、蒙那希大学、纽卡斯尔大学等，荷兰的马斯特里赫特管理学院，英国的剑桥大学、牛津大学和里兹大学，爱尔兰的都柏林大学，新加坡的国立大学和南洋理工大学，日本名古屋大学、九州大学，韩国的韩国科学技术院、庆熙大学、国立全南大学等建立了稳定的学术交流与合作关系。南京大学商学院还经常邀请诺贝尔经济学奖获得者等国际知名学者和著名跨国企业总裁来院讲学或开展合作研究，选派教师到哈佛大学、康奈尔大学等著名高校进修并组织国内外的学生互访。

国际交流促进了国内外商学院的共同发展。从小处看，受益的是参与对外交流项目的老师和学生，他们有更多的职业发展机会；从长远的发展来看，受益的是商学院，实现了合作各方的"共赢"。通过交流项目，商学院扩大了国内外的影响,提高了声誉,最终看来,受益的是我们国家经济的发展。这一批批参加过对外交流项目的同学学成归国后,他们的管理知识和经验,对东西方文化的熟悉和融合,将在全球化程度日益提高的形势下转化为推动我国经济发展的动力,所以说最大的受益者应该是整个国家、整个民族。通过国际化,可以缩小我们国家在管理上与国外先进国家的差距,提升我们国家的综合国力与竞争力。

自1992年以来,南京大学商学院在我的组织下,与国外大学合作,迄今共举办了10届大型"企业跨国经营国际研讨会",每次都有包括诺贝尔经济学奖得主、国内外知名教授学者、跨国公司CEO在内的共300~400人参加。南京大学商学院一直在坚持走国际化的道路,从1987年开始和美国密苏里大学哥伦比亚分校合作举办MBA第一个班起,到现在我们跟康奈尔合作办EMBA,我们在这条路上越走越远。从目前的情况来讲,我觉得最成功的还是和美国密苏里大学的合作。我们从一开始与密苏里大学的副校长兼国际研究中心主任乔尔·格拉斯曼(Joel Glassman)博士和密苏里大学商学院副院长兼MBA中心主

2011年6月"第七届企业跨国经营国际研讨会"后,赵曙明教授与他的老师Jean Lipman-Blumen教授及学生们合影

1992年与南京大学时任校长曲钦岳院士、闵乃本院士在欧洲

任托马斯·艾塞尔（Thomas Eyssell）教授讨论合作 MBA 双学位教育就很愉快。15 年前我们去密苏里大学参加交流学习的第一批 MBA 学生有 24 人，现在每年我们有 10 位左右的 MBA 学生参加这个项目。这些 MBA 学生一年在南京大学商学院学习，一年在美国密苏里大学学习，两校相互承认学分。当时我们在讨论的时候就要求有实习，而且由美方学校负责帮助 MBA 学生找到实习单位，所以我们每批学生都要到跨国公司实习，而且是带薪实习。这是增长学生跨国公司工作阅历和经验的良好机会，所以我觉得这种模式比较好。我们也有一些合作的 MBA 项目，像荷兰政府资助了我们的 MBA 项目，大部分课程都是外方派教师在我们这里上课，学生既可以学好外语，也能学到国际化的 MBA 知识。

关注 MBA 的中外差距

19 世纪末，美国许多一流大学成立了专门的管理学院或管理系，商学院最著名的职业资格证书教育 MBA 就起源于这个时期。第一个宣布开设管理学硕士项目的达特茅斯大学塔克商学院成立于 1900 年。这个项目起初是 "3+2" 制的教学安排，即前 3 年在达特茅斯大学学习本科课程，后 2 年在塔克商学院学习。

随后有了研究生入学课程。哈佛商学院的影响遍及全球，哈佛商学院教授乔治斯·多里奥特（Georges Doriot）曾推动了法国欧洲工商管理学院的创立。印度管理学院是在哈佛商学院的支持下成立的，马尼拉的亚洲管理学院最初的所有课程使用的都是哈佛商学院的材料。

中国 MBA 的教育时间不是很长，国外如哈佛商学院已经有 110 多年的历史。中国的 MBA 教育发展到现在，已经有 284 所大学开办了 MBA 专业学位教育，但是整体的发展水平参差不齐。南京大学开办 MBA 教育在国内是比较早的，在 1987 年，南京大学就跟美国密苏里大学哥伦比亚分校合作开办 MBA 教育，学员在南京大学拿的学位是管理学，在美国拿的是 MBA，是双学位，当时 30 个学员中有 28 个获得了双学位。现在回顾起来，第一批 MBA 学生当中，有的是千万富翁，有的已经成为知名的教授。

作为商学院院长，经常被问起中外商学院 MBA 毕业生有何差距。我们必须承认，国内商学院 MBA 毕业生在国际化视野、创新精神、开拓勇气、应变能力、实践能力等方面还存在着不足。

中国 MBA 和国外 MBA 之所以存在差距，一方面是由于中国 MBA 办学时间较短，发展改进不充分而衍生的文化底蕴不足、理念思路落后等。

美国 MBA 教育有 110 多年的历史，而中国的商学院起步是在 20 世纪 80 年代，这自然是一种差距。但是我们可以看到，欧洲 MBA 发展不过四五十年，但它们的水平却远超过我们。工商管理的学问都有各国宏观经济背景做支撑，中国还是发展中国家，我们经济总量虽然超过日本，处于世界的第二位，但我们的人均收入并不高。这是我们大部分管理仍然处在较低水平的结果，同样，较低水平的经济活动也反过来导致了大部分企业的管理水平不够高的结果。

管理学、经济学的教学科研水平不可能在一个生产力较低的水平上得到长足的发展。同时，MBA 教育是一种实践性较强的专业学位教育，它不是研究性的，而是要有实效的。中国目前需要处理的很多管理问题本身就不是高层次的问题，所以反映在教学当中，很多学员对于前沿尖端的理论和基于数理统计的数据分析、模型建立不感兴趣，他们要的是技巧而不是技术，体现到结果上就是学员读过 MBA 后整体水平提高不突出。

另一方面，还有中国整体经济发展水平不平衡、科学技术力量薄弱等原因。现代管理不仅是艺术，它还是严谨的、基于理论和实践的一门科学。从这点来看，我们管理水平、教育水平落后的很大一个原

赵曙明教授与著名管理学家明茨伯格（Henry Mintzberg）教授在一起

因还在于我们科技力量的薄弱。精通管理学的人才还很匮乏，研究还不够深入，随之而来的就是教学水平的不尽如人意。在这方面我们必须要用科学的态度来对待，练就内功，打好基础，做好调查研究工作，尽力弥补我们内在的欠缺，这样才能追赶发达国家的 MBA 教育水平。

中国 MBA 最需要改革的方面，其实大家都看得很清楚，那就是必须打造有实际工商管理经验的师资队伍，以便更好地将理论联系实际，做好案例教学，加速国际化，提高 MBA 教育的实效性，使 MBA 毕业生能够具备成熟的职业经理人所需要的素质。南京大学商学院为提高 MBA 教育水平，这些年做了一些有益的探索，主要是积极借鉴发达国家 MBA 教育的经验，确立教育观念国际化、合作办学国际化、教师队伍国际化、学生国际化的原则，以逐步缩小与发达国家 MBA 教育水平的差距。

需要扮演好三种角色

从 1997 年开始任职南京大学商学院院长到 2011 年，我在这个岗位上度过了 14 年的时间，如果加上代院长一年，那就是 15 年时间。每每想起这些年能以南京大学商学院院长的身份参与学术活动及各种社会事务方面的交流，荣耀感油然而生。对于这个职位，我有这样几点心得体会：首先，一个合格的院长应该能合理定位学院的发展并取得大家的认同。在我上任之初，我就主张商学院走国际化发展方向，这一想法得到了学院教职工的认同，也得到了学校的大力支持。经过 20 多年的努力，我们已经在国际化方向上取得了很大进展。其次，一个院长要能够结合学院实际创建一套内部管理体制。在我担任院长的这些年间，商学院的管理结构日趋成熟，制度也日趋完善，运转效率比较高。最后，作为一个院长，还要善于分权，善于发挥教职工的积极性。在担任院长期间，我的主要工作是抓学科建设，抓国际化发展，争取内外发展资源，而在一些具体的管理工作方面，则由其他院领导负责。他们都很尽责，例如在学院财务管理方面，我并不把经费的所有签字权都集中在个人身上，而是强调分管财务的副院长的一支笔作用与分工负责管理相结合的原则，让他们既分工负责，又有充分调配资源的权力。

总结起来，我在学院日常管理中一直坚持强化以下几个方面的意识。

一是目标管理意识。目标反映了一个组织对未来的预测或共同的愿景，它能够凝聚团队成员的工作热情并激发组织成员的工作欲望，也有助于演化为组织成员承认并共同遵守的行为准则。南京大学商学院在2006年10月进行改革，在商学院下面成立经济学院和管理学院，创建两大学科学术的教学与研究平台，这样做的优点是原本只能发挥单方面的积极性，而现在这种体制可以发挥多方面的积极性，但问题是管理运营中有管理重叠，增加了许多协调成本。在新的院中院体制下，我们十分注重加强学院的管理队伍建设，注意处理好院中院、院与系之间的关系，强化院系教师聘任等管理职能和目标管理责任。我认为，对学院的工作目标、进度计划以及每个教职工在院里的角色、位置、权力、职责及相互关系都应当有明确且清晰的认识和定位，这样才能获取广大教职工对组织目标的承诺，增强学院的凝聚力，从而真正发挥组织的目标导向性功能。

二是以人为本意识。商学院院长的工作对象是人，这就必须坚持以人为本、以能为本、人才为本的意识，真正树立以人为中心的管理观念。

三是和谐发展意识。和谐在现代汉语中有协调、融洽等意思，是一个极富辩证思维的概念范畴。和谐思想是中华民族传统文化的重要组成部分。我觉得，和谐的商学院应该是一个理想、多元、宽容、善治、有序、公平、诚信和可持续发展的学院组织。这样一来，我们在学院管理上就要做到"四化"，即管理的人性化、规范化、信息化和制度化。

四是品牌意识。原来的南京大学商学院比较内敛，不擅长做品牌传播。后来我们开始注重发挥南京大学百年老校的教育品牌优势，并以此为支撑，扩大南京大学商学院的影响力。从2006年开始，我们更加注重品牌宣传，将自己的观点和看法传播出去，得到了很好的市场反响，效果不错。

当然，目前国内商学院和国外商学院的差距还是很明显的。首先是师资问题,即使是中国最好的商学院,其师资队伍的构成也是搞管理理论研究的专家较多,拥有丰富管理实践经验的内行较少;其次是商学院的管理落后,普遍存在"管理学院缺乏现代管理"的现象,在我们国家,大学商学院院长很少有职业化的院长,往往是担任教授为主,院长为辅,院长承担着大量的教学、科研、指导研究生的工作;再次是教师的待遇差,难以吸引到好的师资;最后是研究水平并不是很高,在国际一流学术研究刊物上发表的文章不多,国内称得上专业水平的管理学期刊更是凤毛麟角。

在担任南京大学商学院院长期间,我利用大量时间从事社会服务工作,积极争取外援,为我们商学院的教学和科研服务。这一点,我很敬重新加坡华人企业家陶欣伯先生。他除了曾经出资部分建造我们商学院大楼外,还资助了十多位商学院的老师赴哈佛商学院参加如何用案例教学的研讨班。陶欣伯先生1916年出生于江苏省南京市,是新加坡爱国侨胞、著名企业家。陶先生一生亲历了世界和中国近代史上的一系列重大事件,深深懂得教育和创业心对改造社会的巨大作用。我与他是在20世纪80年代初,他和夫人来南京大学访问时认识的。他热心祖国的建设事业,并慷慨解囊支持教育。陶先生认为:国家要强盛,政治要民主,经济要繁荣,第一靠教育,第二靠教育,第三还是靠教育。本着"雪中送炭"的精神,陶欣伯先生在85岁高龄之际,与他的家人创立了陶欣伯教育基金会,专门资助中国内地学子到美国哈佛商学院等名牌大学研读MBA学位。陶欣伯教育基金会的宗旨是培养中国企业家人才,鼓励他们学成回国为中国经济和社会的发展做贡献。陶欣伯教育基金会于1998年在香港和上海设立分部负责奖学金的申请、审核和发放工作。

从1998年开始至2021年,已经有99名内地学生获得了陶欣伯教育奖学金,在美国哈佛大学商学院和斯坦

2000年与陶欣伯先生、薛光林博士在一起,右二为赵曙明教授

福大学攻读 MBA 硕士学位。当时陶欣伯教育基金会特聘了北京市原常务副市长韩伯平先生、上海交通大学原校长翁史烈院士和我为基金会遴选委员会委员。尽管我工作繁忙，但对基金会的工作热心负责，我认真审阅申请人的材料，亲自主持面试工作，并多次利用赴美国学术交流的机会，专程到学校去看望奖学金获得者，与他们亲切交谈，鼓励他们努力学习，报效祖国。受陶老先生的影响，我完全义务地为陶欣伯教育基金会工作，不谋私利，不取报酬。

经江苏省民政厅批准，陶欣伯先生在 2006 年 90 岁高寿之际，又与他的家人创立了江苏陶欣伯助学基金会，该基金会面向全国普通高校的本科生、专科生，旨在"资助贫困有志者"，使家庭经济困难的学生能顺利完成学业、全面发展，希望所有受资助的学生有社会责任感，鼓励他们毕业后积极投身家乡建设，不畏艰苦，到基层与待开发地区工作、创业，在城乡之间搭起桥梁。该基金会已与江苏省的 22 所高校及云南省的培志教育基金会建立了合作关系，到 2021 年上半年为止，共资助了来自 31 个省市自治区、25 个民族的 11 903 名家庭经济困难的学生。我又慨然应陶欣伯先生之邀，担任了江苏陶欣伯助学基金会的唯一特别顾问，献计献策，还抽空参加基金会的重大活动，以实际行动有力地支持了基金会的助学工作。

中国人常说，"心存善念，福报自来""种好因，得善果"。陶先生于 2021 年辞世，活到了 105 岁，我想陶先生健康长寿的重要因素可归于真正的善举、高贵的心灵。

2021 年 12 月 22 日赵曙明教授与南京大学第 24 届"曙明奖学金"获奖者合影

受陶先生的影响，从 1997 年开始，我在南京大学商学院专门设立了"曙明奖学金"，奖励商学院品学兼优但家庭贫困的学生。

我现在每年捐资 6 万元用于发放南大商学院奖学金、奖管金，奖励品学兼优的本研同学和工作表现突出的行政管理工作者。24 年来，获奖学生和行政管理人员共计 300 余人。曙明奖学金激励了更多的商学院学子，在南大商学院这片沃土上努力学习前沿知识，以德为本，踏实做人做事，回报国家社会。

同时，我从 2013 年开始在海安中专设立"曙明奖学金"，资助品学兼优但家庭经济困难的学生。自在海安中专设立"曙明奖学金"以来，至今已有九年时间，九年来海安中专"曙明奖学金"共为 500 多名学生捐助 21.5 万元。2021 年起，我将每年捐 5 万元用于海安中专"曙明奖学金"。

2021 年 11 月 1 日赵曙明教授与江苏省海安中专第九届"曙明奖学金"获奖者合影

从 2015 年起，我每年还捐资 1 万元在西藏自治区拉萨市墨竹工卡县南京实验小学设立了"曙明奖学金"，奖励品学兼优但家庭经济困难的学生。例如，2018 年"曙明奖学金"在该小学进行第四次颁奖，共计奖励学生 80 名、人民币 4 万元并捐赠图书 900 本给学校和学生。

2018年6月28日赵曙明教授率江苏思谋会企业家在西藏捐赠图书900本

2018年6月28日赵曙明教授向西藏自治区拉萨市墨竹工卡县南京实验小学"曙明奖学金"获得者颁发证书和奖金

此外,我还担任几家国际与国内公司的独立董事,包括在纽约证券交易所上市的Scully Royalty Ltd.和大全新能源,以及洋河股份、江苏联发、海信视像等。除了参与公司董事会决策、保护中小企业和投资者的利益,我还在发展战略和人力资源管理领域对企业进行指导。这使我不仅能到企业学到管理实践,参与公司薪酬、风险管理等委员会的决策,而且能够把理论知识与公司实践相结合,进行管理的实践。

担任南京大学商学院院长(1997～2011年)和兼职担任澳门科技大学研究生院院长(2002～2006年),使我有诸多机会和国外商学院进行业务交流,让我能较深入地思考中外商学院的差距。我认为其中有个差距较为显著：院长的职业定位问题。从实践来看，在中国做一名称职的商学院院长必须兼具三重身份：一是社会活动者，要跟政府、企业联系，参加各种社会活动；二是学者，要做好教学、科研和指导研究生的工作；三是管理者，要管理学院，并为学院教学及科研的发展进行筹资、谋划、协调。我很欣赏中国国内的两位

1997年，赵曙明教授应邀参加在香港举行的中国企业国际化论坛，受到时任香港特别行政区行政长官董建华先生的接见

老院长，一位是清华大学经济管理学院原院长赵纯均教授，一位是上海交通大学安泰经济与管理学院原院长王方华教授。他们在担任院长期间基本是职业化的，大部分时间都用在管理学院方面，我称他们是优秀的职业化的商学院管理者。他们在任期内为清华大学经济管理学院和上海交通大学安泰经济与管理学院做出了巨大贡献。但是我们国内大多数商学院院长都不是职业化的院长。我们把很多时间用于自己的教学、科研和指导研究生的工作。这与国外大学中职业化的院长在角色上存在明显的差别，非职业化的院长显然不利于商学院的管理和发展。除此之外，我国大学商学院的许多老师又都兼任了行政工作，整天超负荷地工作，很难专注于自己的本职工作。当然，客观上这也使得商学院在没有雇用太多行政人员的情况下仍能照常运转。

新加坡国立大学商学院副院长郭斯弈曾介绍说，在他们商学院，老师有110位左右，行政人员也是100多位，差不多是1∶1。在美国哈佛商学院、斯坦福商学院等国外著名商学院里，行政人员占比更大。相比而言，在国内一些高校的商学院里，正式编制的行政人员所占比例比较低，一般还不到1/5。但

是，我们也应该看到，正是因为行政人员的缺少，使得商学院的一部分职能工作没能够真正地开展起来。截止到 2021 年，南京大学商学院有 177 位老师，但学校正式编制的行政管理人员，包括学工办的管理人员在内，总共只有 24 人。而商学院的学生有 4300 人，包括本科、硕士、博士、博士后，专业学位的 MBA/EMBA/MPAcc 等。此外，还有我们的 EDP 项目，2020 年招收了 38 个班，2000 多人次参加了培训。为了商学院的发展，为了能对教学科研提供优质服务，我们不得不招聘 70 多位外聘人员。

中国还没有职业化的院长

在担任南京大学商学院院长期间，我最困惑于商学院院长如何职业化的问题，或者说这是最具挑战的一个问题。

在我国，担任商学院院长，要求院长既是学术带头人，又是优秀的管理者。相反，国外的商学院院长则相对是一个职业化的管理岗位。我曾经致力研究国有企业经营者的职业化、市场化和国际化问题。与大多数国有企业的经营者一样，我国很多商学院的管理者也面临着同样的问题。大多数商学院的院长都是某一个研究领域的学术带头人，其本职工作是作为教授和学者，只有不到一半的时间用于学院管理，其余时间用于个人学术研究，并把学术研究作为自己立身之本，而院长只是其"第二职业"。一个人的精力和时间是有限的，很难做好"双肩挑"的工作。显然，中国的商学院需要"职业化"的院长，而不是"兼职"的院长，这样才能够提高商学院的管理水平。

人力资源管理重要的研究方向之一是职业化，我写过不少文章，讨论怎么样使管理者走职业化、市场化和国际化的道路，这是管理发展的必然趋势。从人力资源角度来看，你是什么类型的性格，具备什么样的任职资格，知识的结构如何，就适合干什么岗位的工作，特别是一些专业性很强的职业，一定要走市场化、职业化和国际化的道路。

虽然从理论研究方面，我们探讨过各行各业的相关人才如何实现职业化的理论及方法，但遗憾的是，当今中国商学院院长这样的角色，却离职业化相距甚远。越来越多的企业集团现在已经非常注重人力资源管理与开发，而高校的人事改革却迟迟不能推进，中国的商学院院长也远远称不上职业化，这就是我作为研究人力资源管理的商学院院长哭笑不得的一种困惑。这一方面与我国体制改革有关，因为一般商学院都是事业单位，事业单位改革的一个基本要求就是所谓的精兵简政。压缩行政机构，精简行政人员是一个基本途径。另一方面，这也与商学院的一些角色错位、越位和职能缺位有关。

商学院是培养管理精英和人才的地方，是"输出管理"的，但在我国也确实存在商学院管理落后于企业管理的现象，其中一个重要的表现就是商学院治理的行政化，不是教授治院和学术兴院，在个别商学院中甚至还存在权术压倒学术的现象。

要管理好管理者，一定要有专业化、职业化的制度。但是大多数的院长，因为他既是教授，又是博士研究生导师，除了上课，还要做科研和指导研究生。如果只做管理，完全和教学脱节，以后就很难再做科研或者是授课了，这是制度的问题。就我本人而言，除了商学院大量的行政管理工作外，我主持国家自然科学基金的课题，指导硕士、博士研究生，学院每学期还安排我上三四门课，一门博士生的课，一门用英语给硕士研究生上"全球人力资源管理"的课，一门与其他老师合上的本科生的课，还有 MBA/EMBA 的课。许多课我都安排在周末上，因此，在担任商学院院长 14 年期间我几乎从来没有周末或休假。

美国人专门做了一个研究：印度的上市公司和中国的上市公司相比较，哪个国家的上市公司经营效益好？印度的大部分上市公司都属于高科技软件产业，而中国的上市公司大多数则是制造业型的和劳动密集产业型的，研究结果表明，印度的上市公司要比中国的上市公司的经营效益好。一方面的原因是产业结构不同，另一方面的重要原因是人才的问题。中国国有企业大多数都是准官员式的管理者，这些管理者在向市场负责的同时，也要向政府负责。而中国的民营企业、私营企业大多数都是家族式的，由创始人本人或者亲戚做管理者。所以美国人分析指出，中国需要真正形成职业经理人的制度。

从职业化角度来讲，大学学院的院长一定要走职业化的道路。我认为，不论是院长还是校长，其主要职责一定得是做管理工作，只能承担少量的教学和科研工作，比如可以一个学期或者一年教一门课，以便了解学生的情况。他的大部分时间应该用于学校或学院的管理，因为只有这样，才能有时间和精力有效做好商学院的教学、科研和社会服务等管理工作。所以，中国教育管理的制度需要进一步的改革。

我曾经在一篇文章中提到，现在有很多大学的校长或书记是副部级或厅级干部，这有很严重的官本位倾向。政府部门当然有局级、部级，这无可非议，每个国家都有这个系统。但是在学校、医院、企业，我个人认为就应该打破这种制度。首先要明确校长或院长向谁负责的问题，是向市场负责、向教育负责，还是向政府的某部门负责。从企业角度看，我们需要职业化的经理人；从大学角度看，我们同样需要职业化的大学校长和学院院长。职业化校长、院长的问题，也就是要解决对谁负责的问题。职业化发展首先要解决制度的问题，其次才是管理者自身如何投入时间和精力用于管理的问题。

我曾经看到报纸上一些报道：一些大学新任校长表示，高校管理改革，要从校长自身改起。在担任校长期间，做到自己不申报新科研课题，不担任新的研究生的导师，不申报任何教学科研奖，不申报院士，把百分之百的精力用于学校管理。也许这是校长走职业化道路的一种尝试。

高校改革势在必行

目前，职业化在中国已经得到了广泛的关注，例如企业经营者的职业化、教育管理者的职业化、政府行政人员的职业化或军人的职业化。某一个行业职业化的构成因素有：①系统的知识体系；②专业的判断标准；③专业的道德和信条；④社会的认可；⑤一套专业的文化。例如，一方面，企业战略性人力资源管理要求人力资源管理者具有更强的专业性和更高的职业技能。另一方面，人力资源管理的各种职能,如招聘、甄选与录用、培训与开发项目、绩效管理与评估制度的建立、薪酬体系的设计、劳动关系、职业安全和保障等问题的处理越来越具有专业性和技能性。越来越多的人力资源管理者被称为薪酬专家、劳资关系专家等。

职业化院长话题属于人力资源管理范畴,其实不仅商学院的院长遇到过类似问题,整个中国高校人事制度都面临这样的问题,因此就不得不谈及高校改革。可以说,人事改革是当前高校管理改革的瓶颈所在。

在某种程度上,高校就是一个"没有改革之前的国有企业",人浮于事、人事臃肿。人员的流动还停留在旧有的人事管理阶段,稍有变动,就将面临难以想象的人为因素的干扰。"有能力的人才不能很快录用,该淘汰的人员又难以连根拔起",在这种情况下,市场经济环境下的人才优胜劣汰机制就难以建立起来。因此,要想让商学院的建设有一个"质"的跃升,首先必须建立一个能够吸引、开发和利用人才的合理机制。

我曾于2002~2006年在澳门科技大学研究生院兼任院长,虽然我每月只去澳门科技大学一周,但我感觉其体制与内地大学的体制完全不一样。澳门科技大学是于2000年3月由著名企业家廖泽云博士创办的,是澳门特区在澳门回归之际批准创办的第一所非营利的、立足澳门、迈向国际的以培养应用型人才为主的综合性大学。从2000年创办开始,我就为该校MBA学员讲授"人力资源管理"课程,后来在南京海外工商管理专修学院院长童隆俊先生的引荐下,澳门科技大学校监廖泽云博士聘请我担任研究生院院长。在他的直接领导下,我与校务长唐嘉乐先生和管理学院庞川副教授等,以及南京大学、复旦大学、中山大学等内地十几所高校的教授们一起就澳门科技大学研究生教育改革做了大量工作,提

2001年与澳门科技大学校监、著名企业家廖泽云博士合影

出了从研究生的培养计划、课程体系、研究方法到论文的开题、撰写、答辩等一系列的方案。

澳门科技大学的目标是培养实践能力强的中、高级应用型人才。它创建了多元文化下的兼收并蓄和坚持专业教育与通识教育并重的教育理念，突出因材施教，重视全面培养，强调教书育人；它还不断探索有特色的办学途径，构建科学的人才培养模式。澳门科技大学倡导"和谐精业"的校园精神，为全日制学生及在职人士提供多元化的高等教育机会。经澳门特区政府批准，该大学可颁授学士、硕士、博士三个层次的学位证书，吸引了大批内地与港台地区的学生前来求学，目前在校的全日制本科生及硕士、博士研究生已逾 14 000 人。

建立现代大学制度，是新时期高等教育改革的方向，也是高等教育发展的必然要求。现代大学制度的建立是一项复杂的、艰巨的系统工程，高校人事制度改革无疑是这一进程中必须攻克的壁垒。只有在人事制度改革上取得突破，现代大学制度的建设才能步入正轨，高等院校才能真正提高自身的办学质量和办学效益。我们必须充分认识其必要性和紧迫性，站在新的高度，拓展新的思路，采取新的对策，争取在高校人事制度改革领域取得新的突破。

2003 年，北京大学人事制度改革方案及其在全国乃至海外学界引发的激烈争论，从一个侧面反映了人事制度改革在建立现代大学制度进程中举足轻重的地位及其高度的敏感性。我认为，争论的要点不是需不需要改革，而是如何改革的问题。

20 多年来，国内多数高校已进行了以聘任制为核心的用人制度改革和内部分配体制改革，并且取得了一些成效。然而，由于整个国家处于转型时期或过渡时期，经济、政治、科技、文化体制的改革全面展开而又进度不一，新的用人机制与原有的以身份管理为基础的职称制度、工资制度等还存在着相当程度的矛盾和冲突。总体上说，计划经济体制下形成的高校管理模式尚未突破，许多弊端依然严重。

计划经济体制下形成的高校管理模式的突出表现是：在干部管理上，由于缺乏一套科学而又便于操作的考核办法，对干部难以做出公正、准确的评估，因而打破干部职务终身制的实际效果并不理想；在实施专业技术职务聘任时，由于近年来高等学校扩大招生，教师数量与质量均相对不足，因而许多高校依然循着"教师职称评审"的惯性运行，而未能实施真正的"教师岗位聘任"；学校管理机构政府化倾向严重，机构重叠，非教学人员的工作积极性难以调动，还没有真正变身份管理为岗位管理；用人效益不高、分配制度不合理等现象仍然严重等。这些都制约着高校管理质量和效益的进一步提高，影响着高校自身的发展。

2005年我和龚放教授等在《高等教育研究》上发表了"建立现代大学制度的重要之举：深化中国高校人事制度改革的政策建议"一文，文中提到一个重要建议就是：高校应重心下沉，将教师聘任的权力和责任同时下放给院系领导。高校应理顺学校、院系的两级关系，确立院系"主体性"结构的地位，赋予院系自主用人权，使院系在学校核定编制总额、确定人员结构比例的条件下，在院系领导班子的任期目标内，能依据自身发展的需要自主设岗、聘任和引进人员。

当然，坚持以院系为本，将教师聘任的权力和责任同时赋予院长、系主任，并不意味着要削弱学校行政部门的应有作用，而是强调校级职能部门要注意角色转换，在"有所为，有所不为"的原则下，把该管的事情管得更好，把不该管以及难以管好的事情放权让院系去管，最大限度地发挥院系在人事制度改革和管理方面的积极性。

2020年担任南京大学行知书院院长

南京大学进行本科生教育改革的一项重大举措，就是于2020年设立了秉文书院、行知书院、有训书院、安邦书院、毓琇书院、开甲书院共六个书院，将本科一年级学生分到书院。书院将不同专业、不同背景的同学们凝聚在一起，是为了更好地推动高水平创新人才培养新体系的建立以及深化大类招生培养联动改革。我们希望能够通过书院，更好地贯彻通识教育的人才培养的理念，推行导师制，打造师生共同学习生活平台，建立师生成长的共同体。相较于之前的模式，书院制的学习与教育让新生可以有更多的时间了解将要学习的学科特点，充分认识自我，自主规划未来生涯，走好大学生活坚实的第一步。

2020年8月，南京大学任命我为南京大学行知书院院长。行知书院包含经济管理和社会科学两个大类，2020年招收首届新生677人。新生经过一年的书院培养，将进入法学院、商学院、政府管理学院、信息管理学院和社会学院继续开展专业学习。

行知书院名称取自我国近代著名人民教育家陶行知先生的姓名。陶行知先生毕生从事平民教育事业，身体力行，被称为"伟大的人民教育家"。书院秉承行知先生精神，践行"生活即教育，社会即学校，教学做合一"的理念，鼓励学生在掌握专业知识的同时充分参与社会实践活动，培养知行合一、心怀天下的社会领军人才。

行知书院围绕南京大学建设新生学院的"八个全面"总体要求，构建"三全育人"体系，完善"五育并举"格局，打造以师生共同体为核心的书院制学习生活社区。我们在行知学堂里延揽名师大家，分享学术新知，推动学科交融，拓宽新生视野，有效推进新生的通识教育、认知教育和学科融通教育。于行知实践中以科研训练、调研实践、交流访学等多种形式紧密连接第一课堂与第二课堂，彰显行知品牌育人特色，切实提升大一新生的创新精神与实践能力。

在行知书院开学典礼上，我对同学们说："希望大家在行知书院一年的学习中，学会做人，学会学习，学会做事，学会与人相处。牢记社会责任与道德，具有思维能力，掌握学习和管理自己的能力。这些素养并不是暂时的，它应该伴随我们终身，希望大家在之后的学习生活中，继续不断提升自己，向着这些方向继续努力前进。在今后的学习生活中同样能怀有这样一份属于南大人、属于行知人的信念，因为前路迢迢，有信念的人会少一分迷茫，多一份勇气和定力。"

在2021年的结业典礼上，我对行知书院的同学们表达了以下几点期望。

"首先,树立坚定正确的理想信念,找准自身的发展方向。今年是南京大学建校119周年,也是建党一百周年。百年来我们历尽岁月峥嵘,百年后我们初心依旧。在当今社会主义现代化建设的关键阶段,同学们不仅需要面对自身繁重的学业压力,还要面对外界的种种挑战,这就要求我们树立坚定的理想信念,顺应时代发展潮流,结合自身实际发展需要,找准自己努力的目标,心无旁骛、一往无前。

"其次,培养活学活用专业知识的能力,成为具有全球思维、战略眼光的人才。今年6月8日《人民日报》发表了我写的一篇'聚天下英才而用之'的理论文章,其中我讲到,我们需要'文化融通、知识贯通、视野达通'的三通人才。在当前的时代背景下,同学们不仅需要学好自身的专业知识,还要具有国际视角和战略眼光。这要求同学们留心社会现象、国际热点,坚持独立思考,从多角度考虑问题,从而培养自己独特的战略思维。

"最后,学会热爱,做一个积极向上、全面发展的人才。在你们肩负职责和使命的同时,我希望你们能守住爱的前提。不仅是爱你的父母,爱你的朋友,热爱自己的生活,更要拥有对山川、对祖国、对人类的一种大爱和情怀。以积极进取的态度去面对生活中的困难与挫折,是我们当今大学生非常需要具备的素质。还有非常重要的一点,我希望你们都能养成自己的兴趣爱好,坚持体育锻炼,做一个'德智体美劳'全面发展的人。

"作为行知书院的第一届学生,同学们是行知书院无限延伸的根脉,也是行知书院广泛撒播的种子。你们将永远带着'行知人'的精神前行。当前,我们正处在实现'两个一百年'奋斗目标的历史进程中,青年一代的理想、本领和担当,就是国家的前途和民族的希望。我衷心祝愿同学们,在新的征程中,激扬青春,勇作走在新时代前面的奋进者、开拓者、奉献者,开创更加美好的未来!"

在担任行知书院院长后,我与南京证券李剑锋董事长联系,希望公司在我们行知书院建立奖学奖管教育基金。南京证券慷慨解囊给我们100万元,除了用于发放奖学奖管教育基金外,我们还用它开展了系列讲座并举办了讲坛,邀请校内外专家学者,聚焦专业科普知识。2020~2021学年行知书院先后举办了4期行知学堂,我给同学们做了"如何成为一名卓有成效的管理者"第一个讲座,并请南京医科大学副校长、南京逸夫医院院长鲁翔教授分享了他的抗疫事迹,南京凯燕电子有限公司总经理陈华明先生做了"远瞻的力量"讲座,翟学伟教授做了"中国人的脸面观"讲座,传授专业知识,结合实际应用向学生分享前沿理论。我还亲自带队组织学生前往江宁钱家渡进行劳动教育,体验农业生产劳动过程。

2021年5月9日我陪同行知书院学生到南京市江宁区钱家渡村参加劳动和体验农村生活

进入书院后,每位学生都配备了新生导师和朋辈导师,这些导师通过专业导学体系、丰富的讲座和面对面交流,帮助同学们了解学科特点,充分认识自我,规划未来生涯。在书院的发展过程中,围绕立德树人的根本要求,从培养家国情怀、教导做人做事、引导人生规划、促进学业发展、疏导心理困惑,发展综合素质等目标方面着手,全面推进五育并举,加强大学认知教育、通识教育和自我认知教育,引导新生在学习上、生活上、文化上更好更快地适应大学校园。

是院长,更是老师,也是学术会议的组织者

学院院长要扮演好"学者""管理者""社会活动者"三个角色。就我个人

而言，我更喜欢"学者"或者说"老师"这一角色。在这三个身份中，我担任老师的时间最长，自1977年在南京大学任教以来，迄今已经40多年了。40多年来，我在准备将要讲授的下一堂课时，总是充满了渴望和期待。

作为管理学教授，我的主要精力用于培养学生，从事教学和研究。综合这些年的经历，我觉得作为一个老师，首先要热爱教育，关爱学生。我有一个博士生，名叫覃友茂，这个同学家庭比较困难，考博很不容易。了解到他的情况后，我就不断鼓励他，也给予他力所能及的一些帮助。经过两年的努力，他终于如愿以偿，考进了南京大学，如今已经在深圳成功创业。其次，在培育学生的过程中，老师应该注意给学生提供机会和平台。我经常带着学生到企业，增进他们对企业的感受和认识，也有利于他们发现管理中存在的问题。我从1997年开始，就让我指导的每个全脱产博士生利用暑假到国外大学学习一段时间，这样的经历让他们拓宽了视野，也有利于他们进行资料搜集和论文写作，许多学生因此受用一生。再次，在指导学生的过程中，老师应该注意研究方法的指导。在指导博士生学习和研究的过程中，我们从20世纪90年代初期就开始给博士生讲管理研究方法的课程，现在我们商学院对硕士生和博士生都开设了管理研究方法的课程。在学生进行学位论文写作时，我与他们重点讨论研究方法的运用。经过这些年的培养和训练，南京大学商学院的博士研究生已经很好地掌握了管理研究方法。

令我感到欣慰的是，我指导的学生中，有的成了教授、博导、知名学者，有的成了政府高级官员，有的成了著名的企业家和企业的高管。如商务部原部长陈德铭博士在我们商学院攻读企业管理学博士研究生时，学习态度很认真，尽管当时他在江苏省政府的工作非常忙，但我安排在周末的博士课程，他都能坚持来上课，并积极参加课程的讨论。由于他的导师周三多教授工作劳累，一只眼睛视网膜脱落，所以周老师让我协助他指导陈德铭的博士学位论文。在他的博士论文《论政府与企业的关系》中，他谈到了政府应如何转变职能，企业应如何加强自主经营的问题。论文有很多开拓与创新性的观点，得到了所有答辩专家的高度评价。我们老师非常欣赏陈德铭为人正直的品性，认真、严谨的工作态度，以及深入实际调查研究、实事求是地研究并解决问题的工作方法。

我在南京大学工作了40多年，在商学院工作也有30年，商学院和谐的环境、优秀的师资和管理队伍、高素质的学生群体使我很享受在其中学习和工作的乐趣。此外，令我更欣慰的是我们MBA/EMBA/MPAcc/EDP等项目的蓬勃发展，以及它们对社会日益增大的影响和贡献。来南京大学商学院工作是我一生无悔的选择。

我一直非常重视人力资源管理的教学工作。从1991年起，我作为课程负责人开始在南京大学开设人力资源管理课程。大概从2000年开始，我在教学过程中转变教学观念，从过去的"以教师为中心"转变为"以学生为中心"，从"以教学为中心"转变为"以学习为中心"，实现学以致用和教学相长的目的。我尝试采用电子信息化教学手段和相应的教学方法。教学方法已经从最早的老师单向讲课，变为授课、录像、案例分析、同学讨论、个人和小组报告、角色扮演、企业现场研讨等多种形式相结合。我和我的团队认真研究人力资源管理教学的问题，经常与学生讨论人力资源理论与实践问题，并组织学生到企业去学习和考察，得到了学生的一致好评。我们完成的"基于胜任特征理论的人力资源管理人才本土化培养模式"教学成果于2011年5月获得南京大学教学成果特等奖，后来又被江苏省评为教学优秀成果一等奖。

赵曙明教授在教室与2011-2班EMBA学员合影

赵曙明教授与 2019 级 2 班 EMBA 学员合影

赵曙明教授与 2020 级创新春季 2 班 EMBA 学员合影

我开设的人力资源管理课程，是南京大学重点建设的一门课程，并于 2003 年获得首批国家级精品课程批准。该课程现在已经建设得非常有特色，在国内人力资源管理教学研究中具有较大的影响。

开设全国人力资源管理课程师资研讨会

教育部高等学校工商管理类专业教学指导委员会和全国MBA教育指导委员会指定南京大学商学院作为全国人力资源管理课程师资的培训基地。从1998年开始，我们每年都会举办一期全国人力资源管理师资培训研讨会，至今，南京大学商学院已成功举办了20届全国MBA和本科教学的人力资源管理课程师资研讨会，该研讨会是我国大学人力资源管理学科领域参与专家人数最多、最具规模和最具影响力的研讨会，很好地促进了我国高等院校人力资源本科专业以及MBA教育的全面发展。

2019年10月赵曙明教授与第20届全国人力资源管理课程师资研讨会学员合影

2019年我们举办第20届研讨会时，首届班的学员专程来南京大学商学院参加我们的研讨会和20周年纪念活动。第20届全国人力资源管理课程师资研讨会邀请了包括同济大学经济与管理学院罗瑾琏教授，武汉大学经济与管理学院李燕萍教授、吉林大学商学院于桂兰教授等在内的8位研讨会一期学员，共同回眸中国人力资源管理教学20年的发展历程。此外，会议邀请了南京大学社会学院教授兼教育部长江学者特聘教授翟学伟博士、华中科技大学管理学院廖建桥教授、东北大学工商管理学院副院长贾建峰教授、中国人民大学人力资源管理系主任苏中兴教授分别进行主题演讲。会议吸引了来自浙江大学、华东理工大学、武汉大学、湖南大学等97所高等院校的170余名人力资源管理教师、学者参加研讨。学者们从人力资源管理研究的不同方面做了精彩报告，大会还组织了三个不同议题，分三组进行更加深入的学习和讨论。

研讨会的一期学员，现在都是各校的知名人力资源管理的专家，他们相聚南京大学商学院，畅叙友情，探讨人力资源管理的教学和科研。他们还专门做了纪念册，邀我写了序。下面是我的序和一期班的20周年纪念感言。

2019年10月"全国人力资源管理课程师资研讨会"一期学员向赵曙明教授展示纪念册

◎ 序

我的初心

时光飞逝如白驹过隙，转眼间，一年一届的全国人力资源管理课程师资研讨会已经举办整整20届了！回首这20年，一期一会、一人一事、一物一景，历历在目，感慨万千……

这20年，是中国经济高速增长、逐步实现产业升级、加快创新发展的20年；这20年，是中国人力资源管理专业学科从无到有、不断发展壮大的20年；这20年，也是人力资源管理学界的同仁们用智慧和汗水为中国企业由人事管理向人力资源管理转型发展贡献真知、培养人才的20年！这20年里，我们这支队伍里的每个人都经历了很多，收获了很多，也成长和进步了很多。但是于我而言，我最引以为豪的却是，能够二十年如一日地为中国人力资源管理的人才培养、学科发展、社会服务默默地贡献自己的力量。这是我的初心，也是作为一名学者应有的使命和担当。

1991年，我从美国学成回国。次年，中国开始推行社会主义市场经济体制，传统的人事管理开始逐渐被现代人力资源管理所代替。那一年，我在南京大学出版社出版了国内第一本人力资源管理的教材《国际企业：人力资源管理》，这本书先后修订再版了五次。也是那一年，我在南京大学商学院率先开设"人力资源管理与开发"课程。"人力资源管理"课程后来又作为我国首批"国家精品课程"进行建设。自此，我开始为推动中国人力资源管理教学和研究工作而摇旗呐喊、不懈努力。雄关漫道，奋力前行；漫漫征程，未曾松懈。

但行路不易、开路更难，前行的道路并不平坦，美好的事业需要更多的同行人和奋斗者。从20世纪90年代初开始，我首先在南京大学组建了"人力资源管理"师资团队，从早期的优秀师资，如杨东涛教授、杨忠教授、刘洪教授、彭纪生教授等，到现在的青年才俊张正堂教授、蒋春燕教授、程德俊教授、成善泠副教授、毛伊娜副教授、贺伟副教授、赵宜萱副教授、席猛助理研究员、陈鸿志助理教授、夏莹助理研究员等，形成了十几位老中青相结合的队伍。2011年，我们这支人力资源管理教学团队完成的"基于胜任特征理论的人力资源管理人才本土化培养模式"研究获得江苏省教学成果一等奖。

在全国工商管理专业学位研究生教育指导委员会和教育部高等学校工商管理类学科专业教学指导委员会的指导下，为推动国内人力资源管理课程师资队伍的建设和开发，1998年我在南京大学举办了"第一届全国人力资源管理课程师资研讨会"，今年10月将举办第20届，连续坚持20年主办这个研讨会，确属不易，我和我的团队为此付出了很多，但看到研讨会越办越好，影响力越来越大，我们也感到无比欣慰！

在这20年里，每一届的人力资源管理课程师资研讨会上，我们都会邀请国内外人力资源管理学界的著名学者和企业家到会与大家分享他们的教学体会和管理经验，参会的教师们在各个分论坛也会围绕不同主题进行小组讨论和交流。我们探讨的话题随着时代的发展而不断更新，从最早的探讨如何设计"人力资源管理与开发"课程大纲，如何讲授人力资源管理的基本理论，如何让学生掌握人力资源管理各个职能模块的技能与方法，到后来的如何开展案例教学，如何增加视频教育，如何开展角色扮演、管理游戏等，主题的新颖性、实用性，使全国人力资源管理课程师资研讨会成为很多同仁每年共同的期待。在这一年一会中，我们一起分享心得、创造新知、取长补短、共同进步，共同见证了人力资源管理课程师资研讨会的成长和进步。20年里，我们累计邀请了100多名国内外著名学者和企业家作为分享嘉宾，参与的老师近3000人次，遍布全国各地。会后，参会同仁们会将收获带回各自的单位、课堂进行体验、实践和升华，带动更多的力量共同推动中国人力资源管理教育事业不断向前发展。

在这20年里，我们迎来送往了一批又一批人力资源管理的教师同行，有相当多的参会博士生和博士后后来也加入了人力资源教师的队伍。很多年轻学者也都曾参加过这个教学研讨会，通过不断的努力在教学科研等方面取得了令人瞩目的成绩，不少人成为人力资源学界的知名学者。因此，很多学者也把这个研讨会称为我国人力资源管理界的"黄埔军校"。例如，自称"黄埔一期学员"的武汉大学的李燕萍教授、同济大学的罗瑾琏教授、吉林大学的于桂兰教授、中国人民大学的冯云霞教授、哈尔滨工业大学的田也壮教授、南开大学的袁庆宏教授、中南大学的颜爱民教授、湖南大学的姚艳虹教授、复旦大学的李绪红教授、西安理工大学的刘泽双教授和林筠教授等近50位首期参加培训的教师早已是我国人力资源学界的著名学者，并且通过参加研讨会结下了深厚的友谊。而且，这些早期的（"黄埔"）学员们后来又被我们的研讨会邀请作为主讲嘉宾，向人力资源管理学界的年轻教师再分享他们的教学、科研经验。现在每年参与全国人力资源管理课程师资研讨会的人数在150～200人之间。20年的坚持，我们形成了全国人力资源管理师资队伍建设与开发的有效传承机制，中国人力资源管理教师队伍也实现了壮大与发展。

作为人力资源管理的早期留学归国人员和涉足者，我希望全国人力资源管理课程师资研讨会能够成为国内人力资源管理MBA和本科教学工作者交流、沟通和研讨的平台。同时，为了推进企业跨国经营的研究和国际人力资源管理教学研究，我于1992年在南京大学举办了"第一届企业跨国经营国际研讨会"，每三年一届，到目前也持续了27年，并将于2020年6月举办第十届企业跨国经营国际研讨会。近些年来，为了推动国内人力资源管理的研究，提升青年学者的研究水平，我和一些人力资源管理专家们一起于2012年举办"第一届中国人力资源管理论坛"，该论坛目前持续举办了七年（先后在南开大学、武汉大学、南京大学、华南理工大学、华中科技大学、澳门科技大学、中南大学举办），今年9月在东北大学举办第八届。此外，为了推进国内学术成果的交流和发表，我还牵头以南京大学为主办单位，于2010年创办了《人力资源管理评论》杂志。目前，《人力资源管理评论》已经创办了9年，每年出版2期，并正在为早日进入CSSCI来源集刊而努力[一]。所有这些，只为初心——为了实现我们的理想，我们奋力前行，坚定而执着。

如今，人力资源管理的发展面临着最好的时代。习近平总书记在十九大报告中就"人力资源"的问题做出许多重要论述，如"人才是实现民族振兴、赢得国际竞争主动的战略资源"，要"努力形成人人渴望成才、人人努力成才、人人皆可成才、人人尽展其才的良好局面，让各类人才的创造活力竞相迸发、聪明才智充分涌流"，要"着力加快建设实体经济、科技创新、现代金融、人力资源发展的产业体系"，要"建设知识型、技能型、创新型劳动大军，弘扬劳模精神和工匠精神，营造劳动光荣社会风尚和精益求精的敬业风气"，要做到这些方面，需要我们全体人力资源管理界同仁们的共同努力。我们也将不忘初心，坚守平台，并通过这些平台实现共同成长、共同发展，推动中国人力资源管理教学、科研和服务水平的不断提升！

这，就是我的初心。是为序。

南京大学人文社会科学资深教授、商学院名誉院长、博士生导师

2019年7月29日

于美国加州克莱蒙特研究生大学德鲁克管理学院

[一] 2021年《人力资源管理评论》已正式入选CSSCI。

咱们这 20 年

全国人力资源管理课程师资研讨会 20 周年纪念感言

也许是情怀的驱动,也许是成熟的积淀,也许是想给学科史留些明线或暗线,更可能是那个班和举办的初衷影响深远,我们一期的学员想办个纪念。

那时我们年轻,那时专业初办,那时我们是人力资源管理领域的新移民;那时我们不知道什么是人力资源,也不知道怎么把这门课向 MBA 学员呈现。

全国人力资源管理课程师资研讨会第一期学员合影

赵曙明老师来了,南京大学组织的"全国人力资源管理课程师资研讨会"来了,海外教授和企业家们来了,于是,我们幸运地成为全国人力资源管理课程师资研讨会的第一班!

那时教材极少,也找不到参考书,更找不到案例集!但那时我们年轻,我们敢于尝试!那时我们专业功底有限,但我们虚心、我们勤奋、我们肯下大力气刻苦钻研!我们备课到半夜两三点,我们讲课连续三五天!我们授业的地点五湖四海,我们解惑的学生品类齐全!

那时我们不知道实证研究,也没受过规范的人力资源管理科研训练,没有国家级纵向课题,甚至没有博士桂冠。但我们边教边学边科研,在教学中学习教学,在科研中学习科研。

以当年那个师资研讨会为起点,我们已经奔跑了 20 年。今天,教学经验、学术成果、研究课题,我们似乎都不缺了。我们有了一些经验,也有了一些成就,但我们仍在路上,还在前行,我们开始怀旧,也更加感恩了!

我们感恩师资研讨会,感恩赵曙明教授和授课团队,让我们的专业知识从

0 到 1，让我们的 MBA 教学经验从无到有！

我们感谢亲爱的一期同学们！我们像团火一样汇聚在南京，学习、分享、讨论，还有调研、聚餐、畅谈，从此，我们有了共同语言！我们像满天星一样播撒出去，照亮学生的心田，让人力资源管理的星星之火，在祖国的大江南北燎原！如今，这个师资研讨会 20 岁啦，已经成年了！

当我们在学术会议上再次相遇，当我们在对方城市再次相约，当我们遇到困难相互求助，当我们取得成就相互祝贺时，那一刻的喜悦和欣慰，让我们倍感同学之情有多珍贵！

感谢我们的团队！因为有了队友，我们不再孤军奋战！我们一起备课，一起指导学生，一起申请课题，一起参加和承办学术会议，一起服务企业与社会！

感谢我们曾经的学生们！第一次读 MBA 的学生遇见第一次教 MBA 的我们，他们的鼓励、配合与包容，给了我们坚持下去的勇气；我们的激情、专业和使命，激活了他们的学习潜能，提升了他们的管理实践能力！

MBA 的教学历练，让我们的本科课堂更鲜活、更生动！当我们也有自己的徒弟时，因为我们曾受过专业训练，所以我们的师生关系可以概括为"在温暖中充满了理性，在亲密中保持了尊重"！

就这样，20 年，我们匆匆走过，从完全的青丝，到斑驳的花发！20 年，我们不曾一起回顾，也无暇一起品味！

还好，在我们身体还健康、内心还年轻的时候，在走过绿茵夏季，迎来成熟秋季的时候，我们又回来了，我们又相聚了！再次欢笑，再次拥抱，再次畅想中国新时代人力资源管理的美好明天！

今天，我们的伙伴越聚越多；今天，我们的队伍不断发展。

"团结、共享、包容、奉献"，是我们 MBA 人力资源师资共同的核心理念。

"有领队、有阵容、有爱心、有温暖"，是我们 MBA 人力资源同行形象的集中体现。

让我们新老伙伴，共同牵起温暖有力的手，以更加稳健的步伐、更加灿烂的笑容，把中国人力资源管理领域的同行文化凝结得更牢、群体形象塑造得更亮、教研平台拓展得更宽、学科影响传播得更远！

让我们的梦之队，飞越更广阔的海洋，飞向更高远的蓝天！

一期全体学员

人力资源管理教学离不开案例。案例教学法的成功运用，离不开精心设计的具有经典性、时效性、实用性、真实性的高水平案例。为此，我和团队成员一起，积极筹建人力资源管理案例库，撰写人力资源管理案例教材，进行案例开发与推广应用。在由成思危先生担任主编的《人力资源管理本土化系列教材》中，我编写出版了《人力资源管理与开发案例精选》一书，案例材料主要来源于本人在人力资源管理教学与科研过程中的积累。该书中的案例，既有我在长期教学过程中精选的在人力资源管理方法上很有特色的国际知名企业，如美国西南航空公司、新联汽车公司等企业的案例，又有我亲身在国内著名企业咨询调查而编写的光汇集团、美菱电器、菲尼克斯电气中国公司等公司的案例。该书有四个特点，一是既强调案例体系的系统性，尽可能全面覆盖人力资源管理领域中的各个方面，以满足课程的教学需要；二是以本土化案例为主体，借鉴国外案例的写作方法，编写适合国内工商管理教学的本土案例，以满足学员对这方面的需求；三是注重原创性的案例编写，尽量争取企业的认可和帮助，在不泄露企业商业机密的情况下，尽可能真实地再现企业原貌；四是重视对案例情景的描述。目前我们还与恒光国际文化交流咨询有限公司总裁马明杰女士等合作制作视频案例。我们认为，视频案例教学可以将基础理论知识与企业管理实践更好地结合起来，提高学生解决问题的能力。

我是一名商学院院长，是老师，更是团队建设者。令我倍感荣耀的是我在南京大学构建了人力资源管理研究领域的学术团队，先后指导的博士后有刘洪、彭纪生、顾海、曹大友、姜进章、陈春花、李程骅、张弘、顾建平、刘嫦娥、陈万思、万建忠、杨东、李昆、李乾文、郭桂梅、管征、高素英、陈曦、杜娟、王国猛、黄勋敬、张戍凡、王君玲、秦伟平、李召敏、瞿皎姣、施杨、马苓、王志成、赵李晶、倪清等，培养出了许多人力资源管理和组织行为方面的专门人才，如杨东涛、沙卫平、朱农飞、朱克江、陈兴淋、覃友茂、杨忠、荀厚平、翟俊生、沈群红、张弘、陆娟、薛乐群、张艳、徐权、张俊生、陶向南、邹亚军、徐军、李心合、苏方国、赵景华、宗寨、赵薇、徐志坚、朱开平、程德俊、吴慈生、刘永安、黄昱方、韩健、赵筠、戴万稳、郝捷、柯翔、吴爱胤、陈晓波、陈敏、陈天渔、汲培文、张晋胜、奚红华、金相均、王翔、刘永强、张捷、杨洁、方洪波、陈丽花、马吟秋、董伊人、高立辉、张子源、蒋建武、于爱荣、鲁翔、杜娟、王艳艳、刘浩良、陈志红、战冬梅、承忠、张季媛、肖剑科、杜鹏程、周路路、王珽、刘燕、葛晓永、张艳宝、张如凯、裴宇晶、李雪峰、徐燕、简浩贤、钟山、林亚清、许黎明、王德才、侯镇基、孙秀丽、何莹、于静静、张高旗、白晓明、刘泱、周文成、席猛、王小予、徐云飞、张宏远、曾颢、曹曼、Mashal Ahmed Wattoo、蔡静雯、张敏、Olekamma Kingsley Chinonso、李茹、李进生、张紫滕、魏丹霞、何光远、丁晨、杨美群、陈嘉茜、张佳蕾、马雨飞、胡雨欣等博士生，他们当中大多数成了老师，一部分成了创业者或职业经理人。目前在南京大学的一些学者已经成为南京大学人力资源管理学术研究团队的中坚和核心力量。活跃的研究氛围和积极进取的团队精神，使得南京大学处于国内人力资源管理研究的领先地位。除了人力资源管理研究领域外，企业跨国经营也是我的一个研究重心。

举行企业跨国经营国际研讨会

利用在国外求学多年的积累，从 1991 年开始，我组织了南京大学国际商学院的一批学者和部分企业家，对中外学者的研究成果和一些跨国公司的经营实践进行了全面研究，撰写了由 8 部学术专著构成的国际企业经营管理丛书（由南京大学出版社出版，现已再版多次）。这套丛书既涉及国际企业经营管理的理论基础，又包括了国际企业经营管理的具体实践。当时，我在构建全书理论体系的同时，也承担了国际企业经营管理领域三大难题，即国际企业人力资源管理、跨文化管理和风险管理的研究工作和撰写任务。这套丛书对跨国经营的理论研究具有较大的推动作用，而且为企业跨国经营管理人才的培训提供了系统且完整的教材。与此同时，我还对企业跨国经营中的前沿课题——跨文化管理进行了深入研究，在 1995 年出版了《东西方文化与企业管理》（中国人事出版社，1995 年）。我于 1992 年在南京大学出版社出版的《国际企业：人力资源管理》现已更新到第 6 版。2021 年再版的第 6 版增加了全球经济一体化对人力资源管理的挑战等新内容。

筹备具有国际影响力的学术论坛，也是我的重要工作之一。南京大学商学院最有影响力的论坛品牌要数三年一次的企业跨国经营国际研讨会，我们于 2020 年 11 月 21～22 日主办了第十届企业跨国经营国际研讨会。

2008 年发生的全球金融危机和 2020 年年初暴发的新冠肺炎疫情及其引发的一系列重大变化，给各国企业经营带来了许多困难和不确定因素，对企业经营管理的劳资关系、管理伦理、跨文化管理等许多方面提出了新的挑战。与此同时，全球性的危机也必然孕育出全球性的机会，网络技术、生物技术、低碳技术、人工智能技术等将为传统产业的改造带来巨大商机，我们应该如何应对后金融危机的挑战与机遇呢？在世界各国企业管理理论和实践研究中已涌现出许多新的研究命题。

2011 年 6 月赵曙明教授在第七届企业跨国经营国际研讨会上做主题报告

第七届企业跨国经营国际研讨会以"转型经济中与后金融危机时代企业管理"为主题。来自中国、美国、日本、英国、法国、德国、葡萄牙、荷兰、爱尔兰、比利时、瑞典、澳大利亚、新西兰、新加坡等近20个国家和地区的80多位国际学者和企业总裁出席了会议，与会总人数超过300人。我们邀请到了2001年诺贝尔经济学奖得主、世界银行发展中国家经济发展委员会主席、斯坦福大学教授迈克尔·斯宾塞博士、美国密苏里—圣路易斯大学副校长兼国际研究中心主任乔尔·格拉斯曼教授，美国克莱蒙特研究生大学德鲁克管理学院吉恩·李普曼－布卢门教授，美国匹兹堡大学管理学院院长约翰·德莱尼教授，澳大利亚悉尼大学经济与管理学副院长约翰·谢尔德教授，澳大利亚纽卡斯尔大学原副校长兼商业与法律学院院长斯蒂芬·尼古拉斯（Stephen Nicholas）教授和新西兰奥克兰理工大学商务与法律院长杰夫·佩里（Geoff Perry）教授等知名学者，他们分别做了主题报告，在学术界产生了很大的反响。

2014年6月12～13日，我在南京大学商学院组织召开了第八届企业跨国经营国际研讨会。会议主题是"全球经济一体化与信息网络化对企业可持续发展的影响"，来自中国、美国、日本、英国、法国、德国、荷兰、爱尔兰、比利时、瑞典、澳大利亚、新西兰、新加坡等近20个国家和地区的80多位国际学者以及企业总裁出席了会议，与会总人数超过300人。本届会议还举办了"跨界·颠覆——互联网思维下的企业创新发展：企业家与学者的对话""中美女企业家国际研讨会""企业家与慈善行为国际研讨会"，以及"第九届中国南京大学—日本九州大学—中国人民大学三校研讨会：全球经济对中日经济发展的影响"等多场专题会议。

在经济转型期和信息网络化时代背景下举办的第八届企业跨国经营国际研讨会，为中国管理学界与世界各国同行相互交流新思想、新理论、新方法和新成果提供了宝贵的机会。会议的成功举办对于中国管理学的发展，对于中国企业应对信息网络化时代以及转型经济条件下复杂多变的经营环境、推动企业可持续发展，在理论和实践两个方面，都有着重要而深远的意义。

2014年6月第八届企业跨国经营国际研讨会全体合影

2017年6月20～21日我组织召开了第九届企业跨国经营国际研讨会。这次国际会议的主题为"企业家精神、组织变革与雇用关系管理"。本次大会有300多位代表参加，除中国内地代表外，还有来自澳大利亚、加拿大、法国、德国、印度、印度尼西亚、日本、哈萨克斯坦、韩国、立陶宛、墨西哥、尼日利亚、巴基斯坦、葡萄牙、俄罗斯、泰国、英国、美国、中国香港、中国澳门等20个国家和地区的80多位国际学者和企业总裁参会。

会上，我和1996年诺贝尔奖获得者詹姆斯·莫里斯爵士、2001年诺贝尔经济学奖获得者迈克尔·斯宾塞博士、A.O.史密斯集团董事长兼CEO Ajita Rajendra先生分别做了"中国企业雇用关系模式与员工幸福感调查报告""创新激励""中国经济和持续改革进程中的结构转型""A.O.史密斯向水技术公司转型"的主题报告；美国克莱蒙特研究生大学德鲁克管理学院领导学教授吉恩·李普曼－布卢门博士、联合国贸易和发展组织投资和企业司司长詹晓宁博士分别做了"领导力为的是什么？被误解的领导力重要性""数字经济时代的跨国公司和全球价值链"的主题报告。

此外，各领域的专家、学者围绕会议主题，从领导、创新、国际商务、电子商务、制度与战略、企业战略、制度战略、组织行为与人力资源管理等八个方面展开热烈讨论，将最新的研究成果与大家互通有无、彼此共享。与此同时，大会还举办了"中国企业雇用关系模式与人力资源管理创新研究""第十二届中国南京大学—日本九州大学—中国人民大学三校研讨会：中日经济发展与跨国公司管理""德鲁克管理思想""中国'一带一路'倡议""21世纪的企业家：中日韩美四国比较研究"等五场专场研讨会。

在全球经济持续低迷、创业创新成为经济发展新引擎的背景下举办的"第九届企业跨国经济国际研讨会"，为中国的管理学者、中国的企业家、跨国公司的高管们与世界各国的同行们相互交流研究成果、思想理论、管理经验，以及创造性思考创造了宝贵的平台与机会；在理论和实践两个层面上对于中国管理学，尤其是国际企业的发展，以及对中国企业实现组织变革、创业创新、雇用关系管理与企业可持续发展，都有着重要而深远的意义。

第九届企业跨国经营国际研讨会部分主讲嘉宾合影

我们本来计划于2020年6月举行第十届企业跨国经营国际研讨会，但是由于突如其来的新冠肺炎疫情，我们将国际会议推迟到2020年11月21～22日在线上和线下召开。第十届企业跨国经营国际研讨会"企业跨国经营管理：全球投资、新技术与创新人力资源管理实践"，在南京大学商学院和线上隆重召开。近150名参会者出席了南京大学商学院报告厅的线下会议，来自近20个国家和地区的20 000多名与会者通过线上方式参加了本次研讨会。

首先，我做了会议筹备报告，南京大学校长、中科院院士吕建教授致欢迎词。德国哥廷根大学经济科学学院院长马蒂亚斯·舒曼博士、荷兰马斯特里赫特管理学院院长明哈德·甘斯、澳大利亚悉尼大学商学院院长格雷格·惠特威尔博士、美利坚大学科戈德商学院院长约翰·德莱尼博士、韩国又松大学校长约翰·恩迪科特博士、美国密苏里大学圣路易斯分校校长克里斯汀·索博利克博士和联合国贸易和发展组织投资和企业司司长詹晓宁博士等高校及组织代表于线上致辞。

同时，我为诺贝尔经济学奖得主、纽约大学教授迈克尔·斯宾塞博士、美国密苏里大学圣路易斯分校前副校长、国际研究与项目办荣休主任乔尔·格拉斯曼博士，以及美利坚大学科戈德商学院教授、院长约翰·德莱尼博士颁发奖牌，感谢他们多年来对企业跨国经营国际研讨会提供的支持和贡献。

迈克尔·斯宾塞博士，德国菲尼克斯电气集团CEO弗兰克·斯敦伯格先生，以及作为第十届国际会议主席的我分别做了"后疫情时代""赋能可持续发展"和"中国企业创新人力资源管理模式研究"的主题报告；诺贝尔经济学奖得主、芝加哥大学经济学教授詹姆斯·赫克曼博士，诺贝尔经济学奖得主、斯坦福大学经济学教授埃尔文·罗斯博士，韩国Dr.Jart+公司CEO李振旭先生，英国开曼群岛Scully Royalty有限公司董事长迈克尔·斯密斯先生分别做了"中国对技能的投资""新冠肺炎时期的经济：短期调整与长期变化""Dr.Jart+公司全球化案例研究"和"全球企业经营战略管理"的主题报告。

赵曙明教授给迈克尔·斯宾塞博士、乔尔·格拉斯曼博士和约翰·德莱尼博士颁发奖牌

英国开曼群岛Scully Royalty有限公司董事长迈克尔·斯密斯先生做主题演讲

此外，与会的各领域专家、学者就企业家精神、创新与创造力、跨国公司的战略管理、人力资源管理与新技术、人力资源管理与社交网络、跨国公司的创新人力资源管理模式等议题进行了热烈讨论，分享前沿观点，线上线下气氛活跃，思想碰撞激烈。与此同时，大会还组织了"第十五届中国南京大学—日本九州大学—中国人民大学三校研讨会：新冠肺炎疫情后全球经济与企业管理"，以及国家自然科学基金重点项目研讨会与论文演讲。

赵曙明教授和思谋会企业家同诺贝尔经济学得主迈克尔·斯宾塞与詹姆斯·赫克曼对话

当时，全球经济危机所引起的贸易紧张局势加剧了跨国企业所面临的贸易和投资的不确定性，在此背景下成功举办的第十届企业跨国经营国际研讨会，为中国的管理学者和企业家们与世界各国的同行们搭建了一座交流研究成果、分享管理经验的桥梁。对促进中国企业管理理论的发展和实践的转型升级，推动跨国企业商业模式与创新人力资源管理的转型产生了深远的影响。

2020年11月21日赵曙明教授在第十届企业跨国经营国际研讨会上做主题报告

除了举办企业跨国经营国际研讨会外，南京大学商学院还举办"中日美实业家国际学术研讨会"。美国密苏里大学圣路易斯分校副校长兼国际研究中心主任格拉斯曼教授与日本涩泽荣一纪念财团研究部部长木村昌人教授从2000年合作，召开涩泽荣一纪念财团与美国密苏里大学"日美企业家研讨会"。2007年我与格拉斯曼和木村昌人教授探讨，共同举办中日美企业家与企业家精神研讨会。我于2009年9月在南通市组织了"中日美实业家与近代化国际学术研讨会"，中共南通市委时任常委兼副市长秦厚德先生大力支持，南通市委时任秘书长黄巍东以及南通市文化局、南通市博物馆的各位领导积极帮助组织，同时还举行了"中日美企业家展览"。围绕着中国实业家张謇、日本实业家涩泽荣一、美国企业家约翰·巴里杰（John W. Barriger）的业绩和有关问题，来自国内外的专家学者结合当代企业的发展展开了热烈的讨论。

与澳大利亚纽卡斯尔大学原副校长兼商业与法律学院院长斯蒂芬·尼古拉斯在一起

涩泽荣一（1840年3月16日-1931年11月11日）是日本明治和大正时期的大实业家。在日本，涩泽荣一是一个家喻户晓的人物，后人称赞他的头衔有"日本企业之父""日本近代资本主义之父""日本产业经济的最高指导者""儒家资本主义的代表"等。他也是日本现代企业制度——株式会社的创始人。

谈到日本明治时期的工业化，不可能不提到涩泽荣一。他一生业绩非凡，参与创办的企业组织超过500家，包括东京证券交易所。这些企业遍布银行、保险、矿山、铁路、机械、印刷、纺织、酿酒、化工等日本当时最重要的产业部门，其中许多至今仍在东京证券交易所上市。更重要的是，他热衷于西方经济制度的引进和企业形态的创新，创办了日本第一家近代银行和股份制企业（第一国立银行），率先发起和创立近代经济团体组织。在实业思想上，他把来自中国的儒家精神与效仿欧美的经济伦理合为一体，奠定了日本经营思想的基础。

现在我们每年分别在美国、日本、中国举行"中日美企业家研讨会",我们还准备引入韩国,将来会举行"中日美韩企业家研讨会"。

在2008年中国管理研究国际学会上,左起:首任会长徐淑英教授、第三任会长赵曙明教授、时任联合主席谢家琳教授、后任主席陈超全教授,在发言的是时任联合主席周京教授

此外,我们还主办或者承办了不少其他有影响力的学术研讨会,如"纪念德鲁克100周年诞辰暨德鲁克管理思想研讨会"(2009年)、"第二届中国管理学年会"(2007年)等。2004年6月,中国管理研究国际学会成立大会在北京召开,我被选为中国管理研究国际学会副主席,从2004年开始以年会的形式,每两年举办一次,南京大学商学院于2006年承办了第二届年会。中国管理研究国际学会是由美籍华人、国际管理学界的顶级学者徐淑英教授于2001年发起筹备的会员制大型国际学术组织。2021年6月,中国管理研究国际学会在线上举办了第九届年会。学会以为从事中国管理研究的学者提供思想和经验交流的论坛、增进全球范围内管理研究者的国际合作、推动中国境内管理研究能力的发展、促进中国管理相关研究能力的发展为目标,旨在全面提升中国管理问题学术研究水平,进一步提高中国企业的管理能力。

主办中国人力资源管理论坛

中国人力资源管理论坛是以中国管理现代化研究会人力资源管理与组织行为专业委员会为依托,积极落实国家自然科学基金委员会管理科学部的战略部署,携手国内知名高校和有影响力的学术期刊,共同搭建的高水平学术交流平台。自2012年以来,中国人力资源管理论坛已在南开大学、武汉大学、南京大学、华南理工大学、华中科技大学、澳门科技大学、中南大学、东北大学和安徽大学等知名高校成功举办了九届会议，成了中国人力资源管理和组织行为领域极具影响力的高端学术论坛。

2021年5月15～16日由安徽大学承办的第九届中国人力资源管理论坛会场

第一届中国人力资源管理论坛：2012.5.26～27日，南开大学，主题为"组织创新与人力资源管理变革"。

第二届中国人力资源管理论坛：2013.9.28～29日，武汉大学，主题为"转型期中国特色的人力资源管理与组织行为研究"。

第三届中国人力资源管理论坛：2014.6.10～11日，南京大学，主题为"全球化视野下的中国人力资源管理深化变革和持续发展"。

第四届中国人力资源管理论坛：2015.11.28～29日，华南理工大学，主题为"新常态下中国人力资源管理的创新与实践"。

第五届中国人力资源管理论坛：2016.11.25～27日，华中科技大学，主题为"开放·传承·快捷：中国人力资源管理的新机遇与新路径"。

第六届中国人力资源管理论坛：2017.11.4～5日，澳门科技大学，主题为"多元文化下的人力资源发展"。

第七届中国人力资源管理论坛：2018.10.12～14日，中南大学，主题为"新时代·心力量：中国情境人力资源管理的创新与发展"。

第八届中国人力资源管理论坛：2019.9.20～22日，东北大学，主题为

"新挑战·新机遇·新征程：中国人力资源管理的特色与发展"。

第九届中国人力资源管理论坛：2021.5.15～16日，安徽大学，主题为"应变局·迎挑战·促发展：后疫情时期中国人力资源管理的转型与变革"。这次会议线下有250人参加；线上有近50万人收看论坛在"光明网"的直播。

大会主席赵曙明在第九届中国人力资源管理论坛上致辞

第十届中国人力资源管理论坛将于2022年在华侨大学举办。

中国人力资源管理论坛的宗旨是：搭建中国人力资源管理学者和业界人士的高水平学术交流平台，深入总结中国人力资源管理的实践经验与理论创新成果，系统推进人力资源管理学科的学术研究，助力中国企业人力资源管理实践发出中国声音、讲好中国故事和贡献中国力量。

经过九届论坛的持续举行，论坛形成了鲜明的特色，主要体现在以下几方面。

第一，论坛主题与时俱进。中国人力资源管理论坛始终紧扣时代脉搏，历届论坛主题均反映了当下的时代热点与关切点，聚焦于"转型期""全球化""新常态""多元文化"和"后疫情"等时代热词，围绕中国人力资源管理的机遇、挑战、创新、变革和路径等开展深入探讨。

第二，论坛形式丰富多样。在不断倾听参会者需求的基础上，中国人力资源管理论坛涵盖了大会主题报告、分论坛交流、学科建设论坛、青年学者论坛、研究方法工作坊、基金申报分享交流和"当教授遇上企业家"尖峰对话等丰富多彩的形式，满足了不同参会群体的多元需求。

第三，论坛扎根实践沃土。随着我国国际影响力的不断增强，越来越多中国企业走出国门，在与国际市场的碰撞中进行管理实践的创新和发展。一方面，中国企业的国际化带来了更多人力资源管理问题的碰撞；另一方面，一些中国企业探索出的经验和教训值得总结和反思。中国人力资源管理论坛始终倡导扎根实践沃土，基于中国企业的独特人力资源实践开展深度研究，从而通过促进管理者对实践活动及其逻辑的理解，影响或指导他们开展管理工作。

第四，论坛推进理论创新。"VUCA"时代的易变性、不确定性、复杂性和模糊性的特点使得组织不得不发生改变，转而构建无边界、共享平台、生态系统的新组织形式。组织形式的改变使得人力资源管理面临着前所未有的挑战，人和组织的关系也在变化中不断被重构。中国人力资源管理论坛始终倡导推进理论创新，倡导人力资源管理研究的原创性、本土化，倡导方法论的多元化，历届论坛的学术交流涵盖了人力资源管理实践、中国情境的组织行为与人力资源管理、新兴组织管理与人力资源管理、创造力与创新、员工积极行为、员工负面行为、领导者特质、创业者与员工沟通、工作绩效、领导力与组织绩效、新员工与员工发展、团队绩效等多个方面，有效推动了人力资源管理和组织行为研究的理论创新。

从第八届论坛开始，为顺应新时代中国经济和社会的深化变革与发展趋势，加强国内人力资源管理和组织行为研究领域学者间的沟通与合作，推进中国人力资源管理研究和实践的发展进程，我设立了"曙明论文奖"，以鼓励和奖励中国人力资源管理和组织行为研究领域的优秀成果，培养青年后备人才队伍，更好地探索具有中国特色的学术创新之路。

为确保公平、公开、有效开展"曙明论文奖"的评选工作，中国人力资源管理论坛"曙明论文奖"评审组织委员会从总则、评奖范围、评奖标准、评选流程、奖励和推荐刊发、评审准则、附则七个方面制定了中国人力资源管理论坛"曙明论文奖"评选章程。

基于章程，通过严格评审，首届"曙明论文奖"产生一等奖1篇，二等奖6篇，三等奖18篇；第二届"曙明论文奖"产生一等奖1篇，二等奖6篇，三等奖13篇，优秀奖20篇。"曙明论文奖"的设立，对推动中国人力资源管理的理论研究起到了重要作用。

现如今，中国人力资源管理论坛已经成为中国人力资源管理和组织行为领域具有鲜明特色的学术交流重要平台，影响力不断增强，主要体现在以下几方面。

第一，论坛参会人数持续增加。从第一届论坛60余人参加，到第八届论坛吸引了来自全国各地百余所单位的700余名高校代表、企业代表和专家学者参与，论坛首次在主会场开启了直播模式，参与直播的会场外各界人士超过了6000人次，参会人数大幅增加。第九届论坛由于受疫情防控的限制，350余名专家学者、企业代表和各界人士齐聚线下，共享学术盛会；同时，超过50万人次在线参加会议或收看会议回放，参会人数再创新高。

第二，论坛投稿数量和质量持续提升。从第一届论坛的几十篇投稿论文，到第八届论坛突破350篇投稿，再到第九届论坛突破400篇投稿，论坛投稿数量不断创造新高；更为重要的是，论文的质量在研究选题、研究设计、数据收集、研究分析和研究贡献等方面都有显著提升。特别是从第八届论坛首次设立"曙明论文奖"以来，高质量论文呈持续涌现的态势。

第三，论坛主办地的范围不断扩展。从天津、武汉、南京，到广州、长沙、澳门，再到沈阳、合肥，中国人力资源管理论坛跨越了大半个中国，已经成为中国人力资源管理领域的一张名片和人力资源管理研究者展现学术才能的舞台。随着主办地范围的不断扩展，人力资源管理研究者和实践者的凝聚力也越来越强，现已成为我国管理学领域，特别是人力资源管理领域的一个学术盛会。

第四，论坛的人才培养效果逐渐展现。在过去的10年里（由于疫情，2020年论坛停办一年），在老一辈人力资源管理专家、学者的引领和带动下，中国人力资源管理论坛见证了一批青年学者和研究生的成长，有的学者在参加第一届论坛时还是青涩的博士生，现如今已经成了人力资源管理研究领域的中坚力量，而论坛也已成为中国人力资源管理领域"传、帮、带"的重要载体。

赵曙明教授在第九届中国人力资源管理论坛上做主题报告

◎附

中国人力资源管理论坛学术委员会

主　席：赵曙明（南京大学人文社科资深教授、商学院名誉院长、行知书院院长、博士生导师）

副主席：刘　洪（南京大学商学院党委书记、教授、博士生导师）
　　　　龙立荣（华中科技大学管理学院教授、博士生导师）

秘书长：张正堂（南京大学商学院人力资源管理学系主任、教授、博士生导师）

委　员（以姓氏拼音字母为序）：

曹大友、晁罡、陈春花、陈国权、陈红、陈万思、程德俊、崔勋、杜旌、杜鹏程、付景涛、顾琴轩、韩平、韩翼、贺伟、胡恩华、胡君辰、黄炽森、惠青山、贾建锋、蒋春燕、蒋建武、井润田、李超平、李锡元、李绪红、李燕萍、廖建桥、刘冰、刘嫦娥、刘军、刘善仕、刘昕、刘泽双、刘智强、刘燕、罗瑾琏、吕鸿江、马跃如、潘静洲、施俊琦、苏中兴、孙立云、孙新波、唐春勇、唐宁玉、王辉、王重鸣、武立东、吴建祖、吴文华、谢小云、颜爱民、颜士梅、杨百寅、杨春江、杨东涛、杨斌、姚小涛、姚艳虹、叶江峰、于桂兰、袁庆宏、占小军、张光磊、张捷、章凯、张莉、张勇、张志明、赵新元、朱飞。

创办《人力资源管理评论》刊物

近年来，我国人力资源管理学科和学术研究发展迅速。从事人力资源管理研究的人员数量逐步增加，研究水平也逐步得到提高。此时，我们迫切需要一本展现学者研究成果、联结海内外人力资源管理学界且与国际惯例接轨的学术杂志。基于此，我和张正堂教授于2010年正式创办《人力资源管理评论》杂志（由经济管理出版社出版发行），致力把本刊办成国内最权威、国际有一定影响力的人力资源管理专业领域学术刊物，推动海内外的人力资源管理学术研究及学术交流，为人力资源管理学者提供沟通、交流和研究成果发表的平台。创刊11年之际，本刊入选为CSSCI（2021—2022）收录集刊。

2020年1月刊《人力资源管理评论》封面

目前，《人力资源管理评论》关注人力资源管理的各个研究领域，主要包括组织行为学、应用心理学等和人力资源管理结合较为紧密的学术研究成果。我们倡导严谨的学术作风,鼓励采用与国际学术惯例接轨的、规范的管理学研究方法。特别鼓励瞄准人力资源管理学科前沿科学问题的基础研究和应用基础研究,重视理论创新和新知识发现与创造的研究,重视通过实证分析、案例研究与现场观察实验研究相结合的科学积累与发现的研究,重视从中国管理实践中凝练科学问题,开展有潜在社会应用价值的研究。

除了牵头组织这些重大活动外,我很大一部分时间也用在了世界各地的讲学上。我除了曾兼任过澳门科技大学研究生院院长外,也担任美国南加州大学、美国克莱蒙特研究生大学、美国密苏里大学等世界知名大学的兼职教授,在美国、加拿大、日本、韩国、英国、德国、爱尔兰、荷兰、澳大利亚、新西兰及新加坡等世界各地传授管理知识。

赴我国台湾地区参加南京大学原党委书记洪银兴组织的南京大学台湾周活动,与两岸 EMBA 企业家合影

除了与国内外管理学者经常交流外,我还经常到企业调研,和他们讨论企业管理、企业国际化经营和企业人力资源管理问题,把管理理论与企业实践相结合。此外,我还和一些政府官员联系,共同研究地方政府对企业发展的政策。

思谋会企业家

思谋会企业家南下学习

2014年12月9~12日，江苏省酒业、食品、医药、化工、科技等各行业近20位知名企业家代表，在我和思谋会的组织带领下南下广东，考察访问腾讯、华为、广汽集团、美的集团、文一集团、斗记茶业、泰威电子等著名企业。

考察团代表包括洋河集团董事长张雨柏、圣和药业董事长王勇、苏交科集团股份有限公司副董事长王军华、江苏环太集团董事长王禄宝、中鹏新材料董事长封其立、江苏金智科技董事长徐兵、南通康桥董事长陆建军、扬子江药业副董事长徐浩宇、江苏黑松林粘合剂厂有限公司董事长刘鹏凯等知名企业家。在广东的四天内，在腾讯、华为等企业，大家听得最多的关键词之一是"创新"。

在腾讯总部大楼二层的展示大厅里，巨型LED屏幕上模拟群星闪烁的"腾讯星云"格外显眼，这里显示的是QQ在全国各地的同时在线情况，每秒钟的上下线人数都以万为单位在变化，让人不得不折服网络时代的巨大威力。据介绍，腾讯星云的创意来自用户研究与体验设计部。"每个部门、每个人，无论想做什么，只要创意有价值，就可以变成现实。这是一个完全开放的创新机制，并不体现在规定和绩效考核当中，而是一种潜移默化地影响所有人的创新文化。"

在广汽集团，焊装车间采用的是全球车身生产线（GBL），数百台机器人的"加盟"，使得该车间自动化程度达到50%以上。但企业家们一致认为，机器再先进，也不能忽略人的重要作用。据广汽集团负责人介绍，他们构建了良好的薪酬福利体系、人才培养体制和晋升体制。企业结合CPI增长率，每年进行两次工资普调并提高员工住房公积金比率，还设立了以职位晋升和资格晋级为核心的"双通道"员工职业发展资格体系。

美的集团拥有13万名员工，在海内外共建有20多个生产基地，并在全球设有60多个海外分支机构，销售额突破千亿。面对如此庞大的机构，2012

年 8 月正式接棒集团董事长的方洪波博士坦承,所谓的"大企业病"一定是难免的。但方洪波表示,美的转型升级,必须腾笼换鸟,最大的改变就是实施了"一个美的,一个标准"。层级的扁平化也很重要,美的集团陆续砍掉了很多管理层级,强调管理层与员工平等。方洪波上任不久就取消了高管专用电梯和高管专用食堂。

江苏企业家考察团在深圳期间,时任广东省委常委、深圳市委书记的王荣专门会见了代表团全体成员,他说:"江苏与广东均位于中国最为发达的省份之列,苏粤两地的企业家相互交流意义重大。苏商善于审时度势、精细作业,富有商业智慧;粤商勤劳、低调,对新趋势反应灵敏。在经济发展新常态的趋势下,两地企业家应加强交流与合作,创造、创新,共同为打造新的增长点而努力。"

通过这次考察,我认为,改革和创新是主动应对新常态下挑战的最有力法宝。这就要求企业家必须具备知识、见识、胆识和共识,做到"四识"齐备。首先,要掌握知识,加强学习,了解科学的管理方法;其次,要有见识,兼收并蓄,善于吸取他山之石,这样才能在面对复杂的经营环境时,保持一份开放心态;再次,要具备胆识,敢为天下先、敢于开拓、敢于创新;最后,企业家还要学会寻求共识,科学决策,要具有协作意识。

走进海尔:从成功的企业到时代的企业,企业如何实现商业模式的创新

2016 年 7 月 3 日,在我的带领下,思谋会核心会员共聚"世界帆船之都"青岛,参与了 2016 年中国管理学青年论坛暨第三届海尔商业模式创新全球论坛。

此次论坛以"颠覆与重组:共创、共享、共治"为主题,吸引了业界多方知名专家人士及与会人员,具体包括:苏交科集团股份有限公司总裁王军华、大全集团总裁徐翔、江苏环太集团董事长王禄宝、中鹏新材料公司董事长封其立、菲尼克斯(中国)投资有限公司总经理顾建党、江苏秀峰投资置业有限公司董事长刘东兵、南通康桥公司董事长陆建军、久康云健康科技股份有限公司董事长朱亚东、江苏金茂创业投资有限公司总裁张敏、慈铭健康体检管理集团

南京公司总裁冉玉红、东大智能公司董事长王向宏、新浪江苏公司董事长杨建良、大唐国际商旅服务管理有限公司全球销售高级副总裁黄亮等。

在这场颇负盛名的论坛活动中，思谋会参访团队获益良多，不仅聆听了海尔集团董事局主席、CEO 张瑞敏先生关于海尔在互联网时代颠覆和重组的思路及方法，而且实地参观了海尔空调胶州互联工厂，并参与了由知名学者、创客和企业家主导的圆桌论坛。

当下"中国制造 2025"已拉开大幕，作为先行先试排头兵，海尔空调胶州互联工厂以模块化立体布局设计，同时贯穿以先进的信息化系统，全工序以用户订单信息驱动互联，全过程透明化、无缝化、可视化，真正实现了虚拟制造与实体制造的有效

思谋会企业家参观海尔空调胶州互联工厂

结合，堪称工业 4.0 典范。在参观过程中，思谋会的企业家们充分感受到了该厂有别于传统工厂的三大核心亮点，并进行了热烈的讨论。一是该工厂真正实现了"用户信息直达工厂"的架构理念；二是完美融合了大规模定制和个性化定制；三是充分依托模块化＋大数据互联云平台为互联工厂提供了保障。

本次论坛上，海尔集团董事局主席、CEO 张瑞敏发表了主题演讲，分享了海尔在互联网时代颠覆与重组的思路和方法。他提出，海尔的"人单合一"双赢模式是海尔应对互联网时代的浪潮冲击而做出的创新性企业模式变革。所谓"人单合一"，不是简单的订单与负责人相关联，而是真正将德鲁克关于"顾客是企业存在的依据"观点的具体落地，因此，这里的"人"指的是认同海尔理念的所有人，"单"指的是市场的用户需求。同时张首席还提到，在具体变革过程中，海尔主要从组织结构、雇用模式和绩效考核三方面入手，为"人单合一"的落实提供实际的组织支持。张首席的演讲深入浅出，给与会人员提供了新时代下企业变革的新思路。

思谋会企业家参加海尔论坛并与张瑞敏首席合影

在圆桌论坛上,针对海尔"人单合一"的创新模式,我与海尔两位创客代表展开了全面深入的对话和讨论。我从人力资源管理的视角出发,对人单合一模式在雇用模式和绩效考核等方面的问题发表了见解,给到场的青年管理学者和企业家带来了很多启发。此外,会上上海东方传媒集团有限公司前副总裁、第一财经传媒有限公司总经理、《第一财经日报》总编辑秦朔博士风趣又犀利的主持也为本次对话活动增添了诸多色彩。

赵曙明教授参加海尔论坛对话

思谋会企业家对话企业界传奇人物褚时健先生

2017年11月24日,在我和苏酒集团董事局主席、思谋会主席张雨柏先生,以及大全集团总裁、思谋会常务副主席徐翔先生的带领下,思谋会30多位企业家赴云南玉溪,对话企业界传奇人物褚时健先生,聆听褚时健先生在经营褚橙上的经验和心得及其对人生的所思所悟。

褚时健,云南红塔集团有限公司、玉溪红塔烟草有限责任公司原董事长,褚橙创始人。他先后经历了两次成功的创业,被誉为"中国烟草大王"。85岁的褚时健通过电商售卖种植的褚橙,因品质优良,经常销售一空,他因此成为"中国橙王"。

思谋会企业家与褚时健先生对话后合影

一、跌得越低,反弹力越大

谈到再次创业,褚时健先生说道:"从习惯上来说,我闲不住,在我70多岁的时候,我想我还能再活10到30年,要怎么打发时间,总得找件有意义的事情做;困难多,做得好一点,信心就大一点,只有这样走,一步一步来。比如种橙子,只要一公斤能赚一分钱,上万吨就能赚得多了。你若心急,就做不成。"

很多人说,褚时健先生种橙子是"触底反弹",跌得越低,反弹力就越大。确实,种橙子的人不少,但到今天仍然可以说,要像这样种好上千亩橙子的人还真不多见。有的人去褚橙庄园看了一次,回去就开了八九万亩的新果园。但是,在褚时健先生看来,基础没打好,后面要吃亏。

万科前董事长王石此前说过:"橙子挂果要6年,褚老那时已经快75岁了。想象一下,一个年近75岁的老人,戴着一个大墨镜,穿着破圆领衫,兴致勃勃地跟我谈论橙子挂果是什么情景。虽然他境况不佳，但他作为企业家的胸怀呼之欲出。我当时就想，如果我遇到他那样的挫折、到了他那个年纪，我会想什么？我知道，我一定不会像他那样勇敢。"

衡量一个人成功的标准，不是看这个人站在顶峰的时候，而是看这个人从顶峰跌落谷底之后的反弹力。从打造红塔集团，到因经济问题曾跌至谷底，"中国烟草大王"褚时健先生携妻种橙，让世上多了一种叫"褚橙"的水果，也让自己再次成了传奇。

二、"褚橙"的成功

"褚橙"的成功，也许是褚时健先生本人的人脉、资源、名气等因素的加成，但"褚橙"能发展得如此成功，最本质的原因还是褚时健先生善于将他的企业家管理能力运用到褚橙庄园的经营之中。

褚时健先生对于果园的经营非常舍得投入，足球场大小的水池以及庞大的引水工程就花了近千万元。但正是因为如此扎实的农业基础，才让褚橙庄园即使在持续高温的考验下，也能保持和往年一样甚至更高的产量。

这些年，褚时健先生依然坚持下地，实地调研，严格管理。借助外来资本，对种植业进行大规模投入、标准化生产，这才保障了产品品质始终维持在一定标准之上。同时，褚时健先生在经营上积极采取激励措施，他将果园的利益与农民的利益牢牢地捆绑在一起。褚时健先生与农民打交道数十年，有着丰富的经验，能够准确把握农民的心态。

谈到企业家精神，褚时健先生说道："企业家做事就是要多想、多做，并且要乐在其中。一般人遇到一些问题，通常想得很少，但企业家就需要把问题真正想通、想透，否则就做不成功。"在褚时健先生身上，企业家的素质体现得淋漓尽致：直面残酷的现实并且击败它。

日本之旅

2018年11月17~22日，思谋会企业家相聚日本，开展为期6天的游学之旅。企业家们先后抵达福冈、京都、东京三个城市，参访朝日啤酒、一兰拉面、京瓷集团、丸和运输等日本著名企业,并与日本当地企业家和高管交流,学习日本企业独特的管理方式与经营理念。此次,思谋会企业家们不仅切身感受到日本优良的企业技术创新环境,更深度体验了原汁原味的日本精益文化,相信通过走进日本知名企业学习,可以汲取相关成功经验,助力中国企业更好更快地发展。

我们此行去到稻盛和夫创办的京瓷公司。京瓷株式会社成立于1959年4月1日,京瓷LOGO的第一个字母"K"环起了陶瓷这一英文的第一个字母"C",它由象征追求更广阔的领域、展翅面向未来的企业商标和企业标识构成。1982年10月,公司名由"京都陶瓷株式会社"变更为"京瓷株式会社",此后便启用这一标识,并选择了富有热情和挑战意味的红色作为象征性标记的颜色。京瓷开创了以哲学理念办企业的先河,京瓷的成功也得益于创始人稻盛和夫创立的以"爱人""利他"的"京瓷哲学"为核心的企业文化。"京瓷哲学"在京瓷创始人稻盛和夫创建的基础上,由西口泰夫继承、发扬,按照新的时代要求归纳、提炼有关企业经营的哲学理念。"京瓷哲学"在今天的京瓷仍然保持着生命力,人们尊重并不断发展这种文化理念。注重以自己的经营实践为基础,不断地从中提炼出京瓷所依循的经营理念,最后归结为一套明确的思想,这种思想结晶就是"京瓷哲学"。

年轻企业家的学习会——"盛和塾"目前汇聚了超过13 000名经营者。1983年,盛和塾起源于京都年轻一代企业家们"希望稻盛教教我们什么是经营"的热切愿望。最初,只有稻盛和夫和少数人参加,但学员们认为应该为更多人提供这样的机会,因此开始自发地展开活动,盛和塾的圈子不断扩大。开塾后经过30余年岁月流转,截至2018年9月,盛和塾的规模已经扩大到在日本有56家分塾,在国

思谋会企业家在日本东京京瓷公司考察学习

外有 44 家分塾。

稻盛和夫的经营哲学主要分三个方面，分别是六项精进、经营十二条、经营为什么需要哲学。这是从事企业经营的企业家们必须要遵守的圭臬。其中，"六项精进"是搞好企业经营所必需的最基本条件，也是度过美好人生必须遵守的最基本条件。《经营十二条》是其经营哲学经典著作之一，主要包括：①明确事业的目的与意义；②设立具体的目标；③胸怀强烈的愿望；④付出不亚于任何人的努力；⑤销售最大化、经费最小化；⑥定价即经营；⑦经营取决于坚强的意志；⑧燃烧的斗魂；⑨临事有勇；⑩不断从事创造性的工作；⑪以关怀之心，诚实处事；⑫保持乐观向上的态度。这是稻盛和夫先生对自己的经营实践进行深入思考的产物，也是稻盛先生创建两家世界500强企业的行动纲领，它揭示了企业经营的规律，遵照它，经营就能成功；违背它，经营难免失败。《经营为什么需要哲学》浓缩了稻盛和夫"敬天爱人"的精髓，认为正确的哲学是企业永续经营的灵魂，企业家所持有的观点决定了企业的成败。

到福耀玻璃集团学习并与曹德旺董事长交流

2021年5月18日我和思谋会的江苏企业家到福耀玻璃工业集团股份有限公司学习，该公司成立于1987年，总部位于福建省福州福清市。曹德旺先生1946年出生于福建福清，是福耀集团的创始人、董事长，也是中国企业界的传奇人物。

走进福耀集团产品展示厅，宛如走进一个多彩的汽车玻璃世界：防晒节能的镀膜热反射玻璃、可以在透明与不透明之间随意切换的调光玻璃、能接收无线电波的镀膜天线前挡玻璃、能自动加热除霜去雾的夹丝玻璃……这既是成就福耀实力与荣耀的保证，也是支撑福耀挺立潮头的动力所在。

一、关于慈善和企业家精神

在座谈交流中，企业家们围绕未来的企业转型升级、人工智能在企业方面上能否更优化、做慈善的最终目的，并结合企业未来的发展和存在的问题展开了交流。曹董认为，做慈善不单单是捐钱，而是一种修行；不仅仅是捐赠，更要对社会有意义，量力而为、尽心尽力就可以了。慈善的最终目的不是捐钱而是促进社会稳定。企业家必须要培养一种"信"，这种"信"是相信和自信。自信的培养要建立在学会相信的基础上。而自信又体现在了企业的素质，企业家的愿景、高度、境界和情怀上。与此同时，曹董自己的行为准绳是"敬天爱人"。"敬天"就是遵纪守法，尊重你所在地地方政府的管理；"爱人"就是要爱所有的客户，包括所有的员工，都要跟他们处理好关系。

2021年5月18日赵曙明与曹德旺先生合影

二、关于人才培养

"把员工当作自己的孩子来培养"，这是曹德旺常挂在嘴边的话，也是福耀治企理念之一。无论是创新还是管理，都需要通过人来实现。近期曹董出资100亿筹建理工类科技型大学。学校性质为共同探索新型公办大学办学模式；办学发展思路上，基金会提出按照"高水平、小规模、应用型、国际化、市场化"的办学理念兴办理工类科技型大学。创办"福耀科技大学"的目的在于为我国实体经济、先进制造业培养应用型、技术技能型人才，此类人才的培养直接关乎我国实体经济发展，关乎国家安全命脉。未来，"福耀科技大学"要面向世界汇聚一流人才，充分借鉴和引进欧美、日韩等世界发达国家高校的先进办学理念和教学经验，在世界前沿技术型院校中招聘师资，致力培养出具有国际化视野、工匠精神及创新管理能力的高素质应用型、技术技能型人才，成为中国新时代高校工程师的摇篮。

三、关于数字化

曹董是一位典型的实干型企业家,他认为实业才是国家的根本。相较于其他企业,福耀的发展有一个很大的特色,就是专业、专注。未来的企业转型升级要靠高科技电子产品,而做玻璃是一种很传统的制造业,因为玻璃是个绝缘体,要做好需要有很深的学问,但是总得有人去做,如果没有传统产业的支持,很多所谓的高端产业根本就做不起来。在这样的大背景下,想要国家延续发展,就只能自己去多做点,实干兴邦。然而社会人才短缺,企业更要把电子信息管理控制用在装备上,进一步推动它的智能化。只有这样,才能降低生产成本,提高生产效率。在中国做企业最重要的是为君之道,举贤荐能。真正多元化的企业成功做到专业化是非常重要的。

思谋会企业家与曹德旺先生合影

时间管理是第一要务

很多人都会问,在繁忙的事务中,我是如何平衡处理各种事务的。

要回答这个问题,首先还是要感谢德鲁克先生,他的《卓有成效的管理者》给出了解答。德鲁克先生曾指出,时间管理是管理者卓有成效的第一要务。他曾举了一个有趣的实例。当问及一位董事长他平日的时间是怎么花费的时,这位董事长十分肯定地说,1/3 用于与公司高管人员研讨业务,1/3 用于接待重要客户,1/3 用于参加各种社会活动。但等实际记录了 6 周后,结果发现在上述三个方面,他几乎没花什么时间。那只不过是他认为"应该"花时间的工作而已。

实际上,他的时间花在处理他自己认识的客户的订单,打电话给工厂催货,处理人际的摩擦上。当秘书把记录递给他看时,他简直一点儿都不相信。

这个故事对于我们每一位管理者都有重要的启示意义。在平衡处理各种事物的时候,有三个要点:①记录自己的时间花在哪里。②有系统地进行时间管理。先将无效的和浪费时间的活动找出来,尽可能把它们排除掉。在现实中,高级主管无论怎样删除浪费时间的活动,其真正能自由运用的时间大概只有总时间的 1/4。而且,职位越高,组织越大,自由时间越少。③集中自己的自由时间。

总的来看,"认识和管理自己的时间"是任何人只要愿意就能做到的,对管理者而言,它是一项持续的但非常有价值的实践。在具体的工作当中,我认为:首先,应把主要的时间和精力用于处理最为重要、最为紧急的事情;其次,在处理公务的时候,充分相信助手或者同事,给他们以信心和支持。顾此失彼的感觉难免会出现,但只要保有乐观平和的心态,困难的形势就终归会过去,一切将回归正轨。

许多管理者都意识到了哪些事情会浪费他们的时间,然而他们却不敢面对这个问题。他们怕因小失大,酿成错误。德鲁克先生认为,事实上,一位管理者大刀阔斧减少不必要的工作,绝不会有太大的风险。迟疑不决的原因,是人们总有一种倾向:高估自己地位的重要性,认为许多事非事必躬亲不可。

总而言之,时间是最为稀有的资源。若不将时间管理好,要想管理好其他事情,就只能是空谈。而分析自己的时间,也是系统地分析自己的工作、鉴别工作重要性的一种方法。德鲁克先生这样告诫我们:"认识你自己。"这句充满智慧的哲言,对我们一般人来说,真是太难理解了。可是,"认识你的时间"

却是任何人只要肯做就能做到的，这是通向成功和有效性的必经之路。

那么，管理者要如何有效地处理生活与工作的平衡，尤其是如何高效地开展工作呢？在这里，我向大家推荐另一本值得翻阅的书——《高效能人士的七个习惯》。它是一本浅显易懂的商业畅销书，作者是史蒂芬·柯维。他认为高效能人士必须养成7个习惯，它们分别是：积极主动、以终为始、要事第一、双赢思维、知彼解己、统合综效、不断更新。这本著作中的许多观点都对日常管理、时间管理有重要的参考意义。

我们如何在生活、工作、学习和家庭中实现平衡？我们如何应对这些冲突和责任？这些问题越来越受到人们的重视，对人力资源管理方面的从业者来说，这也是一次自我发展的机会。在商业世界中，当企业致力降低成本时，人力资源管理从业者必须理解工作和生活平衡的关键问题，并且成为工作和生活平衡制度的倡导者。具备提前思考能力的人力资源管理者要求以创新的方法来提高企业竞争优势，从而会发现支持工作和生活平衡的措施能实现组织和员工"双赢"。

同样，对我们个人生活而言，认识到工作与生活的平衡的必要性并且照顾好自己也是非常重要的。

请牢记，工作与生活的平衡不是静态的，而是一个动态的过程。平衡也意味着我们不要努力追求每件事情。我们应该审视哪些事应该优先完成，并且为之设定边界，同时应该知道哪些事情我们能够做到，而哪些不能。只有我们自己才能实现生活的和谐。

许多人叫我"工作狂"。作为中国大学商学院的院长，要实现教学、研究、社会服务、学院管理以及家庭生活的平衡的确很难。正如我们所知，"说来容易做来难"。但我也清楚，在事业道路上保持身体健康并且实现成就的努力永远不会晚。

第 4 章

用心做人

  我所从事的专业是人力资源管理与开发,我始终将人视为企业最核心的资源,因而也最重视人的品行。我从指导研究生学习开始,每一届新生入学,不论是硕士研究生还是博士研究生,我给他们上的第一课总是做人的道理。我反复向我的学生强调:"做人比做学问更重要,学问做不好可以转行,做人有问题就没救了。"

我认为，作为教师，首先要做学生人生的导师，没有比指导学生如何做人更有意义的事情了。一个人的成长过程就是解放思想、释放能量的过程。不管是我个人的成长，还是指导学生的成长，我都认为解放思想、释放个人潜能至关重要。我不是一个多么了不起的人，没有什么丰功伟绩。不过，我拥有坚定的目标、持续的动力、踏实的作风，而且能够做到朝着要去的方向，坚定不移地走下去。

如若一个人每天都有充实的感觉，因自己的存在而丰富他人的生命，我想这也算有意义的人生吧。

做学问，先做人

我一直信守的人生信条就是：做学问，先做人。

一直以来，我主张学会做人（learn to be），学会做事（learn to do），学会学习（learn to learn）。因为从事人力资源管理与开发工作的缘故，我最重视人的品行。"做事先做人"，这是一个简单的道理，也是一个永恒的道理。在古代，中国就有"德比才重"的用人理念。所以，如果问我的人生准则，我就一句话："用心做人"，同时这也是我的管理准则。无论是做学问还是做其他任何事情，我都坚持这个准则。人力资源管理其实和教人如何做人是触类旁通的。人力资源管理的演变，其实就是从"把人作为一种资源"到"把人作为一种资本"的演变，现在一些知识密集型组织已经把人才作为一种"资产"。把人才作为资产，从功能来看，资产广义的概念包含资本、资源、有经济价值与非经济价值，可分为有形与无形资产；从特色来看，在当前知识经济时代与我国经济转型时期，知识更重要，而掌握知识的人才是组织最重要的资产；从观念认知角度看，资产除了可以为组织创造价值外，其本身还会增值。

我认为，一切学问皆来源于生活，学问是生活中最精彩也是最精华部分的总结与提炼。学会做人，用心去体验生活，生活就会向我们敞开大门。相反，一味地纵容自己、忽视他人、憎恶社会、破坏自然是不可能从生活中做出学问来的，因为此时的生活失去了任何色彩。做人，在我看来，唯一有效的途径在于实践；而做学问，最终的目的是将学问用于实践。南宋诗人陆游在《冬夜读书示子聿》中曾说过："纸上得来终觉浅，绝知此事要躬行。"他特别强调了做学问不能满足于书本上的东西，要成为一个有学问的人，还必须躬行实践，只有这样才能把书本上的知识变成自己的实际本领，成为一个对社会有用的人。

做人的核心是"诚信"。诚信就是要"内诚于心""外信于人"。诚信是一个人安身立命、成就事业的根本，是一个人为人处世应有的基本态度。我国古代教育家、思想家孔子就曾反复告诫弟子："人而无信，不知其可也。大车无輗，小车无軏，其何以行之哉？"这就是说，人如果缺少诚信的品质，就如同车子缺少了輗軏①一样，寸步难行。诚信对于做学问也具有特别重要的意义。

学术界出现的学术剽窃事件，其实与诚信和做人都有一定关系。从我国各种媒体报道看，从高科技产品、电脑软件、图案设计到论文、出版图书，都曾出现过剽窃他人研究成果的现象，令人痛心疾首。在美国，学生所学的一个重要技能就是如何适当引用别人的观点，怎样将别人的观点用来论证自己的观点，怎样引用原作者的原文，怎样用自己的语言转述他人的观点，怎样标出引文出处和开列参考文献。事实上，从美国的中学开始，他们就学习怎样写研究报告和如何使用他人的研究成果了。我想，学术诚信是学界的基本操守，应被学者和学生视作学术生命。

著名的领导学专家、美国南加州大学马歇尔商学院教授沃伦·本尼斯（Warren G. Bennis）博士指出，杰出的领导者有三个共同特点：雄心、能力和诚实，这三点缺一不可，而诚实尤为重要。没有诚实，雄心和能力最终将把领导者本身和组织引向危险之中。

2011年3月底，我带南京大学商学院EMBA学生到美国西点军校参加领导力培训时，西点军校的教官肖恩·汉纳（Sean T. Hannah）上校说："能力与

---

① 輗軏指车辕与车衡连接处插上的销子。

品格是成功必备的两个方面。西点军校的训练不仅注重能力（技能、智能和体能），而且也十分注重品格（道德、社会能力、精神修养）。"

我于2011年4月1日和2017年4月7日两次带江苏企业家和EMBA学生到美国奥马哈城参加巴菲特对话时，巴菲特也说，如果一个公司的CEO不具备有责任心、有毅力和勤奋这三项品质，他无论如何也不会投资这家公司。巴菲特每天都抽出大量的时间阅读一些与上市公司CEO相关的刊物，了解公司CEO的性格、诚信水平和管理理念。

带EMBA学员到西点军校受训，赵曙明教授与教官汉纳上校合影

巴菲特先生对话江苏MBA/EMBA企业家代表团

当地时间2017年4月7日上午10点，作为唯一受邀的中国团队，来自思谋会的10多位江苏MBA/EMBA代表在我的带领下，在位于美国中北部小城奥马哈的Anthony's Steakhouse内与投资大师、87岁高龄的股神沃伦·巴菲特对话交流，并同桌共进午餐。

参加这次对话活动的企业家分别来自苏交科、大全集团、光大银行镇江分行、环太集团、双登集团、黑松林粘合剂厂、金茂投资、科力普汽车部件、中鹏新材料、国泰君安、羲和太阳能、江苏和睦家投资、上海合众思壮科技等公司。这也是我第二次率团远赴奥马哈与股神交流。面对来自中国的老朋友，巴菲特先生倍感亲切，毫无保留地与大家分享自己的人生经验、投资理念及对国际经济形势的理解。

巴菲特先生与思谋会企业家代表团合影

谈投资：如同婚姻，长相厮守

巴菲特风趣地告诉与会者，投资如同婚姻，你与谁结婚是你一生中最重要的决定。他强调投资要知道自己的能力范围。

巴菲特说，投资主要是把资金投出去，然后获得更多的资金，简单来说，就是获得更多的购买力。每次做投资之前，他要问自己几个问题：树丛里有多少只鸟？这些鸟离我有多远？对于其他的树丛和其他的鸟我有什么选择？巴菲特反复强调"复利"的重要性，在管理伯克希尔－哈撒韦公司的50多年里，他正是通过复利让其市值成长了4万倍，用时间书写了传奇。

关于"普通的投资人如何获得成功"，巴菲特认为，投资人对于股票涨跌的平常心非常重要："若你不打算持有某只股票达十年，则十分钟也不要持有。"

谈人工智能：挑战与改变一直存在

如今，人工智能已经深入生活的每一个角落，例如无人驾驶汽车、自动飞机等。这些科技创业公司会不会对传统企业的股票产生冲击？

巴菲特认为，人类一直在面临挑战与改变。每一次有新的发明创造诞生，都会对国家的某些产业造成冲击，但这是一件好事。现在的孩子们一出生就会接触到上几代人发明出来的科技，这个世界也永远会向前。当然，这会让某些投资变成零，但也会创造更多的经济效益。只不过现在往往是"胜者全拿"，政府应该有所作为，引导成功者分享一部分的财富。所以我们必须欢迎改变，接受改变和创新。

谈中资海外并购：投资无国界

随着中国经济转型升级和国际竞争日益激烈，中国企业目前有很强的动机通过跨国并购尽快实现核心技术、研发设施、人力资本、品牌、消费者基础、市场渠道、管理技能等战略性资产的积累。数据显示，中国对外直接投资增长迅速，仅2016年上半年，中国企业制造业海外并购金额就达到77.27亿美元。

针对当前中国企业大量的海外并购，包括赴美购买资产的现象，巴菲特认为，投资并无国界，就像30多年前的日本并购潮，结果也没有改变美国什么，所以美国人无须恐慌、忐忑。这过程只是在纸面上做了一个产权交易。尽管当前很多资产被中国企业买走了，但为了维持这些资产，需要付出成本和代价。在这过程中，利用外来资金解决美国人的就业、促进经济增长，对大家都有好处，何乐而不为呢？

谈成功秘诀：专注聚焦，终生阅读

在三个多小时的交流中，巴菲特先生还毫无保留地透露了自己成功的秘诀，那就是：专注和阅读。

巴菲特说，专注是他人格中最重要的部分。他对自己不关心的事情一无所知，但是同样因为专注，关于商业，他的认知则超越了世界上绝大多数的人，并且能力圈在不断地扩大。而令他受益最多的事情则是读书。巴菲特至今还保持大量阅读的习惯，他也向大家分享并推荐了自己最近在读的书，分别是：《赌金者：长期资本管理公司的升腾与陨落》《聪明的投资者》（里面的第八章内容），以及《鞋狗：耐克创始人菲尔·奈特亲笔自传》。

我的又一次感想

我曾两次带队与巴菲特对话，这两次对话分别使我产生了不同的感悟。而这一次，我更清晰地感受到了他的道德修养、学习习惯、伟人风范，这使我如沐春风。

思谋会秘书长、我的女儿赵宜萱副教授也谈了她与巴菲特见面后的感受："作为一个对投资外行的人，我从没有想过能够有幸坐在巴菲特先生身旁与他畅谈人生。本次思谋会经过两年的努力，申请到了这次与巴菲特先生对话的机会。也许给我留下最深刻印象的是巴菲特先生对于人生、交友与成功的看法。人生能有几次成功与辉煌，关键是看你与谁为伍。如果你与比你成功的人成为朋友，他们会带领你去更好的方向。投资亦是如此，拥有一只股票，期待它下个早晨就上涨是十分愚蠢的。要放长线，要做长期绑定。"

2017年4月7日赵曙明教授与巴菲特先生亲切交谈

2017年4月7日赵曙明教授和女儿赵宜萱副教授与巴菲特先生共进午餐

我国之前相继发生了"毒奶粉""瘦肉精""地沟油""彩色馒头""咖啡做假账"等事件，这些恶性的食品安全事件足以表明，食品厂商存在着诚信缺失、道德滑坡的问题。

我们的疑惑是，"道德的血液"其基因来自哪里？或者说它的缺位又是因为什么？我们不妨大胆地设想，也许信仰的缺失，也是一个不可或缺的原因。

归根到底，所有公司最后的生命线也是信任问题，如同为人要正直可信一样。顾客要相信企业生产的产品正如它所宣传的那样好，投资者要相信公司的管理层是有能力的，员工要相信公司的管理者能够兑现承诺。

另外，人生要学会担当。担当就是一种责任。德鲁克先生曾说过：今天的社会有两种需要，对组织而言，需要个人为其做出贡献；对个人而言，需要把组织当成实现自己人生目标的工具。只有学会担当，才能使这两种社会需要相辅相成。

三人行，必有我师

人生路上，你可能会偶遇某位对你影响巨大的导师，我也不例外。对我而言，在美国克莱蒙特研究生大学攻读硕士和博士学位期间，著名高等教育管理专家杰克·舒斯特教授、著名的领导学专家吉恩·李

2011年4月1日赵曙明教授带江苏企业家和EMBA学生到美国奥马哈城参加巴菲特对话时与巴菲特合影

普曼-布卢门教授对我影响很大；当然，影响最大的是管理大师彼得·德鲁克教授，他的管理思想一直在影响着我。多年后，回忆当时执意回国的冲动，可以将其归结为这样一种使命感："我们那个时代，有很多选择，但不论做什么，使命感很重要，有使命感才能使自己活得更充实一些、愉快一些。"

德鲁克对我一生影响甚大，而这种影响又是多方面的。德鲁克1909年出生于奥地利，他的父亲阿道夫·德鲁克（Adolf Drucker）是奥地利公民服务组织的首席经济学家、精神分析学派的创始人，奥地利人西格蒙德·弗洛伊德（Sigmund Freud）曾给德鲁克母亲讲过精神病学课。德鲁克被尊称为现代管理学之父，那他的导师又有谁呢？从管理思想的创造与开发而言，玛丽·帕克·福列特（Mary Parker Follett）是德鲁克其中一位导师。在福列特的思想中，很简单却最核心的一条是：人是任何商业活动的核心。在大规模生产的机械力量处于巅峰状态时，福列特呼吁要让人承担更大的责任。

福列特的工作涉猎广泛，充满人文关怀，职业生涯的大部分时间花在社会工作中，这与弗雷德里克·温斯洛·泰勒（Frederick Winslow Taylor）等人形成鲜明的对比。福列特在《动态行政管理》一书中曾警告说："我们应当记住，我们永远不能将人与机械截然分开。企业中人际关系的研究与生产经营中的技

术研究密不可分。"尽管常常被忽视，但福列特的思想的确领先于她所处的时代几十年。她在20世纪第一个十年就开始讨论关于团队合作和责任的问题。福列特是名女子，在一个完全由保守的男性控制工商业界的时代，她是个自由开明的人文主义者。

在学生毕业之际，我一般会与他们分享我对终身学习、跨文化管理能力及社会责任感这三个方面问题的看法。

首先是终身学习。我们应该懂得，学习是陪伴大家一生的任务。或许人生不同阶段的学习内容不一样，但我们在任何时候都不能减慢甚至停下学习的脚步。否则，你将很快在这多变的世界里滞后。我们现在所处的时代，是以发展知识经济为基本特征的新的社会时代。在知识经济社会里，科学技术日新月异，对每个人来说，学习的重要性都被提到了前所未有的高度。无论做什么，大家都希望你能成为学习的团队、学习的组织和学习的社会中的一员，不断学习新的知识和技能，跟上科学技术飞速发展的步伐。彼得·德鲁克的时间管理思想和高效时间统筹的建议让我受益匪浅。离开学校以后，我们很难再有更多的时间集中学习，学习的时间将会很有限。如果每天都能有效地统筹好时间，那么无论何时何地，你都能有充分的时间来学习。

孔子有一句名言：三人行，必有我师焉。这句话说明，你总是可以向周围的人学习的。我希望中国古代的孔子和美国现代的德鲁克这两位智者的思想，可以在终身学习上对我们每个人都有所帮助。

自1977年以来，我已经在南京大学工作了40多年。我所指导的一些学生如今已经成为政府高级官员、知名学者、成功企业家。有一个问题我常常问他们："你们聘用职员时最重要的标准是什么？"他们的回答是学习和思考的能力。所以，对离开学校的学生而言，要继续学习，培养自己分析问题的能力和解决实际问题的能力。因此，我们在指导学生的过程中必须培养和发展学生分析性的思维能力、批判性的思维能力和创造性的思维能力，使之能够跨时空、跨领域地进行思考，并能鼓励和激励他人。这些是我成功的毕业生们所具备的素质，他们之所以成功，是因为毕业后他们还能够坚持继续学习，深思熟虑，三思而后行。

其次是跨文化管理能力。众所周知，在当今全球一体化的时代背景下，每个人都身处国际化或跨文化的环境之中。因此，跨文化管理能力——这一在不同于自己原始的文化背景下工作和生活的能力变得不可或缺。对多个跨国企业的调查表明，许多外派管理者的失败正是由于其缺乏跨文化管理的能力，不能使自己的管理方式适应当地的文化背景。如今，跨文化管理能力已经成为许多跨国企业挑选外聘管理者的核心指标之一。我希望年轻人能不断提高跨文化管理能力。只有学习他国的文化，并真正地理解、尊重他国文化，才能提高跨文化管理的能力，从而更好地适应跨文化环境。

最后是社会责任感。作为一个人，很关键的一点是要对社会富有责任感。很多人和一些媒体经常问我这样一个问题："是什么精神力量驱使您同时成为一位成功的学者、商学院院长和活跃的教授？"我回答："我并不认为我那么成功。如果说我做出了一些成绩，那是因为我有强烈的责任感和对祖国深深的爱。"在此，我要与大家分享我人生的一段经历。

1990年5月，我在美国克莱蒙特研究生大学取得高等教育和人力资源管理的博士学位后，三所美国大学向我提供了工作机会。但我觉得我需要回到祖国，把我在美国学到的知识贡献给国家，培育更多的中国学生。当时中国没有人力资源管理，甚至很少有人了解和理解人力资源管理这个词语。为了把先进的西方管理和人力资源管理理论带回中国，在美国佛罗里达大西洋大学商学院完成了博士后研究后，我和我的家人于1991年回到了中国。近30年来，我和我的团队不断耕耘、共同努力，为中国人力资源管理理论和实践的发展做出了一定贡献，受到了理论界和业界的肯定。

如今，我可以很骄傲地说，南京大学在中国人力资源管理研究方面成就斐然，研究成果和研究水平在全国高校中名列前茅。西方的人力资源管理被应用于中国后，在过去的20多年里快速广泛地被中国企业和公共部门所接受。我的梦想是建立有中国特色的人力资源管理理论体系。认识我的人都叫我"工作狂"，我认为个人的幸福感和高工作—生活质量是紧密相关的。当我能为社会有所贡献的时候，我感到十分的快乐。我总感觉到社会回馈给我的荣誉和奖赏远远多于我对社会的贡献。我常告诫我的学生：服务社会不是你的负担，而是你的荣耀和责任。我坚信贡献越多，生活就会越充实、越丰富。我以此为准则来工作和生活，也强烈地希望大家以此为未来人生的信条。

人际交往的本质

我是个幸运儿，不管在什么关口，总能获得他人的相助。高中毕业后回乡，遇到那么好的老支书，一直有意地栽培我。后来大学毕业留校，又碰到改革开放的好时代，之后学校领导又把我派到美国去学习，所以在这里我要感谢邓小平改革开放的政策，也感谢学校领导的关心。再之后在南京大学一直从事教育教学工作，整个学校学术环境严谨求实，有很深的文化底蕴，这对我都有很大的影响。在南京大学商学院做学院领导时期，我与同事、上下级关系融洽，什么事情都摆到桌面上讨论，人际关系非常和谐。另外，我和一些官员成了很好的朋友，如西藏自治区人大常委会主任洛桑江村同志。从他们身上，我看到了也学习了我们党的高级干部的政治信念、高尚的人格品德、为人民服务的观念、有效的管理能力和严格教育子女的成功经验。

赵曙明教授与时任中共西藏自治区党委副书记、西藏自治区人民政府主席洛桑江村及夫人和儿媳在一起

在担任院长期间,我与我们院党委五位书记共过事,从任广柱书记、刘厚俊教授、杨忠教授、范从来教授到张二震教授,我们党政领导班子一直很团结。我们的行政班子很强,从我担任院长起,先后与刘志彪教授、陈传明教授、裴平教授、刘洪教授、沈坤荣教授、茅宁教授、王跃堂教授、曹永菊老师、吕亚红书记等院领导、各系系主任以及各平台中心的领导合作都很融洽,这为我们共同为商学院事业打拼奠定了坚实的基础。我在商学院工作的30多年中,得到了老师们给予我的支持与帮助,以及对我工作中的不足所给予的宽容和理解。可以说,30多年来我们风雨同舟、和衷共济、着眼大局、齐心协力,我们彼此尊重、相互包容、主动沟通、增进理解。我们制定了较为完整的组织管理制度、分配制度、奖励制度;逐渐形成了"宽容、大度、尊重个性、鼓励冒尖、善待新人"的人际氛围,以及"创造商学新知,拓展学生才能,引领社会未来"的学院使命等。这些在实践中磨砺,在岁月中沉淀而自然形成的商学院文化必将成为我们薪火相传的精神财富、持续发展的重要原动力。

我在南京大学商学院院长的岗位上勤奋工作十余年,积极进取,不敢有丝毫懈怠。同时,作为一名学者,我更不敢放松学术研究,在做好行政工作的同时,努力做好教学科研工作,指导研究生工作,承担了大量的科研与社会服务工作。30多年来,我出版著作和教材20多部,在国内外重要学术期刊上发表论文400余篇,多次获取国际、国家、省、学校等不同层次的奖励。我历经副教授—教授—博士生导师—"江苏省333工程"首席科学家,同时还兼任了教育部工商管理类学科专业教学指导委员会副主任委员、国家自然科学基金委员会和国家社会科学基金委员会管理学科评审组成员、教育部科学技术委员会学部委员、教育部学风委员会委员、中国管理研究国际学会(IACMR)第三任主席、中国管理现代化研究会副理事长、中国人力资源开发研究会副会长等。

我的个人成长也是伴随着商学院的发展而不断有所进步的。2011年6月13日,我收到校党委组织部给我寄来的关于学校考核工作领导小组对我的评估：我们商学院有 125 位老师参加测评，118 位给我优秀；校领导有 18 位参加测评，16 位给我优秀。综合考核结果是优秀。我非常感谢校领导和商学院各位同人对我工作的认可，作为一名知识分子，同时作为一名为商学院服务的行政领导，我感到特别欣慰。

其实，很多事例证明，我们不可能一个人到达目的地。任何领域的成功，尤其是在商界，都与"善于与人共事，与人友好相处"脱不开干系。我的女儿赵宜萱有时会跟人提起，我给她最深刻的影响在于：认识到工作生活中最重要的是如何处理好人际关系，如何赢得他人的信任。以前我总跟她强调，只要在合法合规的范围内，能帮人则帮人，能多帮人就多帮人。你能帮助别人解决一些困难和问题，应当感觉是快乐的事情，并不一定要求人家也能够帮助你，也不要图求人家回报你什么，每个人都会遇到一些困难和问题，也许哪一天你还需要别人的帮助呢。

从某种程度上说，商业本身，你要做的并不是管理事务，而是管理关系。在我认为，真正的"关系"在于如何想办法让其他人更成功，在于努力地去"付出"而不是去"索取"。

我之所以认可这样的成功"软"技巧有两条原因。一是，与他人建立联系永远不会令人厌烦。虽然有时会很耗时间，也可能会很费精力，但是永远不会让人感到无聊。二是，一些良好的关系可以帮助你发展，因为所有人都受益于你的成长，是你所带来的价值使得人们想与你合作。当同事和组织与你一起分享你的进步时，你就会拥有很大的满足感。

不断努力为他人提供价值，同时也是在增加自己所拥有的价值。如果你不能以同样的热情把你的关系介绍给其他人的话，那么根本不可能聚集成一个关系网。你帮助的人越多，你得到的帮助也会越多，然后你就能帮助更多的人。就像互联网，使用的人越多，传播的速度越快，它才越有价值。

商业界是流动的、充满竞争性的，昨天还是助手，今天可能就成了举足轻重的人物。所以，当你明白，那些在你之下的人乐于助你前进，而不是希望你垮台的时候，你前进的道路就会容易得多。山不转水转，要善待那些暂时不如你的人。

我们生活在一个可以有"丰富选择"的时代，不论是购买商品还是职业规划，条条大路通罗马，这样多的选择机会意味着，那些难以与人相处的同事或领导是很难获得成功的。但是，人际关系网绝不是几个人握握手，弄个神秘的小圈子就能成的。每个人想要融入一个网络，都必须能带去有价值的东西才行。

知名的交际专家基思·法拉奇（Keith Ferrazzi）在分析《华盛顿邮报》女老板凯瑟琳·格雷厄姆（Katharine Graham）为何赢得世人尊敬的时候曾经说过，不论生活多么富裕满足，不论社会地位多么接近最上层，格雷厄姆从来不曾忘记把每一个人都当成朋友，这"不仅包括那些可以帮助她办报，帮助她成功的人，也包括身边所有无人知晓的人们"。

如何与他人做朋友，这正是人际交往最本质的内容。人际交往绝对不是为了扩张关系网而去扩张关系网，与人交往技巧的关键是在于去和别人做朋友。许多交际达人之所以能够得到他人的信任和尊敬，正是因为他们能够将自己的友善之心扩展到每一个人的身上，这样他们的交际圈自然而然就会变得宽广，这绝对是苦心经营换不来的。

如果我们进行认真的总结就可以发现，成功人士几乎个个平易近人，几乎每一位在本行业取得辉煌成就的成功者都很乐意把知识和经验传授给虚心求教的学生。有研究资料显示，一个人联系最多的那5个人是他的镜子，他的收入、生活态度和方式恰恰是这5个人的平均值。如果你身边都是各行各业的精英人物，你终将成为精英，反过来也一样。

有知识、见识、胆识、共识的管理者

1991年，我从美国学成回国后就提出管理者应具备"三识"，即知识、见识和胆识，后来我又加了共识，即"四识"；同时，员工要具备"三高"，即高胜任素质、高积极性和高协作性，后来我又加了高自律性，即"四高"。

我觉得年轻人应该在知识、见识、胆识和共识方面做些努力，把自己培养成为具备高胜任素质、高积极性、高协作性、高自律性的"四高"型人才。其原因在于：不同时代对管理者的要求存在差异。在工业发展初期的社会，现代知识还不够发达，有胆识与见识的创业家，就能成就一定的事业。例如台塑集团创办人王永庆、福耀玻璃集团主席曹德旺、美的集团何享健等，他们在创业初期都没有很高的学历。而在当今激烈的全球竞争和市场经济背景下，企业要立于不败之地，管理者就应该是知识丰富、有独特见识和过人胆识的人，且需要有共识，以成为一位学习型管理者和有效的管理者。具备知识、见识、胆识和共识的管理者，是转型经济下的组织应对复杂环境、实现可持续发展的重要依托。

"知识"意味着"规律"，是人们在社会实践中积累起来的经验，从本质上说属于认识的范畴。当前，经济增长动力逐步转移到了基于知识与信息的产业，知识成为和资本、土地等生产要素同等重要的稀缺资源。与此同时，各项工作的管理难度越来越大，涉及面越来越广，事业发展除了勇气，更需要智慧，需要掌握事物运行的规律。我们在共同建设美好中国的过程中，要尊重规律、敬畏规律，要从过去挑战自然规律、经济规律和社会发展规律的蛮干中吸取经验与教训。这需要我们不仅要具备广博的文化基础知识，还要有精深的专业学科知识，需要熟悉掌握并运用科学技术、公共管理、经济管理等各方面的知识，了解经济社会发展的规律，还需要拥有能够创造性地整合各种资源促进社会经济发展、满足人民群众需要、应对国际国内政治经济环境的知识。

为了掌握知识，学习成为必要条件和手段。只有拥有比竞争对手更快学习的能力，才能获取持久的竞争优势。要多学习、多读书、静心思考；要主动加快知识更新、优化知识结构，推动知识本身的进步；还要通过对知识进行积极、系统的思考，将知识内化为自身的素养，并最终运用到实践中去，推动经济社会的发展和进步。

"见识"与"视野""阅历"密切相关，是我们面对复杂外部环境时持有开放心态的一种体现。见识的价值在于兼收并蓄，吸取他山之石，帮助我们识别事物的普遍性和特殊性，它对于我们做出正确判断，把握事物的发展规律，在多个可能实现目标的途径中拥有做出选择的决策力具有重大价值。近代中国思想先驱提出的"师夷长技以制夷""中学为体，西学为用"均是在了解世界并深刻认识自身的基础上构建出来的。一个人的见识，虽有源于天资的成分，但更多地来自后天的修养和积累，来自"读万卷书"与"行万里路"的有机结合，来自理论知识与实践经验的融会贯通。

"胆识"意味着创新、敢为天下先，能在不确定性中创造成长。知识是累积的经验，见识是个人的见解，而知识和认识要转化为实际行动，则需要超人的胆识。特别是在面对未知世界，啃硬骨头、涉险滩之时，胆识尤为重要。习近平总书记对此有精准判断："容易的、皆大欢喜的改革已经完成了，好吃的肉都吃掉了，剩下的都是难啃的硬骨头。"所以，在模糊和不确定的情况下，对内外部环境的快速变化做出及时、适当的应对，需要人才具备强烈的创新意识和胆识。

胆识的养成，首先要具有勇于开拓、敢于创新的胸怀，对新事物、新观念具有敏锐的洞察力，要善于打破陈旧观点，增强改革意识和创新理念，放开手脚追求新突破，要善于通过对立面、差异性、因果联系等系统地、全面地、辩证地看待事物，及时发现并解决存在的各种矛盾和问题；其次，要敢于面对逆境、困境，敢于面对压力，把压力变动力，要善于在危机中寻找机会，并学会在危机时期寻求突破；最后，要敢于面对竞争、寻求创新，能够在不确定性中创新性地解决经济社会发展中的难题，积极寻求适合我国社会经济发展与创新的新路径。

"共识"意味着"求同存异"，指一个社会不同阶层、不同利益的人所寻求的共同认识、价值和理想。共识并非所有人都同意的东西，也非多数人的偏好。达成共识是指，即使对部分内容有异议，但是仍然能在总体上形成一致意见，以推进问题的解决。共识的达成需要群体讨论，保证所有人的意见都得到倾听和理解，并形成一个尊重所有意见的解决之道。所以，共识是一段时期内群体所能寻找到的最佳解决方法。善于与人进行沟通并达成共识，有助于在追求参与者多数同意的时候减少反对人数，以形成最多同意的决策。

具有协作意识，是达成共识的重要前提。今天，物质财富的积累和民众的生活水平已经达到了一个历史的高度，而社会结构、思想观念和价值追求也日趋多元化，这使得多方利益格局错综复杂。在此转型时期，更要求不同群体之间相互协作、求同存异，通过寻找共同的目标和适当的方法来消除分歧，实现和谐共处。

概而述之，"四识"是包括理论修养、政策水平、渊博学识、决断能力、创新精神、宽广视野和求同存异在内的综合素养，是德与才、胆与识、勇与谋、个人与集体的有机统一。"四识"与人才资源的高胜任素质、高积极性、高协作性、高自律性高度统一，体现了对事业的追求和对责任的担当。"四识"的培育，需要在实践中长期不懈地学习、汲取、积淀和锤炼。中国全面建成小康社会，实现中华民族复兴的伟大事业，呼唤更多"四识"齐备的人才队伍脱颖而出。（"四识"一文发表在《光明日报》2014年12月9日一期上。）

我觉得出国留学可以帮助我们在知识、见识、胆识和共识方面有所提高。对中国管理者而言，积累一定国外经历有助于他们熟悉现代化的国际经营理念和模式，了解本企业与国际竞争对手在管理、技术等方面的差距，以及文化差异对企业的影响，从而拓宽全球视野，增长见识。管理者全球视野的拓宽，应注重对具有潜力的管理者进行全球观念和跨文化培训，使他们改变自己原有的、视野较窄的、单一的、地区性管理的观念，逐渐确立全球性的思维方式。到世界各地去亲身实践是全球管理者培训的重要途径，跨国管理案例学习是全球管理者开发的有效方式。通过这些措施，可以让管理者借鉴其他全球性企业的实践来发现全球管理者应具备的素质，并可以对其中的具体问题进行讨论，从而提高管理者对全球性商业机遇的把握能力和决策能力。

高自律性、高胜任素质、高积极性、高协作性的人才

在最近几年的企业调研与学术研究中，我日益觉得，当今社会对作为企业核心能力来源的人力资源及其管理实践提出了更高的要求。企业之间的竞争，实质上就是高自律性、高胜任素质、高积极性和高协作性人力资源的竞争。原因在于：转型经济下的中国正在经历一场全面而深刻的变革，宏观经济中资源配置方式、经济增长方式，以及微观企业的经营管理活动都受到重大影响，企业生存环境日益复杂多变。为了有效地应对外部挑战，企业必须持续培育核心能力。在一个以知识、创新为主导的新环境下，人力资源管理所依赖的社会、文化、技术背景和企业制度都发生了演变，这要求我们充分认识到转型经济时期企业对人力资源的需求特点，并在此基础上重构人力资源管理实践体系。

高自律性：人才的首要标准

自律，指个体的自我克制、自我约束及自我改善。高自律性意味着在履行职能、行使权力的过程中要保持高度的自我管理和自我控制意识。古人历来注重自律，无论孔子的"修己以敬""修己以安人""修己以安百姓"，还是荀子的"君子务修其内而让之于外，务积德于身而处之以遵道"，都强调自律的重要性。新常态转型期的中国，社会管理问题日趋复杂，企业竞争环境动态变化，人民群众追求更高生活品质的愿望也愈显强烈，与世情、国情、民情呈现多元化格局相伴随的各类矛盾进一步凸显，而用来协调社会关系的外部"他律"建设却往往滞后，由此形成巨大的社会管理成本和经营成本。可以预见的是，"他律"的完善与健全还需要相当长的一段时间。从这个意义上讲，自律的价值异常珍贵。习近平总书记在多种场合都特别强调道德与自律的重大意义。2014 年 5 月，他在河南考察时就提出，面对纷繁复杂的社会现实，党员干部特别是领导干部务必把加强道德修养作为十分重要的人生必修课，以严格标准加强自律、接受他律，努力以道德的力量去赢得人心、赢得事业成就。

自律的基础是信仰和道德。"才者，德之资也；德者，才之帅也。"高自律

的人才，是以事业心、使命感、社会责任感、人生理想和价值观作为基础的。自律并非用一大堆规章制度来层层地束缚自己，而是用自律的行动创造一种井然的秩序，来为工作和生活争取更大的自由。自律的前提是诚信，诚信是真实可靠的信用，也是一种道德自律。自律还需要职业规范性和职业共同体作为保障。职业共同体是以专业为基础自愿结成的众多团体组合而成的，它的存在有助于形成通行的自律标准和职业规范，尤其对于具有高度创造性和个体性的活动，需要由个人做出独立判断和行动的职业，职业共同体的行为规范更有助于自律意识的养成。

高胜任素质：人才的能力基础

素质指人才的知识和技能，表明"能够做"的能力，体现了人力资本的属性。素质表现在两方面：一是工作所需素质的典型行为表现，对工作的实际绩效必须是有显著贡献的；二是取得这种绩效所需的个性特征应该不仅仅是表面特征，还应包括深层次的一些人格特质，如价值观、态度等。前者强调以绩效为导向，不同工作的高绩效对行为的要求可能是不一样的；而后者强调深层次人格特质所表现行为的重要性，认为深层次的个性特质可以在不同的工作情景下产生高绩效。

对转型期的中国而言，复杂多变的环境要求人才必须具备在不同情景下高效完成工作的能力。不同人才群体，既要具备能够履行本职工作职能、服务他人、促进社会发展的基本能力与职业素质，又要具备能够科学地、创新性地、前瞻性地、高效率地解决社会经济发展中面临的难题的高技能。

高积极性：人尽其能的前提

积极性属于态度的范畴，表明了"我要做"的意愿，是人才受到内在激励程度的具体反映。心理学研究指出，态度是指一个人对某一特定的事物所持有的稳定的心理结构，它使人的心理处于准备状态，具有行为上的倾向性，并把积极性看作人在心理能动状态下一种行为的动力表现，它包括人的认知、情感、意志等多种心理成分处于兴奋活跃状态，使人的智力、体力、能力发挥出最大的活力，成为人的行为推动力。工作上的积极性体现了人才对工作任务所产生的一种能动的自觉的心理状态，具体表现为人才在执行计划和实现目标的过程中克服障碍的意志力和积极的情感。需要、动机和目标，是构成积极行为心理动力的主要因素。由于需要的驱使产生动机，从而引发行为。同时，目标作为行动结果的超前反映，它能促使人的需要转化为动机，对人的行为起着导向、激励等作用。人们追求的需要层次越高，目标越明确，动机越强烈，其行为的内在动力也就越大，因而其工作积极性也就越高涨、越持久。在一定的条件下，一个人的工作积极性越高，其业绩越好。

新常态转型期的中国，人才队伍必须积极主动，具有更强的探索精神，面对工作难题与挑战，要勇于试错，以更强的创造性与能动性去提出解决问题的新观点、新思路，在面对挫折与困难时要更有弹性和韧性。

高协作性：人才能力的放大器

"高协作性"体现了人才的团队意识，表明了"和谁做"的能力。团队比传统的部门结构或其他形式的稳定性群体更灵活、反应更迅速，团队的最大优点在于可以快速地组合、配置、重组和解散。在日益复杂多变的环境中，团队日益成为组织的主要工作方式，团队工作方式已渗透到各行各业、各个部门。团队的本质是协作。协作性是与他人协作达到共同目标的能力，其典型行为包括：使用有效的关系技巧；聆听、尊重他人；对事不对人；考虑对他人产生的后果等。如果某种工作任务的完成需要多种技能和经验，由团队来做通常比由个人做效果要好。在团队工作方式下，决定团队绩效的关键要素是团队整体素质和协作性。团队绩效既来自每位成员的努力，更来自团队成员之间的"融洽"，这需要团队成员之间的密切合作。为提高团队成员的协作性，成员在合作精神、沟通技能、个性结构上需要互补，以此形成良好的团队整体素质结构，从而增强成员认同。那些协作性强的人才更易形成一个荣辱与共的共同体，在遇到难题或挫折时，团队成员能互相鼓励、齐心协力地解决问题。

高自律性、高胜任素质、高积极性、高协作性，强调的是人才群体的道德性、个体性和社会性。培养"四高"人才，既是中国社会发展的客观要求，也是全球化与知识化双重时代引擎推动的历史必然，变革并创新原有的人才管理理念和人才管理实践体系，已经成为当今人才管理中的首要任务。（"四高"一文"新常态下需要培育'四高'素养的人才队伍"发表在《中国教育报》2015年6月2日一期上。）

吃苦是竞争力

如果让我写下自己的人生信条，我第一个会说，做人最重要。一个人如果不会做人，他做事能力或者学习能力再强，也没有多大意义。有人说，中国人跟外国人处朋友是很难的，因为两者信奉的价值观不同。但其实有一点是相通的，那就是做人要真诚守信。我在国外有很多朋友，这不光是由于我在国外工作学习了多年，有机会跟他们多交流、多交友，还因为我和我这些国外朋友们都信奉做人的道理。

第二个是勤奋。我父母过去经常对我讲，任何人都会喜欢一个勤奋的人。做生产队长的时候，我干的活从不会比别人少；大学毕业开始工作后，我比同事上班早，抢着打水、拖地；谈恋爱时，我不忘积极地帮岳父母家搬运煤球。勤奋与如何做人是相连的，不管在人生的哪个阶段都要勤奋，比别人能吃苦。

我认为，年轻人需要具备三个能力：创新能力、吃苦能力、服务能力。在这里，我想重点强调一下吃苦能力。我一直认为，能吃苦也是一种竞争能力。吃苦体现了一个人对自己所从事的事业的追求和热爱，也只有能吃苦才能将自己的创新理念坚持和实施下去。很多人不是不具备创新的想法，而是不具备坚持下去的勇气和能力。

有人帮我总结：60年前，我只是一个农民和理发师的儿子；50年前，我是一名大队党支部副书记；40年前，我是改革开放以后最早留学美国的中国人之一；30多年前，我回国首创国内高校人力资源管理专业。结论是，在我个人成长和发展的过程中,始终伴随着一种吃苦精神。

我所说的人要有一种吃苦精神,是指勤奋精神,而不是疲于奔命。德鲁克先生一生花了60多年时间从事教学、咨询。他一直关注的一个话题就是卓越的公司从来都不会陷于微观管理,从来都不会让员工有每分每秒都疲于奔命的感觉。卓越的公司尊重它们的员工,鼓励他们贡献并且会激发员工创造力的火花。与之相反,拙劣的公司则会设置高压管理来扼杀员工的想象力和创造力。

除了吃苦精神以外,我还想强调开放心态、灵活变通的重要性。灵活变通和适应能力是领导力的重要组成部分,是超越管理能力、运作能力和技术能力之外的一种才能。我相信灵活变通的人具有习惯性审时度势和思考的能力,一旦环境改变,他们就会迅速地适应新环境。这也是达尔文适者生存理论的核心理念。做人要灵活变通、适应环境,实际上,连最固执的商界大亨也绝不会让外人觉得他们一意孤行,至少他们会在口头上对革新啧啧称好。现在,人们在谈论健康时,也强调了社会适应性。世界卫生组织章程序言中提出,健康是体格上、精神上、社会上的完全安逸状态,而不只是没有疾病、身体不适或衰弱。传统的健康观是"无病即健康",现代人的健康观是整体健康,健康不仅仅是指没有疾病,而是一种身体上、精神上和社会适应性上的完全良好状态。也就是说,健康的人要有强壮的体魄和乐观向上的精神状态,并能与其所处的社会及自然环境保持协调关系和良好的心理素质。

另外,无论走到哪个国家或者面对什么环境,我都有意识地提醒自己,要和其他人进行情感沟通。要学会有意识地不受次要因素的干扰,集中注意力倾听正在和我打交道的人说的话,试着去发现他的关注点之所在。

自我管理、自我发展

身为知识工作者,究竟如何才能有效地发挥自己的长处,做出更多的贡献呢?这不能单靠一股蛮劲儿、拼劲儿,而是要靠加强自我管理,增强自我发展的能力。德鲁克先生认为，20世纪最大的革命，不是科技产品的日新月异，不是医学、环保议题，而是人类的"自我管理"。

在过去的农业社会中，职业是世袭的，祖父务农，父亲只能跟随。如今的知识工作者却有自己的选择，所以自我管理、自我发展是当今知识工作者最需要掌握的本领之一。

当被问及如何进行自我管理时，德鲁克先生建议我们从以下几个方面进行思考：我有哪些长处，我是如何做事的，我是如何学习的，我的人生下半场是什么。对此，德鲁克本人就有很多成功经验值得我们借鉴。

德鲁克先生一生将写作、咨询、教学长处"三合一"发挥得淋漓尽致。德鲁克先生为了找出自己的长处，在不到20岁的时候创造出一套秘诀，那就是"反馈分析法"：当我们做出重大的决定、采取重要的行动时，要先把预期的成果记下来，能量化的力求量化，无法量化的就尽量具体描述。德鲁克先生的"反馈分析法"到今天仍然值得我们去学习借鉴。

对于第一点"我有哪些长处"，德鲁克先生认为，应发挥长处，而不是弥补短处，这是德鲁克自我发展的精髓。德鲁克先生领悟到根本不必浪费力气改变自己的短处，他本人并没有多高超的公关和外交能力，但他将写作、咨询、教学有机结合起来，最终取得了巨大的成功。

对于第二点"我是如何做事的"，来自德鲁克先生的告诫是：别试着改变自己，但可以努力改变自己做事的方式，对于那些不适合自己表现的工作，就应该力求敬而远之。对于第三点"我是如何学习的"，他有两个忠告，其一是"学会忘记"，其二是"终身学习"。其中也有小窍门：每当我们无法做决定时，解决之道就是暂时抛在脑后，让大脑休息一下。

对个人而言，"我的人生下半场是什么"将是人一生中的重大课题，也是越来越多的人即将面对的问题。过去，知识工作者依赖上司的提拔与发掘，如今却要靠自我发现及自我发展。知识工作者一旦认识到自己的职业生涯会比雇用自己的组织更长时，就必须做好准备，接触至少一种工作，这就需要开发第二种不同的事业，比如一些人从企业转到大学、医院或非营利机构。"中年危机"并不是指失业，而是指失去对工作的热忱。此时，人们应及早规划进入转换，时机一旦成熟，就可以实行"社会创业"，成为一位重获生机的社会创业家，从而找回生命的热忱，回馈社会。

就个人而言，目标管理及时间管理都是自我管理中的重要一环。前面章节中，我阐述过"时间管理是第一要务"的观点，现在来分析下如何进行目标管理。1954年，德鲁克先生在《管理的实践》一书中首次提出了"目标管理"的概念和体系，不过他主要是针对企业管理而言的，我认为个人职业发展同样要重视目标管理。

要想让自己负责的工作取得最好的成效，那么你必须充满热情，目标明确，勇敢出击。经典励志小说《犀牛成功学》的作者斯科特·亚历山大（Scott Alexander），把成功与犀牛类比，颇为有趣。我想用犀牛的比喻来阐述个人目标管理的精髓。

犀牛是陆生动物中最强壮的动物之一，它们体长2～4米，重1000～3600公斤，是第二大陆生动物。犀牛这种野生动物稀少、珍贵而又难以捕捉，它的特点和我们所需的成功特质非常一致。第一，犀牛不是日复一日在草场吃草的懒牛，它一天当中的首要之事就是疯狂前进，去捕获猎物；第二，犀牛天生对生命充满了激情，它们对生活抱有很高的要求，因此拥有与生俱来的前进捕食的动力；第三，犀牛把精力倾注在目标上，它们以任何动物都无法匹敌的坚韧精神，向着目标全速前进。

从犀牛的这些特点中，我们可以明白这样一个道理：事业要有所成、有所收获，首先要设定目标。目标的设定是最重要一环，成功就是一个接一个地实现目标。在确定了明确的目标之后，我们要始终保持充沛的激情和不竭的动力，认准目标，不断进取，绝不放弃。

自我管理包括如何对自我进行目标管理和时间管理，最终目的都是经营好自己的多样人生。关于经营多样人生的话题，有着管理哲学之父尊称的查尔斯·汉迪（Charles Handy）在他的专著《大象与跳蚤》中，通过对他自身经历的反思，提出完满的人生应该是有薪水的工作、义务工作、学习工作、家庭工作以及休闲组成的"组合式人生"。这个时候的自我管理，就是看家庭工作、回馈社会的义务工作、学习工作和有薪水的工作之间如何协调组合了。我们可以认为，有效地调节有薪水的工作和其他三种工作的关系，是生活幸福和不断进取的源泉。

下篇

第 5 章

热点话题解答

  一直以来,我都接到不少媒体朋友的采访要求,希望就如何管人、如何培养学生、人力资源发展趋势等话题阐明我的观点;许多年轻学生也希望能从我这里得到些职场规划、留学注意事项、学历观点等方面的建议。于是,在本章中,我会对几个热点话题进行解答,希望能给读者以启迪。

给初涉社会的年轻人的建议

我认为，年轻人需要具备三个方面的能力，即创新能力、吃苦能力、服务能力。在这里，我想重点强调一下吃苦能力和服务能力。我一直认为能吃苦也是一种核心能力。有的人能吃苦，而有的人却不能吃苦，吃苦体现了一个人对自己所从事的事业的追求和热爱，也只有能吃苦的人才能将自己创新的理念坚持和实施下去。很多人不是不具备创新的想法，而是不具备坚持下去的信心、决心和勇气。

另外，我觉得年轻人也应该在知识、见识、胆识和共识方面做些努力，把自己培养成为具备"高自律性""高胜任素质""高积极性"和"高协作性"的四高型人才。其原因在于：不同时代对管理者的要求存在着差异。在工业化发展初期阶段，现代知识还不够发达，有见识、胆识和共识的创业家就能成就一定的事业。台塑集团创办人王永庆、美的集团何享健以及希望集团的刘氏兄弟，在创业初期都没有很高的学历，但他们拥有的见识和胆识使他们成就了一番事业。而在当前日趋激烈的国内外市场竞争环境下，企业要立于不败之地，管理者不仅要胆识过人、见多识广、寻求共识，还应该拥有丰富的知识，成为一位学习型管理者和有效的管理者。只有那些同时具备知识、见识、胆识和共识的管理者，才能应对转型经济条件下组织所面临的复杂环境，实现企业的可持续发展。管理者所需的知识不仅应包含广博的文化基础知识，还应有精深的专业学科知识。管理者所需的见识更多是指把握专业学科知识和管理科学知识以外事物的本质和发展规律，对未来可能出现的情况做出正确预测的判断力。管理者所需的胆识是将知识和见识转化为实际行动的关键，其核心是创新。管理者只有具备这样的胆识，才能在把握不确定性的前提下为组织创造成长发展的机会。管理者所需的共识，要求不同群体之间相互协作，求同存异，通过寻找共同的目标和适当的方法来消除分歧，实现和谐共处。

给企业家有关人力资源战略的相关建议

随着经济全球化、数字化、社会知识化的趋势日益明显，高速度、动态性、复杂性和不确定性等成为这个时代的关键性特征，这对人力资源管理提出了新的要求。21世纪中国企业的人力资源管理必须致力提高组织学习能力，培养组织全球性思维，招聘具有全球领导力的经理人员和知识工作者，加强人力资源管理的职业化建设，为中国经济的可持续发展提供人力资源保障。

我认为，作为一位企业家，在制定企业人力资源管理战略时需不断思考以下问题：①企业人力资源管理如何支撑企业的可持续性发展？它与企业的持续竞争优势有什么关系？②如何构建适应时代要求的战略性人力资源管理系统？如何基于企业发展战略对人力资源进行系统整合和管理？

当今，学习型社会已经来临，学习已成为个人生活中和组织发展中不可或缺的一部分。所以，我建议企业家要不断把组织打造成学习型组织，加强自我学习。作为学习的平台，商学院可以为企业家提供学习机会，以应对变革的挑战。在这个平台上，每一位参与者既是"学"者也是"师"者。一般而言，在商学院的学习可以提升以下三个方面。一是提升正确解读政策的能力。在商学院任教的很多老师，本身参与不少政策或法律法规的起草，学员通过与他们接触，能非常及时、准确地把握国家政策的脉动。二是通过学员之间的交流提升社会资本。三是通过学习管理理论专业知识，提升国际化素养。商学院能帮助企业的高层管理者掌握最新的管理理念和管理技能，用所学的专业理论知识来研究和分析企业发展的经验，然后进行讨论、学习和升华，解决企业在创业和成长中的现实困惑。英国《金融时报》在分析了1995~2009年的1109位CEO后发现，拥有MBA学位的首席执行官的平均表现要好于那些没有MBA学位的人；同时，那些在50岁以前就晋升到CEO位置的人，从商学院教育中获益良多。在中国，2009年《福布斯》（中文版）对符合入选要求的50所中国商学院及其毕业生进行了调查，结果表明，毕业生的职位在读MBA后发生了很大改变。就读MBA之前，仅有22.4%的学员在企业中担任高层管理人员（总监以上职位）；毕业后第一年这一数字上升到 29.8%；毕业 4 年之后则有 50.5% 的毕业生出任高管职位。

另外，我想说的是，商学院教育能帮助受教育者从理念上提高对管理技能的认知。当然，要想真正解决管理上的实际问题，还需要不断实践，这正印证了德鲁克先生的一句话：管理不在于"知"，而在于"行"。我们的企业家和职业经理人需要做到知行统一，知道如何将所学知识运用到实际操作过程中，增强实际运用的能力，这才是真正有价值的。我相信，在今天持续向好的市场经济发展环境下，一流商学院能不断地为企业输送优秀的人才，我们的企业一定能够从优秀到卓越，实现基业长青。

如何当好商学院的院长

首先，我想说明的是，商学院院长不是"管"人，而是"引导"人、"激励"人，要有出色的组织管理和协调能力，要以个人的声誉来组织并领导学术团队和教辅团队开展教学、科研工作。老师是知识工作者，是一个特殊的人力资源群体，对他们，传统的管理理念与管理方法已经不再适用了。对于"知识工作者"，需要的不是"管理"，而是"激励"与"引导"。正如德鲁克先生所说，我们无法对知识工作者进行严密和细致的督导，我们只能协助他们。商学院院长的关键任务是组织大家制定好的政策、创造好的环境，去引导老师高效率地工作，教书育人，做出一流成果，为社会服务。因此，老师本人必须自己管理自己，自觉地完成任务，自觉地做出贡献，自觉地追求工作效益。一位商学院院长应该认识到：老师的工作动力与热情取决于他的工作是否具有有效性，以及他在工作中是否能有所成就。

商学院院长的工作处于学术界和企业界的交汇点，从来都不轻松，他需要完成两种不同任务：学术研究和企业管理。这两种现实情况要求商学院院长掌握学院的战略领导权，这是一项复杂而关键的任务，需要院长具备三种能力。首先是学术领导能力和声誉，即能够赢得同事的信任。其次是经营管理与领导能力，只有在确立和执行学院的发展战略方面拥有知识、见识、胆识和共识，才能确保财源稳定、整合人力及构建体制。最后是对外领导能力和尊重，即能与企业领袖顺畅对话，吸引并激发潜在捐赠者，以支持学院的长期发展。在以上三种能力中，最核心的是最后一种，即与学院的重要支持者们建立紧密且相互信任的关系，以获得他们的支持的能力。

对人力资源相关领域的未来发展有哪些预见

21世纪，全社会对人力资源管理提出了新的和更高的要求，也给它赋予了更重要的历史使命。这一时期的人力资源管理必须是动态的、战略的、全球性的。我认为，未来的人力资本以及人力资源领域会有以下几个趋势。

一是强调知识经济时代下的人力资源管理。过去的人才追逐资本的现象将被资本追逐人才的现象所取代；素质越高、越稀少、越热门的人才将获得越多的工作机会和越高的报酬；知识型员工将成为企业人力资源管理关注的重点；知识的创造、传递、应用和增值将成为人力资源管理的主要内容。因此，如何加强对这种人才的管理与开发将成为企业经营管理者的当务之急。

二是强调人力资源管理的国际化。全球化浪潮正席卷商业世界的各个领域，全球领导者逐渐成为学术界和企业界所关注的焦点问题。全球化时代需要更多的全球领导者，缺乏足够的全球领导者已成为全球性企业获得成功道路上的制约因素。中国企业同样面临全球领导者不足的现实挑战。在此现实背景下，企业必须具有全球性的思维。企业需要通过对事业部、分公司和子公司所构成的跨国网络中的资源流动、共同体意识和范围经济的管理，来培育自身的全球性协作能力和团队精神。

三是强调人力资源管理的进一步职业化。职业化是市场发展成熟的重要标志，市场环境的变化使得我国的人力资源从业人员面临着职业化的挑战。人力资源从业人员由于其拥有广泛的专业技术，被认为是人力资源专业领域的顾问专家，从而赢得了职业的地位和尊重。

四是强调人力资源的多样化管理。尤其在零工经济背景下，对于多元劳动关系，如何实现有效的人力资源管理将成为各类型企业的难题。

五是强调人力资源的智能化管理。互联网、大数据的快速发展促进了企业的人力资源的智能化管理，未来如何实现智能化人力资源管理的预测作用将是理论和实践需关注的问题。

作为改革开放后最早一批留学生，对留学生有何建议

出国留学，可以帮助我们在知识、见识、胆识和共识方面有所提高。对中国管理者而言，积累一定的海外经历有助于他们熟悉现代化的国际经营理念和模式，了解本企业与国际竞争对手在管理、技术等方面的差距，以及文化差异对企业的影响，从而拓宽全球视野，增长见识。管理者全球视野的开发，应注重对具有潜力的管理者进行全球观念和跨文化培训，使他们改变自己原有的、视野较窄的、单一的、地区性管理的观念，逐渐确立全球性的思维方式。到世界各地去亲身实践是全球管理者培训的重要途径，跨国管理案例学习是全球管理者开发的有效方式。通过这些措施，可以让管理者借鉴其他全球性公司的实践来发现全球管理者的胜任素质，并可以对其中的一些具体问题进行讨论，从而增强管理者对全球性商业机遇的把握能力和决策能力。

具体而言，要想让企业管理者积累海外经验，有以下几个方法值得考虑。

第一，全球性管理团队建设是有效的培训方法。全球性管理团队是指由来自不同国家的管理者，为了完成共同的任务而组成的团体。全球性管理团队中不同成员的观点和价值观可以提升团队成员进行全球化思考的能力。因为全球性组织决策需要大量来自世界各地的信息，由来自不同国家的管理者组成的团队有助于正确制定并执行各项国际化战略。全球性管理团队的另一种形式是由全球性组织内多个职能部门的专家组成的矩阵式国际化团队，这些成员定期碰面，就某一全球性问题进行沟通与交流。通过这种矩阵式的结构，组织将技术、制造、营销、人力资源、财务专家联系在一起，能够获取巨大的利益。另

外，全球性管理团队还可以是一个由高度专业化的内部专家组成的高度分散型的团队。当需要的时候，他们可以跨越组织边界共同完成某一任务、解决棘手问题，或者开创一个新的营运项目。当任务完成后，团队自然解散。为保证团队的有效性，全球性管理团队的成员必须接受跨文化沟通、冲突解决等知识的培训，让每个成员理解团队成员之间的差异，并认识到这对理解团队中不同观点和建立相互关系的意义。另外，团队成员之间要相互沟通以取得相互理解并整合不同的观点和偏好，从而适当解决差异，并在此基础上产生富有创造性的工作方法。

第二，采用国际化培训项目。优秀跨国企业经常为具有潜力的管理者设计完善的培训项目，通过异地商务和非商务的学习让管理者扩展全球知识并提高技能。例如，可以通过在外国的学位项目、在职培训项目、利用外部管理咨询顾问公司开展培训项目等方式，来培养全球管理者的语言能力和知识技能。这些做法对于中国企业具有重要的启示意义。条件成熟的国际企业，可以选派部分境外公司经理、项目经理到国内外高校接受EMBA（高级工商管理硕士）、IMBA（国际工商管理硕士）和MBA（工商管理硕士）教育或专项的EDP（高级经理开发项目）教育。例如南京大学商学院与美国康奈尔大学约翰逊管理学院合作的EMBA项目，学员在南京大学接受中美双方教授授课，最后到美国康奈尔大学学习三门课程，并参观考察美国的跨国公司，与美国的企业家和高层管理人员进行交流，从而提高其全球管理能力。南京大学还与美国密苏里大学合作开展了国际工商管理双硕士学位项目，学员第一年在南京大学学习，第二年到美国密苏里大学学习，然后在美国跨国公司带薪实习三个月，最后，回到南京大学完成硕士学位论文。该项国际工商管理双硕士学位合作项目，使学员既能学到中西方管理知识，还能到大型跨国公司实践，通过将学员置身于全球商业运作的情境中，有助于加深其对全球化运营的理解。

第三，国际化企业可以安排具有发展潜力的管理者到境外公司挂职见习，参与项目谈判和运作，提高其跨文化沟通和解决争端的能力，以此培养后备人才，尤其是通过岗位轮换，可以培养更多专业精通、外语水平高、熟悉国际规则的一专多能的复合型人才和专业型人才。

第四，国际旅行可以培养管理者用多种方法完成工作的观念，可以创造机会让管理者仔细观察外国人或东道国人们的言语和非言语行为，这有助于管理者在新环境中开放而谦虚地与人们迅速建立信任，培养国际化的商业关系。

此外，还可以采用国际工作派遣和短期海外培训的方式培养全球管理者。企业管理者海外任职的过程，也是他们增长见识、了解和学习国外先进技术及管理模式的过程。企业还可以派高层管理者参加国际的经济或管理高层论坛，使管理者不断开阔视野，提高把握全局、驾驭国际市场的能力，培养他们的国际战略思维和有效整合国际资源的能力。

对博士研究生和对中国博士教育的期望和建议

博士教育居于高等教育的塔尖，应该说，它代表了一个国家的最高教育水平。博士学位是精英性、研究性的学位，是为从事学术工作或一些专门领域的应用研究工作做准备的。从学位制度的诞生、导师制的确立，博士教育就一直以精英教育的面貌出现。

中国现在已经是世界最大的博士学位授予国，截至2019年，我国累计被授予博士学位者约88.03万人。这反映了改革开放以来，我国的教育事业有了突飞猛进的发展。但不可否认的是，我们培养的博士在研究能力上与国外大学的博士还有着很大的差距。

我对博士生的第一个，也是首要建议是：用心做人。体现在做学问上，就是要以绝对诚实的态度对待科学研究。做学问，最重要的是要有诚实严谨的学风。在进行科学研究时，应遵循社会上一个共同的道德准则——诚信。博士生在学习期间，应重视研究学问，获取真正的知识，摆正做人、求学问、得学位的态度——老老实实做人，踏踏实实做学问，心怀一个崇高的目标，名副其实地获得博士学位，为国家经济建设和社会发展做出自己应有的贡献。

第二，要学习科学方法和遵行科学规范。科学包括科学的理论、事实、方法、精神及科学的价值观。作为一名博士生，必须对科学方法和科学规范有全面的学习和深刻的了解。

第三，要有做学问的兴趣和热情。一个优秀的研究者，最基本的品格有两个，即对科学的热爱和难以满足的好奇心。科技创新的一个重要条件就是科学家要有兴趣和热情。

第四，要与指导教师经常交流。博士期间的学习主要靠自己，指导教师的作用是第二位的，但博士生与指导教师经常交流是十分重要和必要的。博士生通过与导师交流，可以向指导教师学习，学习老师是如何思考问题的、如何深入研究的、如何撰写论文的、如何治学的，等等。因此，判断师生关系是否融洽、培养是否收到成效、教师是否称职、学生是否努力的一个重要因素就是师生之间能否经常交流。

第五，要有团队精神。这和"四高"（高自律性、高胜任素质、高积极性、高协作性）人才中的高协作性相一致。现今的科学研究大多是以团队为单位进行的。要想在团队中从事科学研究，学会与人合作、发扬团队精神是必不可少的。

随着全球化进程的不断加快，中国的博士教育与国际也逐步接轨，尤其是通过跨国高校之间的合作，本土博士"走出去"的机会日益增多，例如国家留学基金管理委员会每年都会资助大批的联合培养博士生出国进行学习和研究，效果很突出。我对中国博士教育的未来是充满希望和信心的。

对中国经济、中国企业未来发展之路的看法和建议

21世纪的企业正面临着"非连贯性"的新竞争环境，包括锐不可当的经济全球化趋势、飞速发展的技术变革和创新、新冠肺炎疫情等系统性风险以及迅速变化的差异化顾客需求等。全球大大小小的企业都处在这种具有不确定性、高度变化的动荡环境中，并要接受跟过去完全不同的竞争与挑战。在这种"非连贯性"的新竞争环境中，企业所具备的任何传统的有形竞争优势，例如资金

优势、规模经济、地方政府垄断等都只是一时的、短暂的，这就要求企业具有应对各种挑战的能力。

但从另外一个角度看，如何应对这些挑战也是企业发展的一种新思想，抑或是解决顾客需求的一种新方法。我有一种预感，未来中国的优秀企业一定会贴上四个标签：全球化、社会责任、以人为本、持续创新。

第一，全球化趋势将成为世界各地资本、人力、技术、思想和创新的源泉，再加上技术的飞速变革和企业整体价值链观念，这些将一并重塑全球企业的竞争规则和发展战略。对建立在全球市场、全球生产、全球营销、全球组织、全球人力资源管理和全球知识整合背景下的企业而言，需要具备全球经营的思维和理念，需要重塑企业文化、组织结构，更加需要具备一支与此相匹配的、灵活、主动的全球人力资源管理队伍，以不断适应、调整、超越这些挑战所带来的各种复杂性。

第二，企业要勇于承担社会责任。市场经济是一种法治经济，也是一种讲道德、讲诚信、讲责任的经济。地位的确立、队伍的扩大、信心的增强，让企业开始将目标转向追求企业的长期利益和可持续发展，关注与企业有着密切利益关系的相关者。在过去，有两个方面的重要因素推动着民营企业承担社会责任：一是许多民营企业的财富积累达到了一定程度，拥有了财富和社会地位，在追求财富增加的同时也愿意进一步地承担起对社会的责任；二是中国加入世贸组织后，国际社会关于企业承担社会责任的要求，迫使民营企业尤其是那些从事国际贸易或合作的民营企业必须承担起相应的社会责任，否则就会失去贸易或合作的机会。这些都推动了民营企业社会责任意识的增强。

第三，企业要真正树立以人为本的意识，妥善处理好员工和组织的关系。市场经济条件下，企业与员工彼此之间的关系既有平等交易的契约关系，又有相互依存的利益关系，只有妥善处理好员工和组织的关系，维护好双方利益，才能求得企业持续生存和发展。例如，2019年，有40多家互联网公司被指实行"996"工作制，即员工从每天上午9点工作到晚上9点，每周工作6天，企业甚至以此方式逼退员工，员工利益受到很大损害。2020年12月拼多多员工猝死的新闻更是引起一片哗然。这些都应该引起企业家，尤其是民营企业家的警觉。过去以企业利润为中心，忽视了员工的感受，由低廉劳工成本获得的竞争优势已不复存在。如何正确认识员工在企业中的角色，真正树立以人为本的意识，需要民营企业家认真思考。

最后，我想说的是：在新的全球经济中，竞争能力将越来越多地依赖于创新能力。谁能成为全球的、柔性的、创新型的和拥有丰富关系资源的企业，谁就能拥有更为强大的竞争能力和竞争优势。

请结合个人经历，谈谈个人成败与大环境的关系

我觉得将"成败"改成"成就"会更好。其实每个人都会取得一些成就，只是程度不同罢了。

从外因和内因的角度来分析个人成就大小会特别有意义。大环境为外因，个人的性格、努力程度等为内因。就内因而言，成就是成功人士历尽艰辛，用智慧和踏实的劳动克服困难、逐步创造出来的。

创造的过程同时也是一个人成就自身的过程。人自身成功到什么程度，事业就能成功到什么程度。例如，我经常和博士生们分享的三个资本：人力资本、社会资本和心理资本，就属于内因。人力资本指员工身上所蕴含的知识和技能，可以通过经验的积累、接受教育和技能培训等手段提升人力资本；社会资本指通过关系、联系网络和朋友而建立的关系资源，是包含在员工群体和员工网络中的知识；心理资本则描述了员工对未来的信心、希望，它是一种状态，而非特质。与人力资本和社会资本相类似，心理资本也可以通过训练获得并发展。心理资本是个体在成长和发展过程中表现出来的一种积极心理状态，具体表现为：①在面对充满挑战性的工作时，有信心（即有自我效能，self-efficacy）并能付出必要的努力来获得成功；②对现在和未来的成功有积极的归因（即乐观，optimism）；③对目标锲而不舍，为取得成功在必要时能调整实现目标的途径（即有希望，hope）；④当身处逆境和被问题困扰

时，能够持之以恒，迅速复原并超越（即有韧性，resilience），以取得成功。美国的弗雷德·卢森斯（Fred Luthans）教授认为未来心理资本还包括感恩和宽恕、情绪智力等。

每个人都会有多种情绪表现。有些情绪能帮助我们思考、沟通或工作，这些情绪被称为正面情绪，而负面情绪则会妨碍我们正常的表现。常见的正面情绪包括热情、欢喜、仁慈、关怀、同情、原谅、宁静、满足等，有害的负面情绪则包括挫折、愤怒、敌意、恐惧、担忧、焦虑、绝望、忧郁等。

近年来，医学研究发现，经常保有正面情绪的人，身体会自然分泌较多的抗衰老激素，无怪乎俗谚有云，"人逢喜事精神爽"。但是，情绪来得急、去得也快，我们要正确把握正面情绪，控制负面情绪。所以，心理资本很重要。

心理资本处于人力资本与社会资本之上，它超越了人力资本与社会资本，是企业最稀缺、最有价值、最无法替代和复制的核心资源。因此，心理资本的开发具有极其重要的人力资源管理战略意义。

当我们在这三个资本上都有所积累时，就相当于有了取得成就的原动力，具备了成功的前提。

当然，内因只是充分条件，上述三个资本必须在合适的时间、合适的地点，依靠合适的机会运用起来，这就涉及大环境了，例如个人的成长环境、求学机会、社会发展环境等。

对个人成就而言，内因和外因都非常重要。但机遇总是垂青那些有准备的人。一方面，我们必须不断充实自我，提高个人各方面的素质，丰富人力资本、社会资本和心理资本；另一方面，当机会来临时，不要放弃，要勇于迎接挑战。这样的话，相信成功就在不远处！

除此之外，我还有两篇文章于近期分别发表在《人民日报》和《新华日报》上，也是我对近期热点话题的解读，故附在后面供读者审读。

聚天下英才而用之

当今，开放的中国，正以前所未有的步伐迈向世界舞台的中心，成为推动全球一体化的重要力量之一。习近平总书记指出，"十四五"时期是我国全面建成小康社会、实现第一个百年奋斗目标之后，乘势而上开启全面建设社会主义现代化国家新征程、向第二个百年奋斗目标进军的第一个五年，我国将进入新发展阶段。在这个重要历史时刻，重温总书记提出的"我们比历史上任何时期都更接近中华民族伟大复兴的目标，比历史上任何时期都更有信心、有能力实现这个目标""我们比历史上任何时期都更加渴求人才"，这一伟大论断更具现实意义。我们要以更加开放的视野集聚更多国际化人才，深化引进、聚集、培育、使用、留住国际化人才的体制机制创新，全面提升国家的核心竞争力，为实现"两个一百年"奋斗目标、实现中华民族伟大复兴的中国梦提供强有力的人才保障。

经济全球化背景下集聚国际化人才成为普遍共识

人才的竞争，归根结底是人才发展环境和治理结构的竞争。由德科集团、欧洲工商管理学院（INSEAD）和塔塔通信（Tata Communications）联合发布的2020年《全球人才竞争力指数报告》显示，中国排名第42位。中国在人才培养方面优势明显，但对全球优秀人才的吸引力相对不足。当前，我国正处于转变发展方式、优化经济结构、转换增长动力的攻关期，高质量发展成为未来经济发展的主题，这就需要我们从经济全球化的角度重新审视人才，尤其是国际化人才引进和培养的新模式、新路径。以江苏省为例，《中国区域国际人才竞争力报告》显示，江苏省国际人才竞争力的综合指数全国排名第四。其中，江苏"国际人才政策指数"位列第一；江苏在境外来华工作专家规模、国际人才发展指数、国际人才生活指数方面表现亮眼。2019年6月，江苏省提出建立健全"五坚持五提升"人才工作体系，从完善人才生产、生活、生态环境的角度，做好各项服务工作。其中，优化海外高层次人才居住证制度，落实苏南自主创新示范区人才出入境便利政策,以及评选"江苏省留学回国先进个人奖"等具体措施都将为国际人才的引智工作提供启示。

创新一体化背景下集聚国际化人才得到广泛认同

《全球 2019 年度人才短缺调查报告》显示,全球人才短缺问题加剧,超过一半的公司无法找到所需的技能人才,这个比例几乎是十年前的两倍。尤其是中国经济正处于由产业驱动向创新驱动发展的重要阶段,知识密集型的高科技产业与智能装备制造业快速发展,人才技能需求随之不断升级,使得专业与创新领域的人才短缺更加凸显。以人工智能(以下简称 AI)产业为例,由于国内人才严重不足,中国 AI 领域一直从海外引进人才,其中约 44% 来自美国、英国、法国等国家,未来几年 AI 人才缺口将超过 500 万。究其原因,主要来自创新驱动引发的产业更新迭代,对高技能、复合型人才提出了更高要求。这需要我们聚天下英才而用之,创新人力资源管理模式,夯实产业转型发展的人才基础,以国际化人才集聚引领高水平创新发展。

企业国际化背景下集聚国际化人才引发更多关注

《中共中央关于制定国民经济和社会发展第十四个五年规划和二〇三五年远景目标的建议》指出,要"深入实施科教兴国战略、人才强国战略、创新驱动发展战略"。围绕激发人才创新活力,深化人才发展体制机制改革,全方位培养、引进、用好人才,造就更多国际一流的科技领军人才和创新团队,培养具有国际竞争力的青年科技人才后备军。随着中国企业逐步走向世界,需要更多通晓国际事务、掌握国际规则、参与国际合作的国际化人才。但现实情况是,有 41% 处于国际化阶段的民企表示难以吸引适应国际化发展所需人才。在这方面,海尔、TCL、福耀玻璃等企业在国际化进程中的做法值得参考和借鉴。这些企业通过创新型人力资源管理模式培育和服务创新型人才,这些方法同样适用于对国际化人才的培养。实际上，在不断变化的全球化经营环境中，寻找和留住人才是竞争的所在。未来的企业将会围绕人才展开激烈竞争，我们需要拓展思维，从全球范围为企业配置人才资源。

那么，在更加开放的中国，如何集聚更多国际化人才？我认为，主要从以下三个方面加以思考。

认识上要有大境界，加快引进和培养"四通型"人才队伍

在经济全球化的背景下，整个社会要有更宽的视野，响应新时代对人才的召唤和要求，引进和培养"四通型"人才。具体来说，一是语言畅通。以国际化教育为先导，培育"会语言""通全球""精领域""善自省"的卓越国际化人才。二是文化融通。以跨文化、多文化管理和沟通为手段，深化国际交流和合作，培养更多既精通外语、通晓国际规则，又能够讲好中国故事、传递好中国声音的新时代国际化人才。三是知识贯通。打破专业、学科壁垒，强化专业知识、社会知识的有机融合，培育"一专多能"的复合型国际化人才。四是视野达通。以综合性、应用型、开放式为目标，重点培育具有全球思维、战略眼光和跨文化管理能力的国际化人才。

理念上要有大格局，构建国内和国际"双循环"人才生态

牢固树立"发展是第一要务，人才是第一资源，创新是第一动力"的理念，顺应时代变革和社会转型要求，加快推进"国际人才本地化、本地人才国际化"进程。一是坚持"总量突破"。根据经济社会需求，立足优化产业结构、提升产业层次，建立地方人才动态调控机制，稳步提升国际化人才集聚的质量和效益。二是坚持"多元并举"。充分发挥"一带一路"、自贸区建设等政策利好的溢出效应，强化区域产业链协作、人才支撑、要素流动的协同合作，加快把"人力红利"转变为"人才红利"。三是坚持"全面发展"。面向人才国际化发展趋势，统筹协调各类人才开发工作，加快建设一支与地方经济社会发展规模、速度、结构相适应的高层次人才队伍。

行动上要有大作为，完善供给侧和需求侧"双发力"人才体系

围绕"走出去、引得进、留得住"的总体思路，推进国际化人才供给侧和需求侧改革，营造政策配套佳、服务效能高、人居条件佳的人才发展环境。一是创新人才政策。实施更积极、更开放、更有效的国际化人才政策，加快转变政府人才管理职能，进一步推进简政放权，完善国际化人才发现、评价和激励机制。二是提升人才服务。优化营商环境，探索人才柔性双向流动，为国际化人才为各类人才创业、创新、创优搭建平台。三是优化人才生态。推进国际化人才与国际化城市的互动融合，进一步完善城市基础设施、公共服务等配套服务，建设"宜居、宜商、宜业、宜游"的现代化大都市，打造国际化人才创新创业生态圈。

（此文发表在 2021 年 6 月 8 日《人民日报》上）

管理者如何应对外部复杂环境

近期，国内多个地区再次发生一定范围内的新冠肺炎本土疫情，抗击新冠肺炎疫情防线受到了较大压力。习近平总书记对于新冠肺炎疫情防控提出重要指示批示，要求各地坚决遏制新冠肺炎疫情传播扩散。

从管理学的角度看，我们正处于"乌卡时代"（VUCA），易变性、复杂性、模糊性、不确定性是"乌卡时代"的主要特征。如何应对"乌卡时代"带来的冲击？在新的时代背景下，我们不仅需要深刻认识到组织的重要性，更需要思考组织背后的管理问题。管理大师彼得·德鲁克教授指出，组织、社会和个人不可分割、相互联系，"组织是社会的器官""管理是组织的器官"。基于人力资源管理的视角，我们可以全面审视组织变革、管理者角色和员工素养的内在联系，为组织如何应对外部复杂环境提供借鉴和启示。

组织变革：复杂环境下的永恒主题

如何认识组织？在人类的日常生活中，大到国家治理，小到日常事务，都离不开组织的参与。正是有千千万万的组织发挥其职能，才能保证人类社会的健康运转。这也意味着在复杂环境下，如果组织在运转过程中失灵，不仅会对组织自身造成冲击，同样可能对社会中的其他组织产生影响，这也是能从本次疫情中观察的现象。日本松下电器创始人松下幸之助曾说，"企业是社会的公器"，除了满足自身发展的需求外，诸如企业之类的社会组织更需要考虑自身的社会属性，认清对自身、对社会其他环节的影响。

从组织追求的价值角度看，组织可以划分为营利组织和非营利组织。德鲁克教授认为，企业和公共服务机构不是为它们自身而存在的，而是为实现特定的社会目标而存在，为满足社会、社群以及个人的特定需求而存在的。这次疫情的再次暴发，暴露出一些组织机构疏于管理、指挥不畅、缺乏应变、行动迟缓等问题。微软创始人比尔·盖茨为提高员工的忧患意识，曾反复提出，"微软离破产永远只有 18 个月"。无论是疫情，还是诸如华为等企业的处境都为组织的运转敲响了警钟。但在日常工作中，无论是组织的管理者，还是利益相关者，都默认组织将"永续经营"，即在可见的时间内，外部环境不会对组织运行产生影响。

事实上，面对疫情冲击等复杂形势，不管是营利组织，还是非营利组织，都要摈弃长期秉持的基本假设，即组织将在长期稳定的外部环境中运作，主动适应外在环境的变化，寻求应对复杂环境的管理策略和组织模式的有机协同，树立长线思维、底线思维和红线思维，正确处理组织和社会、稳定和危机、利益和责任的关系，全面提升和优化组织跨度、管理韧度、学习力度、变革强度和社会责任厚度，加强组织管理、人员配置、技术支持、团队建设、环境营造和文化氛围等方面综合开发，为组织可持续发展奠定坚实基础。

管理者角色：复杂环境下的关键要素

早在 1955 年，德鲁克教授就提出"管理者角色"的概念。他认为，管理是一种无形的力量，这种力量是通过各级管理者体现出来的，管理者扮演的角色分为管理一个组织、管理管理者、管理人和工作。德鲁克教授在《生态愿景》一书中同样提出："无论在何种组织，都是管理者垂范成员……组织发展全靠管理者，管理者也无法推卸（责任），无论对错都有责任做出选择。"类似的观点在中国古代同样得到印证，如东汉班固曾说，"教者，效也，上为之，下效之"。

回顾本轮疫情中所体现的管理者疏忽，一方面可以归结于管理者对疫情防控的主观认识不足，另一方面也反映出管理者不熟悉基层防控、对基层工作认识不足的问题。日本企业家稻盛和夫曾提出："领导者如果不能首先做到深入基层、进行严格督导，一心只想依靠经营理念和社会文化产生作用，是没有任何意义的。"基层工作的重要性一方面在于，基层的工作效率与组织的效益直接相关；另一方面则在于，基层工作中产生的纰漏对组织的运作同样可能产生难以想象的影响。在"乌卡时代"，诸如新冠肺炎疫情在内的系统性风险固然给社会、组织和个人带来了巨大的冲击，值得深思的是，组织中直面冲击的群体正是基层工作者，但由于风险的突发性以及基层工作者对外部风险的认识不足，导致他们无法有效应对风险，这也正是需要管理者介入并指导的。因此，复杂环境给组织管理者提出了更高的要求，他们一方面需要为组织寻求出路，保证组织的正常发展；另一方面需要防范风险，不仅防范风险对组织带来的战略层面的冲击，更需要降低由于基层工作者无法有效应对风险而导致组织日常运转受到影响的可能性。

上述分析说明，无论是什么类型的组织，选择合适的管理者都是组织发展的重要议题。本次疫情过程中暴露出一些地区管理者定位不清、意识薄弱、能力缺失等问题，客观上造成疫情防控的层层被动。2020 年，习近平总书记在 2020 年秋季学期中央党校中青年干部培训班开班式上强调，干部特别是年轻干部要提高政治能力、调查研究能力、科学决策能力、改革攻坚能力、应急处突能力、群众工作能力和抓落实能力。越是在复杂环境下，管理者尤其是高层管理者越要有大局意识、前瞻意识和风险意识，持续提高直面问题、解决问题和破解难题的能力。只有这样，才能真正做到在困难面前不退缩、在危机面前不彷徨、在风险面前不止步，带领组织全面应对复杂环境下的各种挑战。

员工素养：复杂环境下的根本保障

"致天下之治者在人才。"人是组织活动的基石，也是组织发展的保障。人的意识、素养和能力体现为组织的外在表征，同时也内化为组织变革的不竭动力。无论是哪一级的员工，都是组织的宝贵财富。组织有责任、有义务为员工的发展提供支持和保障，这也体现了"以人为本"的基本遵循。但组织要怎么培养员工？"乌卡时代"对员工素养又有怎样的要求？对组织而言，能够自我管理的知识型人才正成为组织的核心资源，越来越多的组织通过外包的形式将程序性的工作外包。

本轮疫情之所以小范围暴发，部分原因是组织基层员工、外包企业员工操作不当、疏于防范所引发的感染扩散。与追查疫情暴发原因相比，我们更需要思考的是组织如何提高员工素养，如何在制度框架范围内培养工作尽责、敢于担责的员工。在"乌卡时代"，随着诸如疫情之类的突发事件的增多，组织员工不仅需要高效地完成本职工作，更需要有能力应对变化。德鲁克教授提出，工作需要不断地学习，人也需要学会自我成长。他在《21世纪的管理挑战》中更是直言："管理自己是人类事务中的一项革命。"员工的成长对组织的运行与发展影响深远。

在此需要组织部门通过有效管理措施，以培养员工的知识、见识、胆识和共识为核心，以提升员工的高素质性、高积极性、高协作性和高自律性为抓手，以增强员工的执行力、激励力、成长力和创新力为目标，全面提高员工的理论认识、知识水平、业务技能、责任意识和协调能力等综合素养，鼓励和支持员工以更加勤勉的态度、更加敬业的精神、更加高效的行动投身到组织工作中去。任何一个组织只有培育更多尽责、主动、务实的工作者，才能形成"上下一心、协同发展"的工作合力，确保组织各项工作的有效落实和完成。

当前，抗击新冠肺炎疫情对推进国家治理体系和治理能力现代化提出了更高要求，对于如何优化组织治理体系、提高组织治理能力同样具有借鉴意义。作为组织管理者，要从单纯事件中跳脱出来，运用系统思维方法，深刻认识复杂环境下组织、社会和个人的关系，强化组织变革、管理者角色、员工素养的同步推进，为组织转型发展提供有力支撑。

（此文发表在 2021 年 11 月 2 日《新华日报》上）

第 6 章

中国管理前沿问题研究

随着金融危机、全球疫情等侵蚀世界经济,理解、解释和指导企业管理运营实践的需求变得更为紧迫。现在,研究者的关键任务是将无序性置于研究情景中。科学研究的目的是更好地预测未来,为实践提供科学的指导。因此,本章我更多着眼于未来的管理研究和实践,从社会责任、工作与生活的平衡、创建和谐劳动关系、创建绿色企业和全球学习型社会等方面探讨管理学研究的前沿和热点问题,希望能为广大的学者在中国管理学未来研究的不懈探索中起到抛砖引玉的作用。

发扬中国管理研究中的奥林匹克精神

2008年6月,我们和全球具有不同背景和研究兴趣的众多学者及企业家齐聚在阳光明媚的广州,抱着"协调、合作、共享"的精神,共同探讨了中国管理研究问题。此次两年一度的中国管理研究国际学会年会共有来自近30个国家和地区的200多所大学的700位同人参加。在会议主席、会议委员会、论文评审委员会,以及由中山大学领导的15所本地高校、6家赞助企业共同组成的筹备委员会等的共同努力下,会议取得了圆满成功。

值得一提的是,为了提高学会成员对社会责任和伦理责任的认识,本次会议期间,学会为与会者提供T恤义卖服务,所有义卖收入已无偿捐献给了基金会,旨在帮助中国乡村儿童受到更好的教育,使他们能够更好地面对生活的挑战并改善他们所在社区的状况。中国管理研究国际学会不但致力提升学术交流,而且也在承担更多的社会责任。当年,学会也向中国地震灾区给予了捐助。

当我提笔写本文时,脑海中浮现出奥林匹克运动会所崇尚的"更快、更高、更强"的精神!这种精神鼓励人们勇于打破纪录,它精辟地归纳了奥林匹克运动的真谛,并激励所有运动员努力拼搏!在我看来,这六字箴言更表达了一种"追求卓越"的精神。当奥林匹克运动会成为全世界体育领域的盛会时,它的精神不仅局限在体育领域,而且适用于社会的进步,而这正是中国管理研究国际学会一直所重视和追求的核心价值。它在努力促进全球管理研究者开展国际合作的同时,也在竭尽所能地提高中国以及全世界管理研究的能力,帮助中国企业在转型期间更加健康地成长,探索尚未被认识的管理知识和智慧。

中国管理研究国际学会有一支来自全球的高层管理团队,正是通过全球协作,它才成了一个充满生机的组织。在所有成员和赞助者的支持下,这个年轻的学会在过去几年里经历了快速的发展。在未来的两年中,我们将为进一步实现学会的宗旨而努力。我们为已做的一切而喝彩:提高管理研究水平,同时解决现实管理问题。接下来的两年,作为学会会长,我将致力实现以下四个目标：①继续发展全球学术团队，提升国际水平；②继续创造使学会成员受益的环境；③建立更为广泛的学术联系；④为反映中国特色的研究者提供更多机遇。

中国在国际经济中日益重要的地位，使得理解、解释和指导中国管理运作与实践的需要越来越急迫。所有研究经济学、管理学或政治学的中国学者和学生正面对一个日益突显的问题：中国应走向何处？在中国不断融入世界舞台的新形势下，我们需要企业走向全球化的新的或修正后的模型。我们需要在宏观或微观层面上进行思考，回答这样一个问题：西方的经济、社会、心理和政治理论是否能用来解释中国当前的成长轨迹？我相信，在这样的形势下，我们学会任重道远。

就如过去六年所做的那样，我们学会将一如既往地为具有共同兴趣的全球研究者架设沟通桥梁，继续为知识交流、相互学习、共同探讨组织行为和组织中的个人行为问题的研究者提供平台。更重要的是，知识创造和创新不仅能促进中国企业的有效管理，还将对全球的管理知识做出贡献。

中国管理研究国际学会将继续致力追求卓越，努力激发所有成员的研究灵感与火花，倡导成员的贡献和服务精神。我鼓励中国管理研究国际学会所有成员无论是个人还是集体，在追求卓越的过程中都以"更快、更高、更强"为座右铭！

我很荣幸能在接下来的两年里担任中国管理研究国际学会主席，我将竭尽所能为每一位成员服务，欢迎大家随时与我联系。

（中国管理研究国际学会主席致辞，发表在中国管理研究国际学会《时事通讯》，2008年9月）

社会责任还是个人责任

2008年，"婴儿奶粉污染事件"成为中国新闻媒体和网络在线论坛的主要话题。人们从多个角度谴责了这些企业的无良行为，例如，社会责任的缺失、政府监管不力、管理工作的疏忽等。同时，也有一些公众责备这些乳制品企业的"短视"行为——为了追求短期利润，这些企业没能保持严格的质量控制并遵守企业公民行为，欺骗了消费者，令大众失望。

随着中国乳制品行业的快速发展，乳制品制造企业竞争日益激烈。一些企业为寻求快速扩张，采用值得怀疑的方式来获取市场份额并且维持低价。或为了谋求高额利润，或为了在竞争异常残酷的市场上存活，这些企业将自身的义务和对消费者的责任置之脑后。据调查，在毒奶粉事件中，企业的质量控制、供应链、销售渠道等环节都应该受到遣责。此次丑闻使我们认识到管理中正直及恪守质量承诺的伦理实践的重要性。正直和伦理标准是中国管理研究国际学会的两个核心价值观。然而，仅有崇高的思想还不够，我们还需要把这些思想付诸实践。正如谚语所云："魔鬼存在于细节中。"有时看起来很小的行为却能导致重要任务的失败。然而，忽视细节与对正直价值观的认识不清晰、对伦理标准的松懈态度有关。和致力于"在正确的时间、正确的地点做正确的事"的精益管理原理相似，对伦理实践的忽视也将导致失败。当我们走进肯德基或麦当劳餐厅时，它们关注每一个细节来满足顾客甚至超出顾客期望的做法给我们留下了深刻的印象。

企业可以通过以下途径来改善以正直为指导思想的伦理管理的细节建设。首先，要有"以人为本"的哲学。作为"以人为本"的组织，企业的首要责任应该是服务并且尊重人，每位顾客的尊严都应该得到尊重和认同。另外，企业应该对它们生活、工作的社区以及整个社会负责。其次，一系列有效的制度、准则以及规章都需要确保伦理实践应用到每一细节当中。企业只有承诺在每一环节中都强化细节管理，才能有一个高标准、高效率的运营体系来为消费者保证产品安全。

个人责任感对中国管理研究国际学会社区也极为重要。中国管理研究国际学会成员所追求的是促进中国情境下的管理和组织研究，这一目标的实现也需要有意识地关注细节。中国管理研究国际学会成员有责任对研究课题进行严谨设计，保护被调查者的利益，保持机密性，展现真实的分析和结果，为信息来源做出贡献。严谨的研究包括悉心设计、实施、分析，对结果的解释和数据的真实性，研究的展示应该忠实于数据并反映研究结果的优缺点，忽视上述任一细节都可能导致结论出现错误。例如，在研究设计阶段，细微的错误可能导致最后结论的无效。最重要的是，我们的成员应该一直恪守最高的职业标准。即使并非有意为之，也永远不要剽窃！不幸的是，近几年中国学术界发生了一些剽窃的事例，这令我们这个职业蒙羞！我们协会的首创主席徐淑英教授曾在2006年中国管理研究国际学会南京会议上就她研究的伦理问题做了专题报告，我建议大家在 www.iacmr.org 上阅读她的演讲内容。撰写论文时，不论出版与否，不论直接引用还是间接引用，都应指出那些从别处得来的思想和概念，以及建议和帮助。我们应该严谨地设计、实施、分析、报告和陈述结果，且阐述结果和数据的保留情况。正确地完成这些工作，要求我们尽力关注细节。

只有个人在研究中对每个细节负责任，才能使组织履行社会责任，为社会做出贡献。正直是所有行为的指南，细节管理则可以保证道德的正直不会受到侵害。我强烈建议我们的成员、学者、学生和实践人士在将正直和伦理标准付诸实践时，更多地关注细节。中国管理研究国际学会成员应该努力使其他成员提高其对社会和道德责任的认知，并鼓励他们履行这些责任。唯有如此，我们才能为中国管理研究国际学会追求卓越的宗旨做出贡献，为中国的组织管理研究做出贡献！

（中国管理研究国际学会主席致辞，发表在中国管理研究国际学会《时事通讯》，2008年12月）

金融危机下的机会：创造新知识

美国金融危机的影响已蔓延至全球，人们开始担心新兴市场的增长、发展中国家的未来、监管需求的强化、新的全球金融结构等问题。经济事件、技术开发、货币政策、社会事件、公司战略、人口发展趋势以及管理环境之间的复杂关联为全球危机的大范围影响创造了条件。在充满挑战与不确定性的时代，商业和组织管理以及管理研究的作用显得尤为重要！

学术界与实践界并非相互孤立。当全世界正在遭受此次史无前例的金融危机时，管理研究者、学生以及实践人士必须注意学术理论在世界发展中所扮演的角色。众所周知，科学目标是寻求真理、解释并预测现象，以致知识能够被积极地利用在提高、改变并且影响未来的实践当中。有人批评，没有现存理论能预测到此次史无前例的危机，更糟糕的是，还有人认为正是关于金融衍生品的经济和财务研究导致了美国的金融危机。

中国管理研究国际学会致力创造和传播中国情景下的管理知识，这些管理知识是实践界的真实反映，研究结论对于商业实践的发展具有益处。在真理和有用性的持续精炼过程中，科学所创造的知识被检验和再检验，新的理论被创造，并且新的数据被用来批驳或证实初始的理论。这一过程就是通过持续的、涉及新的理论和事实的科学研究而实现的知识更新。此次危机表现出来的非常态性，为我们提供了一个极好的机会来审视、更新现存理论，甚至创造新的理论来理解近几个月来所发现的金融和企业失败中的非常态和未预料到的现象。

随着金融危机侵蚀着世界经济，理解、解释和指导企业管理运营实践的需求变得更为紧迫。现在，研究者的关键任务是将经济的无序性置于研究情境中。最有价值的思想是那些能为过去已经发生的，以及下一步将要发生的事情提供线索。在寻求理解的过程中，学术研究者经常是新思想和创新思想的来源。当我们回顾全球企业的演进时，学术研究有助于客观地解释正在发生什么及其背后的深层次原因。我们现在能做的事情之一是透过事物的现象看本质，关注此次危机的根本原因。例如，值得探究的问题包括：组织和管理中的危机有哪些是未知的？目前对危机下组织的人类行为的理解是否存在局限？我们是否理解决策中的伦理？帮助企业度过此次危机的新商业模式将是什么？我们可以从管理人才开发和高管薪酬系统中学到什么？什么因素影响了企业在国内外市场合乎伦理的运营决策？此次全球经济危机将怎样影响商业全球化？

危机不但意味着挑战，它同时也蕴含着机会！我们应该考虑如何从学术上做出努力以及如何找出解决问题的方法。另外，在经济衰退时，教学也可能影响未来的管理者。正如此次危机所揭示的,有人估计离职去追求高等教育的机会成本在降低,可以预期,商学院的申请人数在增加。例如哈佛商学院等院校,经常报告在过去几年里经济放缓时期的申请人数在增加。近期,包括南京大学在内的中国一些大学报告,与上一年同期相比,申请进入商学院的人数也在增加。所以,对大学来说,这也是一个机会,可以考虑设置一些对学生和管理实践者进行知识传授的项目。

我相信,在金融危机时解决关键问题,我们能创造并且传播知识,这是认识研究的重要性及其持续贡献潜力的重要时刻。这就是为什么我认为此次危机不仅仅是问题,也是机会。我强烈建议我们学会成员尽快行动起来并全力将经济危机置于持续的研究、教学等学术活动情境中,有许多重要问题亟待研究。与利用文献来指导我们选择研究问题不同,当商业和企业实践中的问题呈现在面前时,通过解决这些问题,我们就有了很好的机会对理论和实践做出贡献!

(中国管理研究国际学会主席致辞,发表在中国管理研究国际学会《时事通讯》,2009年3月)

理论联系实践:"为什么"和"怎么做"

最近,我参访了中国几家企业,试图理解当前的金融危机对企业、员工及周边社区的影响。不出所料,大多数企业在不确定的经济形势下继续面临着前所未有的挑战。这些企业的CEO谈到了一些避免危机的途径,也探讨了没有预料到此次危机的一些可能解释。有些CEO提出:为什么已有理论未能预测到此次危机?企业应该如何应对此次危机?还有一些CEO表达了担忧:理论研究对企业的生存发展没有什么效果,能否更好地利用组织研究知识来减轻此次危机对企业的影响?

为什么在实践界叹息大多数研究与现实商业世界不相关和不实用时,研究者则抱怨实践界没有基于研究结论来夯实管理实践?为什么日常管理实践未能和已经积累的管理理论知识一样迅速改变?尽管在同行评审的出版刊物上有着大量的研究成果，为什么管理研究没有对实践世界产生深远的影响？

彼得·德鲁克的著作对理解当前的情况提供了一些启示。他在《管理的实践》(1954)一书中主张："管理是一种实践，其本质不在于'知'，而在于'行'。"管理研究需要整合"为什么"和"怎么做"。"为什么"指能提高我们对事物理解程度的知识，而"怎么做"则指以解决问题为导向的理论，涉及知识在管理实践中的传播、采用及运用。然而，学术界对"为什么"的关注要大于对"怎么做"的关注。当学术界倾向于认为"为什么"比"怎么做"更具有价值时，实践界则倾向于认为"怎么做"比"为什么"更重要。在当前环境下，有效整合管理研究和管理实践的能力非常关键，实践工作者和研究者都扮演着重要的角色。

我建议我们学会成员将经济危机置于持续的学术研究情境中，解决已经呈现在眼前的商业和管理实践问题。然而，提出正确的研究问题还不够，它对企业经理们进行有效决策的贡献只是第一步。为搭建理论和实践之间的桥梁，我们既应该知道"为什么"，也应该知道"怎么做"。在形成研究问题和解释研究结论时，我们需要更好地考虑并理解所从事的研究对实践界的启示。

为了解决当今的问题并为更好地预测明天的问题做准备，我建议学会成员要持续地了解当今的管理实践，具有理解专业实践世界和学术世界的经验。只有通过有效的整合，我们才能学会如何提出正确的问题，如何执行研究项目，更重要的是，如何解决现实世界中的管理问题。

（中国管理研究国际学会主席致辞，发表在中国管理研究国际学会《时事通讯》，2009年6月）

工作—生活平衡：永远不晚

中国电信解决方案提供商华为公司发布的《2008年企业责任报告》披露，该公司新设立了"首席员工健康和安全执行官"岗位，旨在更好地强化员工安全和职业健康制度。新岗位的目标是引导员工关注饮食和工作，改善生活幸福感并且预防疾病。另外，公司也为员工提供"身""心"健康咨询服务，以此来支持员工的健康行动。该岗位的设立是华为公司和当今许多其他企业对普遍遇到的挑战的一种回应，即如果公司的绩效文化希望员工付出更多，却提供很少的支持作为回报，那么员工的长期忠诚和公司的"大家庭社区"理念将受到侵害。

过去20多年里，我们见证了工作需求的极大增长，部分是信息技术的扩散以及竞争激烈的工作环境所致。在一个联系紧密的社会中，我们全身心投入到工作中，长时间地工作，并且即使在假期也不忘工作。忙碌于工作甚至已经改变了人们打招呼的方式，现在典型的问候是"你好，还是很忙?"。持续地忙碌，许多人由于加班以及压力增大而感受到疲劳，包括蓝领工人、白领人员、高级管理者以及知识工作者在内，几乎所有职业都遇到了这个问题。常见的是，企业家、管理者、专业技术人员甚至学者都感觉到了日益增加的压力和工作需要。在中国，近来一些成功的企业家和管理者英年早逝，已经引起了人们对工作—生活平衡的重视。

专家表示，中青年猝死比例上升，与过度劳累、压力过大等各方面因素有关。因此，员工应该注意自我调节和减压，合理安排休息时间。

在一个充满冲突的责任和承诺的社会中，工作—生活平衡已成为工作中最主要的挑战。工作—生活平衡概念广泛，一方面涉及将工作和事业置于优先地位的挑战；另一方面，也包括对家庭、健康、休闲以及情操陶冶的关注。长期研究工作—生活平衡的科塞克和劳沙教授（Kossek & Lautsch, 2008）告诉我们：工作—生活平衡不仅依赖于家庭环境和职业，而且依赖于人们如何管理自身的职业和个人生活。

过去20多年里，工作时间的延长意味着和家庭、朋友以及社区的相处时间变得更少。同样，人们花费在从事自己喜欢的活动以及用于个人自我发展和情操陶冶的时间也更少。如果人们把大多数时间花在工作上，个人生活将会为此付出代价。

学术生涯也不例外。学术研究是一个充满挑战并且回报较高的职业。学术生涯提供相当高的自由，年轻和资深学者被激励在教学、研究和社会服务活动中实现成就。但这出现了三个问题。其一是，据许多学者，尤其是年轻学者反映，为了勉强维持生计，他们不得不长时间地工作。由于教学和研究任务越来越多，学者们的工作天数似乎正在延长而非减少。因此，毫不奇怪，学者们反映说每天工作10小时，连周末也不例外。虽然有些工作可以在家完成，但这经常意味着家庭生活、自我完善、体育锻炼等安排不得不让步于工作。其二与学术生涯的本身属性有关。学者们致力提升科学知识，正因为这样，工作和生活难以完全分开。学者们总会有一些新思想或见解，这些思想或见解可能是在周末或假期的某一个夜晚突然"灵光一闪"而产生的。置身于学问研究的学者不会完全符合每周40小时的工作模式，他们无论在何时、何处都可以从事学问研究。其三是"发表或淘汰"的期望。如果学术生涯中没有发表科研成果，他将失去工作。尤其是年轻学者还要面对终身教职岗位和晋升的压力。大学中对终身教职岗位的竞争给学者们带来很大的压力，他们不得不长时间从事研究工作。

因此，我们如何在生活、工作、学习和家庭中实现平衡？我们如何应对这些冲突和责任？在商业世界中，当企业致力降低成本时，人力资源从业者必须理解工作和生活平衡的关键问题，并且成为工作—生活平衡制度的倡导者。具备提前思考能力的人力资源从业者要求以创新的方法来提高企业竞争优势，从而会发现支持工作—生活平衡的措施能实现组织和员工"双赢"。同样，在学术世界里，认识到工作—生活平衡的必要性并且照顾好自己非常重要。我们有责任留意自己的健康和幸福生活。我们应该认识到，工作—生活平衡不只是个人在工作和家庭中实现平衡，虽然这是工作—生活平衡中非常重要的一部分。工作—生活平衡也包括调整工作模式和方案，使得我们可以找到一种更容易将其他责任和灵感相结合的生活节奏。

请牢记，工作—生活平衡不是静态的，而是一个动态的过程。实现生活中的平衡要求我们持续关注。平衡也不意味着努力追求每件事情，我们应该审视哪些事应该优先完成，并为之设定边界。同时应该知道哪些事情我们能够做到,哪些不能。只有我们自己才能实现生活的和谐。

许多人叫我"工作狂"。作为中国大学商学院院长,要实现教学、研究、社会服务、学院管理以及家庭生活的平衡的确很难。正如我们所知,"说来容易做来难"。当我们考虑下一学年工作安排时,我鼓励所有同人思考自己的工作—生活平衡状况,让我们努力找到实现学术工作和个人生活平衡的途径。在事业道路上保持身体健康并且实现成就的努力永远不晚!

(中国管理研究国际学会主席致辞,发表在中国管理研究国际学会《时事通讯》,2009年9月)

以人为本:创建中国和谐劳动关系

中国自1978年开始经济改革,实行对外开放政策以来,工业化和城市化进程令人惊讶,所有权结构和管理实践正日益多样化,劳动关系变革也不断深化。劳动关系是现代经济生活中最基本的关系。然而,劳动关系冲突已成为中国迈入市场经济道路以来最主要的社会冲突。在一些企业中,侵犯员工权利的现象仍时有发生。在某些情况下,侵犯员工权利的现象正在蔓延,并引发了群体事件。

2009年7月24日,吉林省通化钢铁集团大约1000名钢厂工人在获悉其所在企业与建龙重工集团购并,他们可能被大规模裁员和失去工作后,爆发了10小时的骚乱(《中国日报》,2009年7月27日)。建龙重工集团副总裁陈国军拟出任新成立公司总经理,负责执行此项购并计划。他在通化钢铁集团办公大楼和一群对购并持反对态度的工人会谈时,遭到群殴受伤后死亡。这起令人震惊的纠纷个案,对经济平稳增长、社会和谐稳定造成了负面影响。历史上看,中国劳动关系与西方国家有本质不同。中国政府在劳动关系体制中扮演了多个角色。在高度集权的计划经济时代,政府是雇主,并且控制劳动标准。政府强制规定所有企业必须成立工会。《中华人民共和国工会法》(2008年修订)规定,参与工会是中国所有企业员工的基本权利,是法律授予的神圣权利,任何企业或个人必须遵守。在市场经济下，政府经常扮演多个角色，如控制者、协调者、管理者，有时亦直接作为雇主等。在中国转型经济下，随着所有权和身份转变，与工作及福利相关的问题出现了。尤其是当国有企业所有权结构发生改变时，各方都有利益诉求，而这些利益诉求经常发生冲突。首先，为提高生产效率，购并将导致大量员工下岗；为降低成本、提升效率、增强有效性，企业会重新组建管理团队。其次，政府也希望从重组中获利，期望新成立的企业盈利能力更强，创造更多的GDP和税收，并通过增长来增多就业机会。再次，股东或投资者则希望企业实现更多利润，使投资回报更高。最后，员工不希望失去工作。这些利益诉求都需要得到解决，面临的主要挑战是如何找到能使各方满意的、平衡这些不同利益的解决办法。政府、企业、员工和社会各方在寻求解决办法时都需发挥作用。

首先，政府和社会各方必须共同努力来保证改革期的平稳过渡。越来越多的不公平和大量的劳动纠纷是政府的主要担忧，这要求政府必须进行政策调整。为建设和谐社会，政府推出了多方面的社会和劳动政策，包括修订《劳动合同法》（新的《劳动合同法》在2008年1月实施），逐步建立统一的劳动市场来代替"户口"或居住证制度，成立工会和推行集体谈判制度，以及将国内消费作为增长的引擎等。然而，政府也必须授予企业更多的权力和自主权，减少对劳动关系的直接控制。所有参与方必须讨论、谈判、劝导、折中，并且达成促进理解的协议，最终制定对各利益方最优的政策。也许，最终协议不能令所有人都满意，但是折中方案则意味着所有成员都可接受。只有这种公共集体谈判，才能实现相互理解与和谐的劳动关系。

其次，工会应被看作积极的参与方。过去，中国工会在员工福利方面比管理方面参与更多；近来，工会的职能有所演进，许多企业工会正在帮助管理者实现组织目标。例如，它们在制定战略、规划目标、监督劳动合同执行情况以及保障员工利益和权利等方面参与管理。中国的许多跨国企业及其工会已经面临工会应该如何在中国的社会主义企业和资本主义投资者联合管理下行使职能的问题。最近的改革实践证明，许多合资企业工会与管理层齐心协力，能成功地帮助员工适应新的管理风格。超过 73% 的外资企业在中国设立了工会（国际工会联盟，2009），如索尼、佳能、联邦快递、英特尔、IBM、沃尔沃和丰田都成立了工会。这些工会在帮助企业处理和维护员工利益，提升和谐劳动关系，帮助企业实现商业目标方面发挥了积极作用。

再次，作为社会群体，各行各业的员工将逐步适应市场经济，对企业和员工之间的关系有更为清晰的理解。他们也将受到更多的教育，理解和学会如何合法保护自身权利。

最后，学者们有大量机会通过开展劳动关系研究在帮助创建和谐劳动关系中发挥重要作用。至今，对劳动关系的关注，发展能解释中国劳动关系实践的理论，为不同劳动关系政策和实践在不同类型企业的有效性提供依据等方面，还没有引起学者的足够重视，为在中国如何解决劳动冲突提供精确和政策导向的结论还不足。已有的劳动关系文献大多关注西方国家或发达市场经济下的企业，这些研究为理解劳动关系提供了许多理论和见解，但我们需要研究中国的劳动关系。研究者可以探讨正经历结构性变革的中国转型情境下劳动关系的本质，这些结构性变革不同于发达市场经济下的情境。例如，值得关注的问题包括：在中国政治体制下工会的角色是什么？随着所有权结构的变化，政府、所有者、管理者和员工应该如何平衡各自的不同利益？集体谈判如何影响本土企业和跨国企业？近来在劳动关系方面的变革如何影响不同行业和地区的企业与员工？如何确保员工受到法律法规的保护？协商、集体谈判、职业安全和其他劳动关系所面临的主要挑战是什么？哪些类型的协商和谈判战略在明显不同于大多数西方或发达国家的文化遗传和历史背景的中国最有效？

总之，和谐社会是一个以人为本的社会。在特定的国家目标和文化传承下，中国的劳动关系具有迥异的内涵和实践。致力于这一重要主题的研究，将是中国管理研究国际学会成员的责任和机会！

（中国管理研究国际学会主席致辞，发表在中国管理研究国际学会《时事通讯》，2009 年 12 月）

绿色企业及其可持续发展

近来，中国的政府官员、学者和企业家们正热议"哥本哈根会议"提出的低碳经济和绿色企业的利益和意义。不仅仅关注从化石燃料到清洁可再生资源的转变，绿色经济正成为21世纪经济发展的根本催化剂。由中美两国主导，全球正重新调整各行各业的政策和投资，从整体考虑人类、自然资源和经济发展的关系。绿色经济寻求广泛的利益相关者，共同处理人类经济发展与健康的自然生态系统的相互依赖关系。绿色经济模式与将自然资源看作能够立即获得经济收益的原材料的传统模式存在根本不同。

追求绿色经济不仅会对公共和私人领域，而且会对学校和课程设置产生深远影响。例如，当美国许多大学由于预算减少了课程开设数量时，"绿色"专业却蓬勃发展。"美国高等教育持续发展协会"（Association for the Advancement of Sustainability in Higher Education in America）数据显示：美国高校2009年新开设了100多个与能源和可持续发展相关的专业、科目和认证项目，而2005年仅新开设3个，实现了指数式增长（Schmit, 2009）。同时，商业领域正大力引进能提高能源使用效率的新产品和工艺技术。因此，新经济将由那些愿意将绿色思想融入到组织当中，并且重新思考短期和长期的商业实践的企业所驱动。

绿色企业的兴起非一时狂热，它是在新能源和气候现实面前进行商业运作的根本变革。绿色企业不仅遵守规则，它们还开发并实践商业战略，从而对健康和可持续的未来负责。绿色企业采用改善顾客、员工和利益相关者生活质量的原理、政策和实践。特别地，由于绿色企业致力提高员工满意度和工作荣誉感，员工愿意追随那些追求绿色经济的企业，所以绿色企业实践可以帮助企业吸引并留住最好的员工。

鉴于绿色企业对环境和社区的积极影响，新的绿色经济的领导者必须有大胆思考的勇气和鼓舞员工的能力。然而，企业绿色化绝非易事。新经济蕴含着丰富机会，但企业真正准备好了吗？当今的，尤其是未来的员工和领导者能充分预见到正在逼近的变革吗？我们对于以下问题了解不多（如果有的话）：绿色经济下有哪些就业机会？绿色经济下未来的工作将存在于哪些行业当中？绿色经济下员工需要掌握哪些技能？什么是绿色企业，它们如何运行？哪些领导能力对于追求新的机会更为必要？包括中国管理研究国际学会成员在内的研究者充满机会和责任，我们需要通过从事高质量的研究，找到上述问题的有效答案，为可持续的绿色经济的健康发展做出贡献。

在寻求答案的过程中，面临这些挑战的企业领导者可以从以下方面着手。第一，他们必须致力于在企业内在价值观上进行绿色企业理念的变革，同时坚定信念：绿色企业意味着环境、经济以及所在企业的可持续。它们应该在企业中有效地传播这一清晰愿景，并且建立实现这一愿景的可行路径。向绿色经济的转变将毋庸置疑。成功的企业领导必须宣扬企业如何进步，必须以战略规划、宗旨、愿景和核心价值来支持这一理念。第二，企业领导者应该主动迎接变革，提前行动，主动采用政策、结构、实践和服务。新的绿色经济下的变革将受到快速进步的技术的驱动。绿色企业的领导者必须理解这些改变将如何演进，并且如何影响核心商业模式；必须主动学习，迎接变革。第三，企业领导者应该致力关注社会责任，深入理解产品生命周期和供应链中供应商和分销商对环境的影响。企业需要知道原材料从哪里来，这些材料生产的条件是什么，它们是如何运输的，以及废弃不用的未用完材料和产品如何处置等。企业领导者必须知道并且关注与产品供应链和生命周期相关的生态问题，使企业经营行为与绿色可持续未来的预期一致。

企业领导者在未来的绿色商业中发挥重要角色的同时，我们学术界有责任发展关于绿色企业管理的知识，用这些知识帮助个人、组织和行业找到成功实现绿色企业的途径。我们可以为政府、政策制定者、董事会、高管，尤其是 CEO、总经理和人力资源管理者提供前沿思想，帮助他们指导组织和员工实践。我们可以识别出绿色经济下促进和阻碍组织绩效提升的因素之间的定量关系。学者应更注意以下主题，例如：企业可持续发展的经营模型和框架的开发；理解技术在帮助组织实现可持续发展中的角色；鼓励员工参与到绿色经济中；

设计绿色经济下的组织治理结构；鼓励知识创建和共享；可持续性和企业社会责任。

总之，每一个人都能影响企业和地球的可持续发展，同时也在受到它们的影响！通过为顾客、投资者以及环境创造价值，绿色企业为人类、地球和利润做出持续贡献。作为学者应该深思，我们的研究贡献将对未来商业模式的形成产生影响，并且也会影响大学学生的培养，而这些学生将在设计和实施有效的可持续商业模式中发挥作用。

（中国管理研究国际学会主席致辞，发表在中国管理研究国际学会《时事通讯》，2010年3月）

学会学习：创建全球学习型社会

时光荏苒！从2008年9月为中国管理研究国际学会《时事通讯》撰写我的第一篇致辞"发扬中国管理研究中的奥林匹克精神"至今，已近两年。彼时，2008年北京奥运会圆满结束。今天，当我满怀荣耀以会长身份撰写最后一份致辞时，众人翘首以待的上海世博会刚刚开幕。此刻，我想与大家分享的仍有很多，但在最后一份致辞中，我将关注全球学习的主题，原因在于全球学习与我们学会以及我们所生活的社会息息相关。

众所周知，当今世界有70多亿人口，没有两个人完全一样。人们不仅存在先天差异，而且成长环境和学习环境使得个人的心智和情感也具有独特性，这种独特性又使得人们的想法、观念以及需求具有多样性。然而，任何社会的成员都具有许多共性，这就是被霍夫斯泰德（Hofstede, 1991）称为"集体思维的程序化"或"集体学习"的结果。要相互理解、尊重和合作，就需要相互学习，因此，相互学习在小型团体层面、大规模的社会层面以及跨社会层面都必不可少。事实上，人类社会的生存和发展总是依赖全世界人民的共同学习（Griffin & Brownhill, 2001）。就此而言，上海世博会是一个全球学习平台，为我们提供了交流观点、建立国家和地区之间的联系，以及学习所有主动参与此次全球学习大会的各个参与国最佳创新和文化成果的机会。

早在1973年，舍恩提出，因为社会以及构成社会的组织都处在连续的变革中，所以我们不仅必须变革组织，还必须创新学习型的组织，即能够自发地进行持续变革并发展技能以面对从未遇到过的挑战和机会的组织（Schon, 1973）。学习型社会的观点有助于我们理解与全球化相联系的深刻变革以及其他动态的社会和经济变革（Raven, 1995）。时至今日，技术进步致使世界越来越小（Friedman, 2005），我们见证着日益增长的人与人之间、组织之间以及国家之间的相互理解的需要，这在学习型社会甚至更加关键。

学习型社会的主要特征是什么？我认为这些特征主要表现为四个方面。首先，学习型社会是一个有着良好教育、有着积极的公民责任感、充满自由民主以及机会均等的社会（Edwards, 1997）。学习型社会为公民提供学习机会，以面对变革的挑战。其次，自主学习（Hartley & Bendixen, 2001）在学习型社会中不可或缺。自主学习强调人们对自己的学习负责，而非在他人要求或命令下进行学习。再次，在学习型社会中，人们把学习当作生活的一部分，利用广泛资源来丰富生活实践。最后，学习是终身的过程，没有固定的起点和终点。基于以上特征，我认为整个社会的成功学习始于个人，每个人既是"学"者也是"师"者。

我也认为，全球学习型社会将促进来自不同国家的人们一起合作，解决在生态、环境、经济、教育、技术以及健康领域的重大问题。全球学习型社会也将为落后地区提供发展机会，从而建立和谐的全球社会。联合国即是一个具有全球学习型社会理念和运营哲学的例子。

随着全球学习型社会日益成为现实（Edwards,1997; Griffin & Brownhill, 2001），我们是否已准备好迎接随之而来的挑战？学习型社会的价值是什么？在学习和经济成功之间，在培训和竞争优势之间，在教育创新和财富创造之间存在具有显著意义的关系吗？哪些经济、政治、文化因素会阻碍或促进包括中国在内的全世界迈向学习型社会的进程？需要运用哪些国家政策以加速实现向学习型社会的转变？很明显，直觉地看，学习型社会的理念令人着迷，但我们对其本质、影响因素和结果变量的认识并不完全。我们需要对其进行系统研究，这也正是我们学会成员可以努力的方向；我们还可以在不同层面上定义学习型社会，并对其影响因素和学习的效果进行理论构建；我们还可以设计严谨的研究来获得关于学习型社会价值的令人信服的结论。已有间接证据表明，个人和组织层面上的学习具有价值（Senge, 1990），然而，最迫切和重要的研究方向是找出影响学习型社会创建、发展及持续存在的因素。

中国管理研究国际学会也是一个全球学习型学会。从本质上看，研究是一项学习活动。学会成员和来自任何国家和地区的其他成员相互学习。为了追求共同的学习目标，许多成员和来自不同国家和地区的成员合作，我们学会在包括个人、团体、部门、组织、行业和国家等层面上开展合作。这些合作成效显著，但还不够。我建议学会成员继续努力！不囿于现有的合作范围，我们应该拓宽合作渠道，建立学会成员和商业社会、产业界之间的合作；在合作研究的基础上，我们也应该拓宽国际合作方式，创建整合全球学者学术成果的共享数据库；我们还应该努力共同投资建立大型的科学实验室，这些实验室能为全球学者进行学术资源的联合开发提供共享服务。

第四届中国管理研究国际学会年会于2010年6月在上海举行。实质上，这是一场学者们的世博会。本届会议的参与者来自18个以上的国家和地区。我相信，成员们有着强烈的学习精神，通过研究和教学，中国管理研究国际学会在我们各自社区的学习型社会的发展中将扮演重要角色。我们有机会，也有责任通过相互学习使我们所处的世界更加美好！中国管理研究国际学会强调学习，虽然这只是朝着我们所憧憬的全球学习型社会迈出的一小步。但是，千里之行，始于足下！

（中国管理研究国际学会主席致辞，发表在中国管理研究国际学会《时事通讯》，2010年6月）

后　　记

古时，人们用天干和地支相配作为纪年，60年周而复始，因而60岁又称为花甲之年。时光匆匆，转眼间，我也快要步入花甲之年了。唐朝赵牧《对酒》诗曰："手捼六十花甲子，循环落落如弄珠。"花甲之年，往往也被认为是人生的转折之年。对于步入花甲之年的人们，感悟不同，心态各异，自会有一番感慨。有人退休或者离开了领导岗位，感慨岁月匆匆，夕阳西下；有人认为辛辛苦苦一辈子，要好好补偿自己，舒舒服服地享受生活；也有人把过去的辉煌作为记忆，继续努力奋斗，力求再展宏图。对我来说，花甲之年则是我人生的又一个起点，我将以积极的心态去迎接人生的第二个春天。

古代教育家孔子曰："吾十有五而志于学，三十而立，四十而不惑，五十而知天命，六十而耳顺，七十而从心所欲，不逾矩。"现在重温孔子之言，回想自己的人生历程，感慨孔子的人生寓意多么深刻而又富有哲理。

我出身于农民家庭。年少时，父亲把我送入学堂，让我立志求学，也许他当时并不知道他的儿子将来能做什么、能做成什么，但他知道多读书、有知识、长本事、能吃苦，总会有好处的。也许他的想法在当时看来很是简单、很是朴素，但现在看来却是很有意义、很有远见的。高中毕业之后，我回乡务农，后入高等学府学习深造、出国留学，再后来担任大学教授、从事教学与研究、指导研究生、当院长……从志学之年、而立之年，到不惑之年、知天命之年，再到花甲耳顺之年，看似简单的人生历程，却有诸多感悟裹于其间。本想作为一种记忆永存心头，但拗不过一些朋友和学生的一再要求，只好把这些经历总结成文字，予以出版。

在这本书中,我回顾了我的求学经历,总结了我的科研工作,介绍了我的家庭生活,也谈到了我作为商学院院长的治院理念,其中自然也包括我对人生的理解和感悟。我指导的部分博士、硕士研究生知悉这本书的出版,纷纷撰文谈论他们对我的印象和我对他们的影响,这些也作为本书内容的一部分置于其中[一]。

本书由恒光国际文化交流咨询有限公司总裁马明杰女士、技术总监张一珺先生策划,撰写工作得到了知名财经作家邱恒明先生的积极协助,出版工作得到机械工业出版社北京华章图文信息有限公司副总经理王磊女士、策划编辑吴亚军先生的大力支持,在此对他们致以衷心的谢意!我太太许晓梅、女儿赵宜萱,我的学生杜鹏程和刘燕等,也为本书的出版建言献策,做了很多工作,在此也对他们表示衷心的感谢!另外,本书创作过程中接受采访的老朋友、老同学及学生同仁们,在此一并谢过。

人生总是千姿百态、丰富多彩的。即使到了"耳顺之年",仍有许多感悟不到、感悟不了的东西,也会有很多值得期待的东西合理存在,还会有一些新的感悟和思考合理产生,但对人生的基本态度恐怕难以改变了,因此本书中的一些观点和看法,只希望对大家具有一些参考价值和借鉴意义。如果说,本书对读者,特别是年轻的读者能起到一点启迪与激励作用,那么本书出版的目的就已经达到了。

赵曙明

2012 年 8 月 30 日

[一] 见本书附录 A。

再版后记

正如一句古话所说,"光景不待人,须臾发成丝",十年转瞬而逝,不知不觉自己已经到了"从心所欲"的年龄。回顾过往十年,感慨万千。我首先要感谢南京大学于 2017 年 7 月将我评为"南京大学人文社会科学资深教授",让我仍然可以斗志昂扬地奋斗在学术一线;2020 年南京大学又任命我担任"行知书院院长",让我又开始做起学校的管理工作;我感激家人对我的支持,让我可以义无反顾地投身到教书育人的事业中;我感恩同事、朋友对我的信任,让我可以一如既往地为中国人力资源管理做贡献;我感谢学生们对我的信赖,让我可以继续尽力地授业解惑、分享人生经验!

过去十年间,我们国家发生了诸多变化,我国科技事业蓬勃发展,不断创造历史,GPD 稳步上升,脱贫攻坚和生态环境保护取得了可喜的成绩,各项改革也在有条不紊地进行中。但 2020 年伊始,新冠肺炎疫情席卷全球,扰乱了我们前进的步伐。国家、社会、企业、个人都需要重新适应,重新寻找发展的方向。值得一提的是,移动互联网、大数据、物联网、人工智能等科技的飞速发展为我们适应后疫情时代提供了有效的应对工具,同时,外部环境的不确定性以及技术的迅速迭代也为企业和个人的发展提出了重大挑战。为此,我在商学院牵头组织了"第十届企业跨国经营国际研讨会",以"企业跨国经营管理:全球投资、新技术与创新人力资源管理实践"为主题,邀请三位诺贝尔经济学奖得主、多名著名企业家、管理学家以及社会活动家作为主讲嘉宾,做主题报告,分享他们对技术、创新以及人力资源管理的见解。由于疫情原因,我们采用了"线上 + 线下"的会议形式,共有近 20 个国家和地区的 20 000 多名与会者通过线上参加了本次研讨会，这也是有史以来参会者最多的一次。我希望通过企业跨国经营研讨会为企业家和学者提供交流的平台，促进理论与实践的结合，提高理论研究的实践价值，为企业提供切实有益的发展建议。

这十年来，我正是本着尽量为企业家、学者和学生搭建更多平台、促进理论与实践对话的理念组织了一系列学术活动，邀请各界专家就不同的前沿问题分享见解，以此不断深化我们对世界、对社会、对企业、对人的认识。为此，出版社希望我能够更新这本书，分享这十年来我的一些新的经历和新的感悟。因此，我在第1版的基础上，更新了我经历上的一些变化，也根据自己的经验和观察，预测了人力资源管理新的发展趋势。

本书的再版工作得到了机械工业出版社北京华章图文信息有限公司副总经理王磊女士、策划编辑李文静和李万方的倾力支持，在此向他们表示衷心的感谢！我太太许晓梅、女儿赵宜萱以及我的学生们也为本书的再版提出了宝贵建议和积极帮助，是他们为本书的再版提供了最新信息，在此一并表示谢意。

时光流逝，但初心不改。我仍然不遗余力地做我喜欢的学术，仍然坚持以"能帮人则帮人"的原则与人相处，仍然尽我所能地为年轻的学者和学生搭建交流的平台。我也希望这本书的再版能够为大家提供一些新的视角，为大家的工作与生活提供一些新的思考。很多人希望回首往事时能够拥有苏东坡"回首向来萧瑟处，也无风雨也无晴"的旷达胸襟，但我更欣赏他"谁道人生无再少？门前流水尚能西"的奋进精神！以此共勉。

赵曙明
2021年12月7日

附录 A

学生印象

自 1977 年在南京大学任教以来，迄今已经 44 年了。我在内心深处非常喜欢"老师"这一角色。40 多年来，我不知讲授了多少次课，也不知给多少学生上过课，我并没有像有些老师常说的"有那种厌倦的感觉"，反而每次在准备下一堂课时，总是充满了一种期待和渴望。到目前为止，我先后指导了 30 多位博士后、120 多位博士研究生，还指导了很多硕士研究生、MBA 和 EMBA 学员。他们的回忆和述说，显得更加感性和生动。综合他们各自的体会，也许更能促进读者获得对我的立体印象。

学术成就

人力资源管理中国化的思想家

1997 年 10 月，我在美国一所大学做了一年的访问学者后回国。这段经历使我感到，我国在人文学科的研究方面与发达国家存在着很大差距，我当时就希望跟随一位从美国学成回来的学者，进一步攻读博士学位。但是由于当时中美之间无论在生活上还是科研条件上都存在着很大差距，从美国学成归国的留学生并不多。当我得知南京大学商学院赵曙明教授就是这样的一位学者后，就购买了赵老师的许多著作进行研读，我被老师睿智的学识和新颖的理论所吸引，当时就下决心报考他的博士研究生。

但是我并不认识赵老师，当时也没有网络可以收集信息。我就委托小时候就认识的南京大学商学院刘厚俊教授帮我引见,刘老师愉快地答应了。我记得当我走进赵老师办公室时,紧张得手心直冒汗,不知道将要见到的老师会是什么样子,会是一种什么态度。还记得我第一眼看到赵老师时,他和蔼地微笑着看着我,然后风趣地挠挠了头,身上洋溢着学者儒雅和宽厚的气息。他简单地询问了我一些情况,鼓励我说:"欢迎你报考我的博士研究生,但是报考我的学生很多,要好好准备。"后来我以较好的成绩被赵老师录取,这是我一生中难忘的幸运时刻。

赵老师是一位宽厚的学者。记得在攻读博士学位期间,有一次上讨论课,每个人都想展示自己对问题的想法和思路,发言十分冗长,近中午12点时还有6位同学没有发言。赵老师提醒大家,后面发言的同学要限定在5分钟内演讲完。听别人发言觉得漫长,但是轮到自己就会刹不住车,几乎人人都超时。说实在话,我早就不耐烦了,恨不得敲桌子阻止他们说下去,但是赵老师依然温和地坐在那里,没有任何动作,认真听取每个同学的发言。只是在每个同学讲完后,才提醒后面要发言的同学注意控制时间,但是结果可想而知,那天上午的课程拖到很晚才结束。认真倾听和尊重他人(哪怕是学生)是赵老师作为学者、学术团队领导人和知名商学院院长最重要的品质之一。

我认为赵老师的学术贡献主要体现在以下方面。

1. 国外先进人力资源管理思想的引进和推动者

20世纪90年代,中国改革开放进入了全新阶段,虽然引进西方先进管理思想并以此促进我国改革开放事业发展是国家的政策,但是引进什么思想、推动什么事业的改革依然没有定论,因此从事此类工作需要一定的胆识。记得2000年赵老师指导的一位博士生在论文开题时,准备研究我国市场经济条件下存在的雇用关系问题,很多参加开题报告的老师都警告说,这个问题十分敏感,在社会主义制度下讨论雇用关系可能会犯政治性问题,但是赵老师不为所动,毅然同意开题。现在看来,雇用关系问题已经成为我国政府亟待解决的挑战性问题之一。但是在20多年前,研究这个问题还存在着一定政治风险,可能是现在的研究者不可想象的事情。我个人认为，20世纪八九十年代那一批学者的最大贡献就在于针对中国的实际需求有针对性地大胆引进先进思想并推动它们在中国的尝试和运用，赵老师就是其中一位。

赵老师另外一个值得称道的学术品质，是对学术研究方向的坚守。大家知道，在改革开放初期，西方思想刚刚进入中国，什么都令人感到新鲜，话题的转换速度也是很迅速的。部分学者往往会什么话题热门就写什么论文，什么问题吸引大众或官方眼球就研究什么。然而不论研究的话题是热是冷，赵老师都始终如一地坚守在人力资源管理思想的引入和研究上，这也是赵老师在该领域获得学术界广泛认同和尊重的重要原因。

2. 人力资源管理中国化的思想家

其实在人力资源管理研究领域，研究内容也是十分宽泛的，国内有众多的杰出学者在这个领域内开展学术研究并各具特色。赵老师的研究焦点始终放在中国企业人力资源管理的实践上，解决了一系列中国企业人力资源管理实践面临的关键性问题。

首先，人力资源管理不过是一个抽象的名词，将它作为一种想法引入中国是没有什么难度的，但是要回答中国企业在人力资源管理方面的具体问题和现状，这在当时的国内几乎还是空白。此时，赵老师在改进美国的人力资源指数量表的基础上，对大量中国企业进行了测评；在数据分析的基础上掌握了中国企业人力资源管理的基本现状，然后与美国、日本等发达国家的人力资源实践进行全面对比，从而为中国企业人力资源管理的定位及发展趋势研究打下坚实而科学的基础，并以此为起点解决了当时我国企业人力资源管理实践中的一系列问题。

其次，进入21世纪后，随着国企改革以及民营经济的蓬勃发展，赵老师敏锐地捕捉到了我国管理者专业化和职业化的发展趋势，并认为这个问题如果解决不好，将成为我国企业发展道路上的瓶颈。而解决这个实践问题的科学研究基础，就是如何科学地评定职业经理人胜任能力和资格的问题，赵老师是国内率先组织开展胜任力及胜任特征研究的学者之一，并取得了一系列重大科研成果。他与政府和企业在相关领域密切合作，不断完善测评技术，使胜任力评估测评无论在理论上还是在实践上都提供了很好的解决方案。随着我国市场经济迅速发展，产业关系问题已经成为我国面临的一项挑战，2005 年赵老师组织研究团队对该问题展开研究，并取得了一系列成果。

3. 人力资源管理研究团队的培养者和组织者

赵老师不仅是一名出色的学者，更是我们学生心目中的好老师。赵老师对我国企业人力资源管理理论研究和管理实践所做出的另一重大贡献，恐怕还在于培养了大批从事该领域研究和实践的学生。这些学生就像蒲公英的种子一样撒向世界各地，他们当中不乏杰出的教授和研究者，也不乏国有企业和民营企业的高层管理者，通过他们，赵老师在人力资源管理领域的研究成果和思想在更广泛的范围内得到推广和运用。

（陶向南：南京大学商学院副教授、澳门科技大学商学院兼职教授，1998 级博士研究生）

中国人力资源管理理论体系的创立者

结缘赵曙明老师，在于二十多年来从请教、求学到共事的每一个日子。记忆中，有在洲际航班上连续十多个小时批改论文的赵老师，有在课上用一口海安普通话让我们醍醐灌顶的赵老师，有为了论文中的一个措辞、一个数据、一个结论反复斟酌和推敲的赵老师，也有在企业调研中目光如炬、在生活中步履如风、在举杯时激情洋溢的赵老师。

听说赵老师，源于和他的一些朋友的交往，包括潘金云教授、彭剑锋教授、刘军教授和张文贤教授等。出身工学的我本科毕业不久后便下海创业，在企业管理实践中遭遇团团迷雾。带着对企业管理的许多不解和疑问，师从山东科技大学经济管理学院刘军教授攻读管理科学与工程硕士学位，自此开始了对企业人力资源管理理论与实践的探索和研究。在调研过程中，我拜访和结识了国内人力资源管理领域的一批专家和学者，包括中国人力资源开发研究会潘金云教授、中国人民大学彭剑锋教授和复旦大学张文贤教授等赵老师的好友。在与他们的交流中，多次听他们提及从美国学成归来的赵老师和他的相关研究成果，便心生向往。

认识赵老师，始于拜读他早期的专著《国际企业：人力资源管理》和《中国企业人力资源管理》。我被这两本书字里行间对中国人力资源管理理论与实践的真知灼见和探索所打动，便通过电子邮件冒昧向赵老师请教。让我感到非常幸运的是，每次都能在 24 小时内收到赵老师用英文写的回复邮件，这些邮件大多是在凌晨 4 点左右发出的，邮件中对每一个问题的解答都非常的耐心和详尽，迄今记忆深刻。后来，我取道南京拜访赵老师，他在百忙之中与我说的一席话，以及话中尤为亲切的海安乡音，让我萌生了追随赵老师继续攻读博士学位的想法。

2001 年，我考取了南京大学企业管理专业人力资源管理方向的博士研究生，如愿以偿师从赵老师对中国企业人力资源管理的理论与实践继续进行探索和研究。虽然在入学的过程中节外生枝，历经坎坷，但我初衷不改，矢志追随。后来，从求学到共事，亲历见证了赵老师对中国企业人力资源管理实践问题的持续探索和研究，以及创立中国人力资源管理理论体系并积极推动中国人力资源管理教育发展的过程。

赵老师是最早关注中国企业人力资源管理实践问题并进行不懈探索和研究的先行者。众所周知，中国的人力资源管理实践要远比西方学者所面对的和想象的复杂得多：一方面，中国的企业群体有多种所有制形式共存，包括国有企业、集体企业、民营企业、中外合作企业、合资企业和外方独资企业等，每一种企业所有制形式都是独特的，都在特定的历史背景下有其存在的合理性和必要性，也都对人力资源管理实践提出了一定的挑战；另一方面，中国社会文化中的许多传统元素，如根深蒂固的官本位思维，与现代企业以人为本的人力资源管理理念格格不入。正是在这样的背景下，赵老师开始并一直致力于西学中用的探索，就西方人力资源管理理论在中国企业人力资源管理实践中的应用持续进行研究，为中国企业的人力资源管理变革指明了方向。

赵老师是中国特色人力资源管理理论体系的创立者。人力资源管理相关理论最早于 20 世纪 80 年代初期在美国兴起，中国企业管理实践界直至 20 世纪 90 年代尚普遍误以为人力资源管理就是人事管理，关于中国企业人力资源管理理论的相关研究即使不是空白，也十分的粗浅和薄弱。为了系统介绍西方发达国家人力资源管理领域的最新研究成果和发展趋势，对中国企业人力资源管理实践过程中所遇到的各种问题进行从现象到本质的系统解析，赵老师在人力资源管理相关领域先后出版了数十部著作，发表了数百篇学术论文，主持了数十项课题的研究。正是这些专著、论文和课题成果及其所形成的广泛影响，使与中国企业人力资源管理实践相符的中国特色人力资源管理理论体系得以创立并持续完善。

赵老师是中国人力资源管理教育和发展的推动者。近年来，赵老师直接指导和培养了人力资源管理方向的硕博士研究生和博士后 400 余名，发起和组织了一系列在国内和国际有着较大影响力的人力资源管理相关领域的学术研讨会和人力资源管理课程师资培训班。这些经赵老师言传身教的学生，以及在研讨会和培训班获益匪浅的数以千计的专家学者，如今均活跃在中国人力资源管理教学和理论研究以及人力资源管理实践领域，成为中国人力资源管理教育和发展的中坚。

赵老师传道、授业和解惑，实乃我辈楷模。

（戴万稳：南京大学商学院副教授，2001 级博士研究生）

学术视野令人赞叹

早在 20 世纪 90 年代，人力资源管理还不像现在这么热门，在企业里面还被称为人事管理，所以那时候我们班学生也不多，研究生一共 10 个人。

赵老师给我最深刻的印象主要是他在学术上的视野。他对相关学术研究领域前沿和热点问题的跟踪观察和把握，以及对发展趋势的判断，着实让人佩服。他个人能取得成功与此也有很大关系。

我们有时会讨论赵老师为什么能够取得成功。我觉得首先跟他早期的背景有关。他 1991 年回国，那时候在国外取得硕士、博士学位，特别是在美国做完博士后研究后全家回国的人非常少，回国就意味着个人的选择非常大。但大部分人还是愿意留在美国，在美国读了学位，也能找到很好的工作，还回国干什么？所以从这个角度看，赵老师的眼光影响到他后来的发展。事后看是美满，但在当年，做出这样的选择是很困难的。

其次，我认为他选择人力资源管理这个方向也很重要。那时候人力资源管理就是人事管理、行政管理，没有什么人做相关研究，所以他当年选这个专业也体现出他的眼光，虽然后来这个专业慢慢热起来了，但当年大家都不看好这个专业。如今国内学术界公认，赵老师是率先将西方人力资源管理理论引入中国，并结合中国情境进行本土化研究的开拓者。

赵老师作为南京大学商学院的第三任院长，为商学院的发展奠定了坚实的基础，树立了南大商学院在国内商学教育的杰出声誉。最开始的商学院在文科楼的第八层，商学院只有一层办公用房、半层资料室。赵老师做院长后，到处筹资，商学院建了逸夫管理科学楼。之后，在赵老师的持续努力下，24层的安中大楼在南京市中心的南京大学鼓楼校区高高耸立起来，办公条件有了巨大的改善。现在每个副教授以上的老师都有独立的办公室，软件、硬件上都有很大的改善，赵老师在任期间实现了三级跳。经过不断的努力，他也为商学院的国际化发展打下了坚实的基础，同时与哈佛大学、康奈尔大学和密苏里大学等学校建立了各种类型的合作项目。

跟随赵老师这么多年，他的一些口头禅也潜移默化地影响了我做科学研究和为人处世的方式和态度，例如"做学问先做人""能吃苦也是一种竞争力""帮助他人就是帮助自己"。刚开始还不以为然，但是随着岁月的流逝，我越来越感觉到其中的人生智慧。当我自己开始作为老师指导和培养学生的时候，才能够领会到为师者的困惑和矛盾，才能够领会到老师的一片苦心。人生的道路需要自己去走，只有通过品尝其中的酸甜苦辣，才能够实现真正的成长。研究如此、教学如此，生活同样如此。赵老师无疑通过自身的榜样形象为我们树立了前进的丰碑。这不禁让我想起一句阕词："众里寻他千百度。蓦然回首，那人却在，灯火阑珊处。"

赵老师的特点是具有强大的包容心和对人的真诚。跟赵老师接触的人各种各样的都有，有企业界的，也有半企业半学术的，还有像我们这样完全从学校出来的。即使是在他的学生队伍里面，也是什么类型的人都有。一般的老师可能做不到这一点，他们都有自己的特点，有自己的风格、价值观，可能就喜欢某一类型的人，身边也基本都是这种类型的人。赵老师的宽容、真诚使得他的朋友遍天下。

经过这么多年，赵老师依然活跃在研究和教学的一线。他对学术的执着、对生活的热情、勇往直前的勇气，以及不知疲倦的奋斗让我们后辈佩服不已。他的学术视野、处世风格、价值理念和精神风貌一直是我们学习的榜样。

（程德俊：南京大学商学院教授、博士生导师，1998级硕士研究生、2001级博士生）

一个执旗的人

对我来说，认识和了解赵老师，是从读赵老师的著作开始的。本科期间读过赵老师的《国际人力资源管理》《国际企业：跨文化管理》和《中国企业人力资源管理》；硕士期间读过赵老师的《国际企业：人力资源管理》《企业人力资源管理与开发国际比较研究》和《跨国公司人力资源管理》；博士期间读过赵老师的《人力资源管理研究》《人力资源管理研究新进展》和《中国企业集团人力资源管理战略研究》。

研究生期间教过人力资源管理课程，选用的教材是赵老师著的《人力资源管理》，近年选用的《人力资源管理》（第9版）和《人力资源管理案例点评》也是赵老师著的。当然，赵老师在国际国内学术期刊发表的数百篇论文，我基本上都读过。可以说，通过赵老师的著作和论文，我才得以进入人力资源管理领域。在我国人力资源管理研究领域，赵老师是最重要的领路人之一。虽然我在读博士后之前未曾正式拜师于赵老师，但是赵老师的确为我传道、授业、解惑过。

2004年5月,我在博士毕业前夕,赴南京大学参加赵老师组织的全国人力资源管理课程师资研讨会(目前已20余届),才第一次见到久已在书香中熟悉的赵老师。这次会议得到了大家的普遍赞赏,赵老师作为前辈学者,牺牲自己宝贵的时间,投入大量的精力和财力,为人力资源管理学者和实践者搭建了平台。我亦感觉收获甚丰。此后经年,我都按时到心目中的国内人力资源管理圣地——南京大学参会,向赵老师及国内外专家学者学习。

2006年6月在赵老师主持召开的"第二届中国管理研究国际学会年会"上,我拿到《全球商学院资讯》,被该刊中的一篇文章"一个执旗的人"吸引,一口气读完,第一次从学术研究之外的角度认识赵老师,对赵老师提出的"吃苦也是一种竞争力"特别认同。实际上,越是吃过苦的人,越会对赵老师这句话感同身受、共鸣强烈。看到《全球商学院资讯》另一篇文章"周三多,砥砺人生",深深体会到赵老师对周三多先生的"感恩之心",这尤为让人感动。"一个人的心胸有多大,他的成就就有多大",我深以为然。

跟随赵老师学习这一想法,在2005年年底得知赵老师获得国家自然科学基金项目"人力资源经理的胜任特征研究"之后就愈加强烈了。特别幸运,我的博士论文"中国企业人力资源管理人员胜任力模型研究"与赵老师这一项目密切相关,所以我很希望在赵老师的指导下,继续深入探索。

这些都促使我实现多年来未敢付诸行动的愿望:拜到南京大学赵老师门下,成为赵老师的学生,不仅向赵老师请教学问之道,而且跟随赵老师修习为人之道。实际上,这个想法久已有之,只是觉得自己才疏学浅、未敢冒昧;直到2006年暑假评上了副教授,我才惴惴不安地给赵老师发了申请读他博士后的邮件。尽管我知道赵老师门下精英弟子无数,但还是希望有幸能够成为赵老师的学生。非常幸运的是,2006年9月,赵老师亲自来电让我参加博士后进站面试,最终我有幸成为赵老师指导的博士后。

进入师门之后,最难忘的是赵老师指导我写平生第一篇英文论文时,赵老师在电子稿上面满篇的红色修订:从全文框架、句子结构、引用规范到语法用词等;特别是上面的修订时间,有午夜12点多、凌晨4点多……每当我在工作中想有所懈怠时，脑海中就会浮现赵老师深夜、清晨伏案批改论文的情景，想起赵老师数十年夜以继日的辛苦工作，就不敢"躺平"了，唯有继续努力，才不负导师的谆谆教诲与提携和关爱。

（陈万思：华东理工大学商学院教授、博士生导师，2006级博士后）

站在巨人的肩膀上

2003年，我考入东南大学，学习国际经济与贸易专业。经过了4年的本科学习，我对国际经济与贸易专业有了一定程度的认识，这一专业的人文管理方向，让我产生了进一步学习和研究的兴趣。在学校图书馆中，有幸拜读到赵老师撰写的《国际企业：人力资源管理》一书，书中的一些观点对我有很大的启发。于是我就饶有兴趣地查阅了关于赵老师的资料，得知赵老师是南京大学人力资源管理专业的学科带头人，走在该学科的学术前沿，是国内知名管理学家，并且在国内和国际上都享有盛誉。而在阅读关于现代管理学之父——彼得·德鲁克的经典著作中得知，赵老师在20世纪80年代于加州克莱蒙特研究生大学深造期间，得到了在德鲁克先生指导下学习的机会。只有站在巨人的肩膀上，才有可能成为巨人，对我们来说，这也是起点的选择。当然，每个人现实的起点并不一致，但是我们的目光不能短视，一定要选择高起点，因为站在巨人肩膀上，我们会看得更远，走得更长。所以，带着对人力资源管理学浓厚的兴趣和对赵老师的崇拜，在考研的时候我决定跨学校报考赵老师的硕士研究生，希望能够在赵老师的指导下从事该领域的研究。另外，当时我通过南京大学的同学得知，赵老师在学生中的口碑很好，作为南京大学商学院的院长，他仍能在百忙之中系统地培养学生，对学生的学习和科研，以及日常生活、学习都给予很多的帮助和指导，并且会给学生安排很多的实践机会。在相关专业的企业和各行业人力资源部门，为学生争取到实习机会，有利于学生将知识学以致用。

赵老师是国内早期从事人力资源管理问题研究的著名学者之一。在1991年，结束美国博士后研究后的赵老师谢绝了美国几所大学的邀请，毅然回到了培育他的祖国和母校，开始了教书育人和学术研究的生涯。1995年开始，赵老师开始将主要精力集中在中国企业人力资源管理模式选择和跨国企业的跨文化管理问题的研究上。前者是中国国有企业推行科学管理所面临的紧迫课题，后者是企业跨国经营的主要问题，也是国际学术界的理论前沿。赵老师很快组建起并领导一个关于该热点问题的研究团队，有效解决了很多科研上的难点和热点问题。在实践中，赵老师为国内一些大型企业进行人力资源管理提供咨询，提出了很多具有针对性的建设性意见，帮助企业解决管理难题，提高企业的绩效。他曾经花两年多的时间，带领博士生走访和调查了100多家中国国有企业、三资企业和私营企业，足迹遍布祖国大江南北。由于赵老师丰富的海外研修经历，以及与国内外学者的广泛合作，他与国内外许多知名学者都长期保持着良好的个人友谊和学术交流关系。

作为学生，我们常常因为赵老师的缘故得到很多和国内外知名学者当面交流和探讨问题的机会，这对我们眼界的开阔和学术水平的提高，以及对国内外热点问题的把握，都有很大的帮助。同样，赵老师利用和海外各大院校良好的交流关系，为我们学生创造了很多出国深造的机会，为我们进一步发展提供了良好的平台。通过以身作则和

1994年赵曙明教授与著名跨国公司管理学者邓宁（John H. Dunning）教授一起

谆谆教导，赵老师为我国的人力资源管理专业领域，培养出了一批批杰出的学生，他们奔赴社会的各个领域，利用从赵老师那里所学习到的知识和为人处世的智慧，为社会贡献自己的力量。

赵老师不仅在学习上指导我们，而且在生活中，也给予了我们无微不至的关怀。在赵老师门下，我们就像一个温暖的大家庭，大家在学习、生活中相互帮助。赵老师在百忙之余还会组织我们进行全师门的一年两次的春游和秋游。

在旅途中的欢声笑语里，我们了解了赵老师的亲切，更多了一份亦师亦友的感觉。在这些师门活动中，大家也增进了了解，加深了友谊。这些活动既是相互学习的机会，也是相互交流和督促的机会。我们同门之间融洽的关系，可以说离不开赵老师周密细致的安排和良苦的用心。

（许勤：东南大学经济与管理学院副教授、香港城市大学博士，2007级硕士研究生）

谋篇、造势、树人

第一次知道赵老师，是在十几年前大学的专业课上。授课老师讲解"人力资源管理发展史"的PPT上赫然写着：南京大学赵曙明教授——中国人力资源管理理论体系的创建者。自此，这位教父级大师的名字便铭记于心。

课后去图书馆，惊喜地从书架上发现赵老师著的《国际企业：人力资源管理》和《中国企业人力资源管理》，便迫不及待地借了回来。一个小插曲仍记忆犹新。我推开宿舍门兴奋地向室友挥舞手中的书炫耀："我借到赵曙明教授的书啦！"大家蜂拥过来争先翻阅。那时，系统介绍人力资源管理的书籍并不多。可以说，正是这两本书奠定了我们许多人对人力资源管理的元认知。国际化与本土化的兼容理念也正是在那时埋下了种子。

待我工作后教授人力资源管理专业课时，又参考了赵老师编著、译著的诸多经典教材，启发着一届又一届学生。这一过程中，愈加体会到赵老师对中国人力资源管理学科发展所做出的贡献。他自1991年从美国学成归国，便投身于中国人力资源管理的学科建设及教育教学工作。在引介西方人力资源管理理论和实践的同时，也立足于中国情境，构建本土化的人力资源管理框架。正是他的努力与谋划，为中国人力资源管理学科发展开启了一个良好篇章。

不局限于谋篇布局，赵老师还积极造势。为巩固人力资源管理的学科地位、扩大学科影响，赵老师还致力搭建学术共同体。由他倡导和发起的"企业跨国经营国际研讨会"每三年举办一次，已连续举办10届，为人力资源管理的国际对话提供了一个有力平台；由赵老师牵头组织的年度"全国人力资源管理课程师资研讨会"至今已成功举办 20 届,是国内规模最大、持续最久、影响最深的人力资源管理师资培养营,为中国人力资源管理的教育教学输送了大量人才;由赵老师领衔创建的"中国人力资源管理论坛"现已举办到第 9 届,虽创办不久,但已成为中国人力资源管理最活跃的研究交流平台。赵老师还积极参与"中国管理研究国际学会"的筹建,不辞辛劳在全球讲学交流,借此向世界传播中国人力资源管理的历史与现实。正是在他的坚持与引领下,中国人力资源管理学界得以在管理领域占据一席之地。

除此之外,赵老师的另一大贡献在于立德树人。在跟随赵老师从事博士后研究的 5 年期间,深受老师德才兼修的教化。赵老师总是身体力行,教导我们"先做人、再做事""不怕吃苦、脚踏实地""做一个负责任的学者"。老师治学的严谨与精进更是让我备受感染。记得在校对刊发于《管理世界》文章的英文摘要时,赵老师与我语音通话数个小时,逐句讨论、逐一核对。仅"内洽"一词的翻译就反复琢磨了十多遍,直至满意。同为教师的我,深知这有多不易。赵老师不止我一个学生,这般付出得花费他多少心血!从教四十余年,赵老师呕心沥血培养了数百名国内外硕士生、博士生、博士后、MBA/EMBA 学员,桃李遍布在学界、政界、商界等各个领域。作为一名教育家,赵老师以己之德、育人成长,很好地诠释了"桃李满天下,春晖遍四方"。

(瞿皎姣:华侨大学工商管理学院教授,2016 级博士后)

执着于知行合一的学术领航人

与赵曙明老师相识于 2007 年,那时我正准备考博。但对赵老师的了解要更早,在我记忆中大概是 2000 年,那时我正在准备考研,偶然一次机会,我在图书馆的书架上看到了赵老师刚刚出版的新书《人力资源管理研究》,起初我只是随便翻翻,但是随即被书中内容所吸引,便借回宿舍一口气读完了它。从此,我知道了在人力资源管理领域,赵曙明教授是赫赫有名的学界大咖。也是在那个时候有了最初的想法:将来一定要做他的学生,跟着他做学术研究一定错不了。但是这个理想实现得有点儿晚,一直到 2013 年我才真正成为赵老师的学生，但我始终都在为此而努力，梦想成真的那一天，我高兴极了。正是自己的独特经历，让我对赵老师的学术成就有较为深刻的理解和领悟：学术成就不只在著作和论文里，更在行动中。

首先，赵老师是国内最早涉猎人力资源管理领域的著名学者，是将西方理论与中国情境融合的开拓者，是国内现代人力资源管理理论的奠基者。赵老师不断针对中国情景下的人力资源管理实践与问题进行深入研究和探讨，建构了适合我国经济特征和时代背景的人力资源管理理论，探索适合的实践方法，对中国的人力资源管理领域做出了巨大贡献。作为国内人力资源管理专业的主要领军者，赵老师做出了一系列开拓性工作。从出版著作、主持项目和发表论文的影响力来看，便可知其功底深厚。他出版的20多本著作中，《国际企业：人力资源管理》最早将西方人力资源管理理论引进国内；《中国企业：人力资源管理》首次将人力资源管理与开发与中国实际相结合；《人力资源管理研究》获得第十三届中国图书奖和教育部"第四届中国高校人文社会科学研究优秀成果"一等奖。除此之外，赵老师还主持和参与省部级以上项目30多项，在国内外学术刊物上发表论文400多篇。赵老师所取得的一系列奠基性研究成果和提出的一系列适合中国企业人力资源管理的理论，对我国管理学的发展及企业管理都有重要的意义。

其次，赵老师也是人力资源管理理论的积极践行者。自20世纪90年代任职南京大学商学院院长，到2011年因年龄原因从管理岗位退下来，他是商学院历史上任职时间最长的院长。在此期间，赵老师将大量的时间和精力用在学院的行政管理工作中，更将人力资源管理研究心得灵活地付诸管理实践。他是学者型领导的典范，不仅治学严谨，而且敢于担当责任、勇于批判与创新。在他的带领下，南京大学商学院在新时期的飞速成长，在南大商学院历史上留下了浓墨重彩的篇章。赵老师在指引学生做学术研究时，非常注重研究与管理实践的紧密结合。他经常在百忙中亲自带领学生深入企业进行广泛的调查，采用实证研究与理论学习并进的方法，这使人力资源管理理论真正成为一门能够解决实际问题的有效工具，并培育了一批又一批优秀的经济管理人才，推动了管理专业的进步和企业管理的发展。赵老师用他的亲身经历很好地诠释了一个真正的学术达人不能只停留在笔尖和纸头，更要身体力行的道理，因为只有这样，才能真正做到"把科研做在祖国大地上"。

时至今日，赵老师仍走在时代的前端，活跃在管理研究的一线，不断给我们带来全新的学术观点，让人力资源管理拥有更大的天空、更加广阔的视野。在赵老师主持的"中国企业雇用关系模式与人力资源管理创新研究"这一项目中，课题组按照项目研究计划开展工作，以中国企业雇用关系为核心，与人力资源管理实践结合，根据各个子课题的核心内容有序进行研究，为中国企业人力资源管理创新研究做出了突出贡献。在完成研究计划和研究要求的基础上，课题组也取得了一些可喜的研究成果，已发表和被接收的学术期刊论文共110篇，其中，SSCI源刊收录论文23篇。在"中国企业雇用关系模式与人力资源管理创新研究"这一项目成功结项后，拥有许多荣誉与光环的赵老师仍保持坚定的信念和强烈的使命感，继续投身科研前线，又主持了一项国家自然科学基金重点项目"基于创新导向的中国企业人力资源管理模式研究"，他一直致力于人力资源管理的热点、难点、挑战与前沿问题的研究。

和赵老师的每一次交往，都清晰如初。赵老师虽已年近古稀，但总是饶有兴趣地关注着所见所闻的一切，每次与老师交流，我总能发现一些新的东西，可见老师治学的严谨与勤奋，我无限期待赵老师在人力资源管理的研究领域里取得更加丰硕的成果！

（秦伟平：南京财经大学教授、MBA教育中心副主任，2013级博士后）

砥志研思，躬行树人

第一次接触人力资源管理是在企业工作时。那时我在海信集团做人力资源管理工作，每天的工作更多是百感交集，真正咂摸出点儿现代人力资源管理的味道，让我从繁忙的事务中发现光明，还是从看赵曙明老师的书开始的。最早拜读赵老师的两本专著是《国际企业：人力资源管理》和《人力资源战略与规划》，这是我国刚刚开始由人事管理向人力资源管理变革的时期在学术界极为重要的两部著作。正是因为书中的各种知识和理论，让我感受到了赵老师的学术底蕴，也驱使着自己萌生了追随他攻读博士学位的想法。2015年，我考取了南京大学工商管理专业人力资源管理方向的博士研究生，求学期间，与赵老师的互动、交流颇多，耳濡目染，不知不觉受到影响，我也感受到了一位"学识渊博"老师的独特魅力。

1. 学海无涯，始终探索创新

赵老师求学于南京大学、美国加州克莱蒙特研究生大学，并于美国佛罗里达大西洋大学商学院从事国际人力资源管理博士后研究，在南京大学、美国南加州大学、加州克莱蒙特研究生大学、密苏里大学、匹茨堡大学、美利坚大学、韩国又松大学、澳门科技大学等著名学府任教。负笈求学至今，赵老师致力于人力资源管理和企业跨国经营领域的研究，在每一个领域均以勤勉的付出为学术谱系的传承和发扬做出了自己应有的贡献。他主持国家自然科学基金重点项目4项、国家自然科学基金面上项目7项，是南京大学人文社会科学资深教授和企业管理国家重点学科学术带头人，入选国家"百千万人才工程"（第一、第二层次）、教育部"跨世纪优秀人才培养计划"、江苏省"333工程"（首席科学家），并获得美国密苏里大学校长最高特别奖章、复旦管理学杰出贡献奖、江苏社科名家等荣誉。多年来，赵曙明老师以其对知识的敬畏在上述领域取得了一项又一项扎实的成果，赢得了学界的一致好评。他是将西方人力资源管理理论应用于中国企业人力资源管理实践的探索者和推动者，更是中国人力资源管理理论体系的创立者。在人力资源管理研究中取得了国际同行公认的研究成果，在本学科领域国内外权威杂志上发表论文400多篇，出版学术专著20多部，他是中国管理研究国际学会第三任主席、英国 International Journal of Cross-Cultural Management 创始合作主编、英国 International Journal of Human Resource Management 编委、Asia Pacific Business Review 编委、美国 Management and Organization Review 顾问编委、澳大利亚 Asia Pacific Journal of Human Resources 编委、英国 Evidence-Based Human Resource Management (EBHRM) 编委等。

2. 责任于心，始终砥砺前行

面对中国特色社会主义进入新时代对大学教师提出的新要求，赵老师时刻牢记习近平总书记指出的，教师要成为大先生，做学生为学、为事、为人的示范。他推动了中国人力资源管理教育的兴起和发展，由他发起的全国人力资源管理课程师资研讨会已经举办了20届，中国人力资源管理论坛已经举办了9届，构建起了中国本土化的人力资源管理教育培训与学术研究框架。他倡导和发起的企业跨国经营国际研讨会吸引了来自全球企业管理理论和实践界的精英，每隔三年聚会南京，探索和交流国内外先进的管理理念和成功经验。赵老师编撰教材30余部，教学成果荣获原国家教委国家级教学成果二等奖，主讲的《人力资源管理》课程于2003年被教育部评为国家精品课程。同时，他以"为天下储人才"为立身立人的责任与担当，始终把教书育人作为自己教学研究的重要出发点。赵老师先后为南京大学指导博士后研究人员35人，博士生120多人，硕士研究生65人，MBA硕士生200多人，EMBA硕士生100多人，中荷EMBA40多人，中荷国际MBA44人，为澳门科技大学和哈尔滨工业大学指导博士生16人，指导访问学者14人。在高质量完成日常教学科研工作的基础上，赵老师现在还担任南京大学行知书院院长，注重本科人才培养模式改革创新，恪尽职守，为推动"双一流"建设继续做着自己应有的贡献。

（张宏远：江苏海洋大学商学院副教授，2015级博士研究生）

他的梦想与实践：让人事管理向人力资源管理转变

他是公认的商科学生最想跟随的导师，不仅仅是因为赵老师是改革开放后的第一代留学生，是将德鲁克管理思想引进中国的先驱，是中国人力资源管理专业的拓荒者，更是因为他一直是时代的领跑者。

人力资源管理是赵老师研究的主要领域之一。他较早将西方人力资源管理理论引入中国，并将西方人力资源理论与中国实践相结合，也是他在国内率先开设人力资源管理学科。这个学科在中美两国得到的"待遇"完全不一样。人力资源管理是美国管理研究的前沿之一。然而在20世纪90年代初期的中国，人力资源管理几乎无人问津。赵老师敏锐地感觉到，要改变这种状况，首要的任务应该是系统地了解和研究发达国家在此领域的理论与方法。为了系统地介绍西方发达国家在该领域的研究成果和发展趋势，他撰写了《国际企业：人力资源管理》，这是国内第一部系统研究人力资源管理的专著，填补了国内教材的空白。他的48万字的《中国企业：人力资源管理》是国内最早专门研究中国人力资源管理与开发的专著；开发设计了国内第一套"企业人力资源指数"；拿出了国内管理学界第一份企业人力资源调查报告；《人力资源管理研究》是相关领域最具有影响的著作，获教育部"第四届中国高校人文社会科学研究优秀成果"一等奖，是一等奖中仅有的两本管理类著作之一……

随后他先后开设人力资源管理课程、培养人力资源管理师资、举办企业跨国经营国际会议、积极参与筹建成立中国管理研究国际学会、举办中国人力资源管理论坛、举办江苏企业家高层论坛、创办《人力资源管理评论》、出版专著、发表论文、创建一流商学院……其中对我触动最深的是培养人力资源管理师资和举办企业跨国经营国际会议。

至今，全国师资研讨会已经举办了20期，这里就像是中国从事人力资源管理教学研究工作的老师们的"黄埔军校"。因为参与筹备师资研讨会的关系，我目睹过参加师资研讨会的老师们回到南京大学激动落泪的动人情景。赵老师一直信奉并向我们传递：人是可以塑造的，人力资源管理的核心之处就在于怎样引导人、塑造人，这对于世界第一人口大国具有特别重要的意义。来参加研讨会的老师们不止一次感慨道，从开始"不知道用哪本教材""不知道怎样带学生"的青年学者，通过一届又一届师资研讨会的培育，如今成长为全国各地各大高校人力资源管理专业领域的一面面旗帜。也是在这里，让我看见，是"老师"这个角色，让知识的传承，温暖而有力！

企业跨国经营是赵老师的另一个研究领域。为了推动跨国经营的进程，赵老师于1992年在南京主持召开了第一届企业跨国经营国际学术研讨会。

至今该企业跨国经营国际研讨会已经成功举办了十届，尤其是2020年11月21～22日赵老师在南京大学组织召开了第十届企业跨国经营国际学术研讨会。受国内外疫情情况影响，这是一场力排万难的会议，筹备了11个月之久，最后为大家呈现了一场跨越16个时区的高端"云对话"。围绕着"全球经济展望与中国企业家新思维"这一主题，三位诺贝尔经济学奖得主分别于意大利、美国芝加哥、美国加州在线发表精彩演讲，线下150多人，线上6000人参加了国际会议，在国内外管理学界、企业界产生了广泛的重大的影响。

  作为学生，我在点滴中感知着老师年少求学、治学中努力吃苦、奋进的人生经历；融贯中西，为中国人力资源做出的学术方面、人才培养方面和不断推动国际交流方面的贡献，以及慎身修永的治学风范。

  在别人眼中，赵老师是融贯中西、著作等身的管理大师，他引领一代又一代学子蜕变成学者，在人力资源管理的领域深耕；而在我心中，他是平易近人的大家长，他的学术成就不仅仅是论文、课题抑或是著作，他对学生的勉励藏在凌晨一两点的邮件批注里，藏在清晨四五点的关心问候里，藏在微信群里无时无刻的挂念分享里。

  在他身上，我清晰地认识到世间没有一种具有真正价值的东西，是可以不经过艰苦辛勤劳动就能够得到的。赵老师总教导我："心中要有信仰，要有追求，全神贯注做好一件又一件小事。"对学生而言，老师正如他的名字"曙明"一样，他就像一束光，在他的努力和带领下，我们学生得以让梦想照进现实并改变现实。

  （蔡静雯：南京航空航天大学经济与管理学院助理教授，2017级博士研究生）

生活故事

烤肉很专业

我是赵老师指导的 2008 级博士研究生,现在担任南京市江北新区对外开放合作中心主任、南京市江北新区中央商务区党工委委员。

2002 年,我开始从事酒店管理工作,当时主要负责人力资源管理,新的工作性质和工作环境让我系统学习工商管理专业知识的愿望更加迫切,于是 2003 年我报考了南京大学秋季 MBA,2004 年 9 月有幸进入南京大学商学院学习。

MBA 学习结束后,报考赵老师博士研究生的念头越来越强烈。除了自己对人力资源管理有着极其浓厚的兴趣之外,通过 MBA 的三年学习,感觉自己知识匮乏,需要进一步提升是一个原因。另一个原因,也是最为重要的原因是,赵老师在人力资源管理领域有着极深造诣且他的人格魅力极强。但是报考博士研究生毕竟不同于报考 MBA,招收的博士人数太少,而报考赵老师的人每年都非常多,竞争很激烈。经过半年多艰苦的奋斗,2008 年 9 月我如愿以偿,又一次踏进了南京大学商学院的大门,成了赵老师的博生研究生。从 2004 年进入南京大学商学院到现在已经 17 年了。17 年来,赵老师给予我很多的关心和教育,特别是自 2006 年指导我的硕士论文以来,其间的很多故事记忆犹新。

赵老师做事情非常专注刻苦。他曾跟我们聊起他年轻时候学理发的事,在农村跟他的父亲学理发,学得很认真,学成了给村里的人剪发;后来到了美国留学,还帮其他留学生理发。他还跟我们讲起他开手扶拖拉机的故事,讲起他学英语的故事。他进大学读书的时候,一开始连 26 个英文字母都不认识,经常人家睡了他还在学,睡觉都嘀嘀咕咕地念英语。在美国读书学计算机,那时候国内还没有计算机,不过计算机美国也不是很普及,只有机房才有。为了学好计算机,他经常很早就在机房门口等着开门,有时候一天就吃几块面包。讲起这些的时候,赵老师并不觉得受了很大委屈,反而总是面带微笑,很平静,仿佛在说别人的故事。他说，吃苦就是竞争力。

赵老师把精力都放在了商学院的管理、学术研究、培养学生、外出讲学等工作上，很少有时间休息，每天睡得很迟，起得特别早，早晨五点多收到他的电子邮件是常有的事，这让我们这些学生非常汗颜。赵老师从不打牌，扑克牌都不会玩，印象中只有一次，是2009年的大年初一，当时我们吃完午饭后，说今天过年，要休息，不许工作，硬拉他打了一会儿很简单的扑克牌。至于其他活动机会，根本就没有，因为他要做的事情总是很多很多。赵老师的一个特长鲜为人知，就是烤肉，估计是在美国读书的时候学的。他有一套非常专业的烧烤工具，但是由于工作忙很少用。有一次聊起，我们便缠着他烤一次，可能是被我们缠得没办法了，他便答应了。记得那是一个星期天，师母许老师打电话给我，让我去他们家吃烧烤。到了他们家一看，赵老师正在给烤炉加炭生火，工具齐全，非常专业。他给我讲怎样酱肉，怎样用烧烤炉，怎样掌握火候。我试了一下，很难，于是愈加佩服老师做什么事情都很专业。

20世纪80年代初，赵曙明教授在美国读书时与友人亚马萨喀一家一起烧烤

赵老师经常给我们讲人生道路的选择，要做些有价值的、有意义的、对社会和国家有贡献的事情。他说，人生的密度比长度重要，对自己要有一个明

确的规划和定位。赵老师在追求自身价值的时候也是这样坚持的。在很早的时候，赵老师就做了南京大学的校长助理，但是为了出国学习和学术研究，他放弃了仕途上的追求。在美国博士后出站后，面对留美的优厚待遇，他毅然选择了回国，回到母校南京大学任教。在担任南京大学商学院院长期间，他的选择机会更多，但是他一直坚守他最初的选择。就在2010年的时候，组织部门希望他担任江苏省社科院院长一职，他也婉言拒绝了。以老师的名望，他从商学院院长职位退下来之后肯定会有更多更好的选择。但当我们问起他时，他都笑笑，表示他会把精力放在教书育人和学术研究上。他的睿智、淡泊和专注让我们深为钦佩。

（葛晓永：南京市江北新区对外开放合作中心主任、南京市江北新区中央商务区党工委委员，2008级博士研究生）

是学者，也是儒者

与老师的相识应当追溯到2005年，彼时我刚读大学，就读的专业是人力资源管理。有一次在图书馆翻阅专业书籍的时候，看到了老师的著作《人力资源管理研究》，于是就抱着学习人力资源管理研究前沿的态度去认真研读。所谓开卷有益，在读完老师的这本书之后，我很好奇，想了解一下书的作者。因为老师的这本书可谓学术视域宏阔，立意高远，读之如百川入海。所以，我就想着去看看是什么样的人写就了这样一本书。也正是因为如此，才有了我与老师的师生缘。

成为老师的学生以来，老师不但在学习研究中对我们关怀备至，在生活上也对我们体贴入微。大到师兄师姐们的婚姻嫁娶，小到生活中的头疼脑热，老师都会满怀对自己学生的关切。例如2011届师姐们毕业的时候，就在6月22日那天老师和我们一起吃了饭，为我们的师姐们送行，大家一边吃饭、一边相互敬酒，大家相互拥抱之时，师姐和师妹们突然哭起来。席间师姐们在敬老师酒的时候，我留意到老师悄悄地转过脸去抹了一下眼角。这一幕大家都看到了，老师的人格魅力就体现在这些细微之处。

老师是个平凡而又不平凡的人。之所以说平凡，是因为老师和我们这些普通人一样有着喜怒哀乐；之所以说不平凡，是因为老师取得了我们这些普通人难以取得的成就。这些成就主要体现在以下几个方面。

1. 治学

作为一名学者，作为一名教师，治学无疑是老师诠释自己价值和成就的最好方式。老师的治学成就其实不需要用太多的言辞来进行描述。2010年11月15日，老师荣获由中共中央政治局前常委、国务院前副总理李岚清发起设立的"复旦管理学杰出贡献奖"，就是对他20多年来推动中国管理学研究，特别是人力资源管理研究所做出重大贡献的最好注脚。此外，老师多次获得国务院、江苏省和南京大学颁发的学术研究和教学奖项，以及美国多所大学颁发的杰出学者和最高荣誉。

2. 处世

如果说治学是老师在本职工作方面做出的成就的话，那么处世则是老师在平凡生活中不平凡的体现。生活中的老师和蔼可亲、平易近人，和他交流从来不会感觉到有压力。作为南京大学商学院的院长，他每天要处理很多事情，但是每次去办公室的时候，他总是在微笑着说一些事情，也经常还没走到办公室的门口就听到他爽朗的笑声。老师有着很强的交际能力，每个和他交流的人都能感受到他独特的人格魅力，大家都愿意和他交流，因为他懂得真诚倾听。作为商学院的院长，老师对商学院的发展倾注了全部的心力，老师就任商学院院长的这些年间，南京大学商学院已经从一个由几十个人组成的小院发展成为国内一流并在国际上具有一定知名度的研究与教学型的商学院，成了南京大学聚集精英学子最多的学院。

3. 自律

如果说老师的治学和处世是我们可以直接看到的成就，那么老师几十年来对自己的严格自律无疑是他治学和处世成就的根本原因。他在20世纪80年代初赴美求学期间，就养成了每天5点钟起床的习惯，这一习惯一直保持到今天。作为老师的学生，我们收到他的邮件是经常在早上5点多发出的。仅此一点，可想而知老师每天仅有的休息时间有多少，以及将这一习惯坚持几十年所需要的毅力有多大。当一种习惯成为自然的时候，它就有了无坚不摧的力量。我相信老师的成就大多源自他几十年如一日的严格自律的习惯。此外，时间观念和日程规划这两项自律习惯也是促成老师取得成就的重要因素。老师有着严格的时间观念。老师和我们学生见面经常将约定的时间精确到分。我至今还记得老师曾经和我约过的一个时间是 9 点 55 分，而那一次我迟到了。这之后，我也开始向老师学习他严格的时间观念。

2012 年 6 月，我毕业进入职场，到如今已近 10 年，老师的教诲言犹在耳。虽然毕业后因为忙于工作和家庭，近距离聆听老师的教诲几成奢望，但授业期间老师的谆谆教诲却始终未敢忘却分毫。犹记得，在求学期间，西方管理学大行其道，而在那时老师已在倡导管理学应植根于中国文化，管理理论应尽快完成中国化，管理研究也应着眼于对中国企业管理实践的研究。这些在今天看来已是司空见惯理所应当的真知灼见，在 10 余年前却是真正的凤毛麟角。30 多年前，老师率先将人力资源管理理论引入国内；10 余年前，老师顺应时代，大力倡导管理理论的中国化；现如今，已近七旬的老师，仍在不断思考，每每对我国的管理实践有新论、有新解，更有"伊尹隆汤，吕尚翼周"之举出任南京大学行知书院院长一职，身体力行地带领那些刚刚入学的学弟学妹们，求知于学海，躬耕于陇亩。明代大儒王阳明讲"知行合一"，而如今老师以近古稀之年将南大校训中的"励学敦行"交给更年轻的学弟学妹们传承下去。

我始终认为老师不仅是一个真正的学者，更是一个传统的文人儒者。作为真正的学者，老师 40 余年始终屹立在理论前沿，领风气之先，笔耕不辍，思想熠熠生辉；作为文人儒者，老师 40 余年始终在践行孔子的"有教无类"，也在践行老子的"不言之教"。也因此，在工作后，我也才越发觉得老师伟岸。

总而言之，成为老师的学生，于我是一生的幸运。因为老师不仅会在学术研究上带领我们探索理论前沿，并将这些教科书里的理论与现实的管理实践联系起来，而且在为人处世方面，老师也对我们这些学生有着潜移默化的影响。更重要的是，老师的勤奋、刻苦、自律让我们认识到，优秀是一种习惯。

谨祝我的老师健康幸福！

（王拓：国网江苏电动汽车服务有限公司综合管理部副主任，2009级硕士研究生）

吃饭，喝酒，拿他的钱

我于1995年进入南京大学商学院攻读硕士学位，当时的硕士指导老师不是赵老师，但赵老师给我上过《人力资源管理》与《跨国经营》两门课。我于1998年秋开始跟随赵老师攻读博士学位。

虽然毕业多年了，但在跟随赵老师求学过程中的有些事情，仍记忆犹新。

1. 第一次和赵老师吃饭

1998年的6月，接到赵老师的电话，安排我们这一届的5名同学一起吃饭，地点在中山大厦的翠香阁，赵老师的细心通知不再赘述。那天参加宴会的一共有8个人，有赵老师和许老师，有姜进章师兄，还有我们这一届的5个人：薛乐群、蒋世明、陆娟、张艳和我。印象最深的是，赵老师在宴席上向我们提出了"做学问先做人"的要求，并以姜进章师兄为例，让我们向他学习。这应该是攻读博士学位的第一课了。

2. 和赵老师喝酒

恰逢有合适的场合，赵老师喜欢跟大家喝上几杯，且有些酒量，而我正好相反，酒量十分有限。上完赵老师第一次课的中午，赵老师、曹大友、薛乐群、蒋世明和我去怡华假日酒店后面的一个小店吃饭，我知道我是其中最不能喝酒的了。但我同赵老师一起喝酒时，从没有感受到过压力，因为赵老师从来不劝人喝酒，这让我很自在，每次都能够比较从容地坚持到最后。于是，送师兄弟回家（有时也送过赵老师）的任务总是落在我的身上。与赵老师一起喝酒的次数多了，自己也总结出一点经验，比如，每次倒酒时都跟服务员客气地打声招呼，总能够得到照顾，少喝一点等。当然，这些经验是没有弄虚作假的，因为我十分清楚：喝不了酒没有关系，赵老师不会不高兴，但弄虚作假就不行了。做人、做研究也是一样，来不得半点虚假。

和赵老师喝酒最为难忘的一次，不是在我的答辩晚宴上，而是在去山东大学访问回来的火车上，赵老师、姜进章、陶向南、徐军和我，还有一位来自台湾的访问学者，6个人，两瓶酒，两只杯子，没有菜，只能就着做人与做学问的话题喝酒。现在想想，很多导师都不会这样，也只有赵老师带着他的博士生们才能这样。

3. 拿赵老师的钱

我没有向其他师兄询问过，但自认为我应该是拿赵老师钱次数最多的学生。我说的拿钱不是做咨询项目后拿报酬，而是一些特殊的情况。

1998年的12月31日晚9点左右，曹大友、杨静钰和我在商学院江苏省人力资源学会办公室里处理苏州高新区的调查问卷，谁也没有想到赵老师与许老师会到办公室来看我们，还给我们每人准备了一份过年的压岁钱。赵老师与许老师没有准备红信封，是用学院的信封装的。这是我第一次拿赵老师的钱。

1999年赴美之前，我去赵老师家辞行，赵老师特地将我送到门外，在楼梯间还问我有没有兑换美元零钞。当得知我忽略了这一细节后，赵老师将自己身上的几十美元零钞全掏出来，塞进我的书包里。在浦东机场，我打碎了眼镜，抵美后，我用赵老师给我的钱重新配了两个镜片。这副眼镜到现在还在我的书架上。

上学期间，我还拿过赵老师另外两次压岁钱，印象中一次是在赵老师的办公室，一次是在赵老师家里。由于每年年底时我都是最后离校的，离校前都会将赵老师布置的任务完成并给赵老师做一次汇报，这成就了我拿赵老师压岁钱的机会。这两次拿赵老师的压岁钱，都是在赵老师没有准备的情况下，赵老师将身上的钱拿出来，数都没数就给了我。

4. 赴厦门大学参加基金课题答辩

赴厦门大学参加国家自然科学基金重点项目课题答辩是我第一次出远门。

我是坐火车去的，因为正好可以赶在赵老师的航班到达前，我希望自己能够在厦门机场接赵老师。幸好，火车没有晚点，我如愿以偿。让我印象深刻的是，赵老师是接到答辩通知后，从美国直接飞到厦门的，在没有调整时差的状态下就上场答辩，他总是这样匆忙，能将时间安排得那么紧张而又有条理。组委会给了每个答辩人20分钟的陈述时间，但赵老师只用了17分钟，是那次唯一一个没有用满时间的答辩人，并且我们顺利通过了。答辩结束后，赵老师经上海返回美国，而我乘厦门飞南京的航班返回，赵老师还给了我一些他从美国带回的礼品，主要是美国南加州大学的纪念笔和镇纸，这让我十分感动。

（张弘：西南政法大学商学院副教授，1998级博士研究生、2004级南京大学商学院—美的集团企业博士后）

初次见面就"炸了雷子"

当初，因为赵老师在管理学界的学术地位和影响，我对赵老师有一些了解，想跟赵老师接触，更希望成为他的学生。直到2004年4月，我和我的一个同事去南京大学参加第五届全国人力资源管理课程师资培训研讨会，才有幸跟赵老师见面。在4月25日晚的招待晚宴上，我第一次跟赵老师有了近距离的接触，我表达了想到赵老师门下进修学习的愿望，没有想到他很爽快地答应了我。因为当天晚上要赶7点20分南京到合肥的最后一班车，我和同事需要提前离席，我们去敬赵老师酒，并向他道别，没有想到他这个大学者与我这个素不相识的外地高校的普通教师"炸了雷子"，将杯中的不少酒一饮而尽！第一次见面，就给我留下了极其深刻的印象：赵老师不光做学问好，做人也棒！

2004年的9月，我来到南京大学商学院，做赵老师的高校访问学者。而这一年，我已经40岁了，虽然早有考博的想法，但由于教学、科研及行政管理事务较为繁忙，加上年龄较大，总感到"心有余而力不足"，因此本打算只做访问学者算了。但在访学中，赵老师对我的要求和对他的博士研究生一样，我和赵老师的很多博士后、博士研究生也有了更多的接触，对赵老师的治学为人也有了更多的了解，对南京大学"诚朴雄伟，励学敦行"的校训及南京大学商学院浓厚的人文环境和学术氛围有了切实的体会，我开始有一种强烈的想报考赵老师博士研究生的冲动。2005年3月，我参加了南京大学2005级博士研究生的入学考试。但由于我外语基础较差，外语成绩没有达线，而这一年报考赵老师的博士生各科均达线的有十多个，我感到有些"力不从心"了。但赵老师鼓励我不要气馁，准备来年再考，并指导我如何复习外语。后来在赵老师的一再鼓励下，我终于在2007年考取了赵老师的博士研究生，真正成为他的一名学生，这让我激动不已。

赵老师是一位著名的学者，也是一位出色的教育行政管理者。作为学者，他刻苦勤奋，勇于创新，求真求实。他最早将西方人力资源管理理论引进中国，并始终站在中国人力资源管理研究的最前沿，引领了中国人力资源管理理论的研究方向，并在人力资源管理研究领域取得了令人瞩目的成就，也奠定了他在我国管理学界的影响和地位。作为教育行政管理者，他开拓进取，努力工作，视院如家，极富责任心，具有出色的组织、领导和协调能力，在教职员工中享有崇高的声望。在他的领导下，今天的南京大学商学院已经发展成为在国内外具有广泛影响和重要地位的经济与管理专门人才的培养基地及学术研究中心，正奋力向国际一流商学院迈进。

赵老师是一位非常受人尊敬和爱戴的老师。作为老师，他爱他的学生，而且他对学生的爱是真挚的、无私的，是发自内心的。到目前为止，赵老师先后指导了30多位博士后、120多位博士研究生，还指导了很多硕士研究生、MBA、EMBA学员，每个学生都能感受到这种爱的温暖。

赵老师对学生的态度是严肃而又温和的。他对他指导的学生，无论是博士后还是博士、硕士研究生，在学业上和在学术规范、学术道德上的要求是严格的，而在生活上的关心是无微不至的。对年龄稍大点的学生来说，他就像兄长；而在年龄较小的学生眼里，他就像慈祥的父亲。对于学生的缺点，他很能包容，一般只是以聊天方式进行善意的提醒，从不会进行很严厉的批评；而对学生取得的成绩，他总是一展笑容，带着一种鼓励、赞赏的目光。他没有大学者的架子，对人和善，以礼相待。

赵老师是一位极富感染力的老师，每一位跟他求学的学生，都会受到他很大的影响，而这种影响又是多方面的、持久的、积极而又有效的，我作为一名高校教师和学院负责人，对此有更为深刻的体会。赵老师就是我的一面镜子，我现在在自己的教学科研工作、学院事务处理以及待人接物等方面，一直都是以赵老师为榜样去做的。他的很多学生也是受到他的影响，以他为榜样去学习、工作和研究的，并都取得了很大成绩。

（杜鹏程：安徽大学商学院院长、教授、博士生导师，2007级博士研究生）

怜子如何不丈夫

不论是熟悉与不熟悉，不论是故交或新朋，不论是同事还是学生，只要提到赵曙明教授，大家共同的印象就是那不凡的儒雅之气、丰厚的学术贡献、显赫的社会地位。大家在赞美赵老师著作等身、成就非凡的同时，会不由自主地类推，作为学者的他对自己的孩子应该也是严加管教，理先于情吧。从孔子的"庭训"到苏老泉教子，莫不如此。仿佛只要是学者，就是一副皓首穷经、不苟言笑的面孔。其实，每当被人问及对赵老师最深的印象是什么，我的脑海里总是浮现出鲁迅先生的一句名言：怜子如何不丈夫。生活中的赵老师有很多醉人的情趣，特别是与女儿相处时的那份精心，在与女儿玩耍时的专注与乐趣，那份对女儿的挚爱与呵护，常令我这个做学生的为之动容，为之感慨。

记得2008年3月，赵老师应邀到日本东京参加国际会议，并在世界各国CEO论坛上做主题报告，同行的还有他女儿赵宜萱。那次会议议程很满，赵老师除了做主题报告以外，上下午都要主

在西藏与女儿开心地在一起

持一个分会，一直到很晚才回到休息的地方。回到下榻宾馆后，看到爱女一个人在宾馆有点闷，劳累了一天的赵老师，立即用凉水冲冲脸，执意要陪女儿一同外出转转。在散步途中，女儿边玩边看，停停走走，赵老师一直乐呵呵地、极富耐心地陪在女儿的身边，平时惜时如金的赵老师，在陪着爱女慢悠悠逛街的时候，忘记了流淌的时间，忘记了疲倦，原有疲惫的神态即刻变得容光焕发，圆圆的脸上挂满了开心，两只大眼睛中充盈着慈祥的目光。

女儿宜萱在国外留学多年，毕业回国后工作地点也不在南京，对女儿的思念与牵挂，使得赵老师对每一次的相聚显得特别期盼。只要有可能，赵老师从不错过一次亲自接送女儿的机会。有一次，赵老师下班回到家里，得知女儿宜萱晚上会回到家里，立即放下手中的工作包，一口水也没顾上喝，也没有问清飞机到达南京的具体时间，就兴奋地开车去了机场。结果，平时一分钟也不愿意浪费的他，硬生生地在机场等了很久才接到女儿。赵老师不是一个善于把情感外露的人，只有在一些特殊的情形下，他的深情才会表露无遗。凡是女儿宜萱出差或是去外地上班，赵老师一定会细心地把女儿宜萱的具体行程详记下来，总是在女儿才下车或火车刚启动的那一刻打电话，询问是不是一切顺利，三言两语的叮咛嘱咐、简简单单的询问与回答、絮絮叨叨的陪伴，渗透着厚厚柔情与柔肠，父爱如山。

跟随导师多年，只知道他在家工作疲惫之时，放松自己的唯一爱好就是打扫自家院子，除草拔草，浇水种菜。他利用自家院子的边边角角，亲自种植了青菜、茼蒿、茄子、辣椒、丝瓜、西红柿、南瓜、冬瓜、瓠子等十多种蔬菜瓜果，并以无偿地把这些成熟能吃的蔬菜送给学生为开心。

除此以外，基本看不到赵老师参加任何娱乐活动，更没有想到他还有玩儿童游戏的兴趣。赵老师在女儿面前常常不自觉流露出来孩童般的顽皮的情景一直印刻在我的脑海里。几年前的一天，赵老师在一家人难得聚在一起的时候，竟然开心忘我地与女儿玩起了捉迷藏的游戏。赵老师如顽童般与女儿你躲我藏，嘻嘻哈哈，相互寻找，那一圈的转，那一圈的跑，那种为女儿甘心无求付出的父爱，让赵老师身心充满了幸福与满足。

赵老师在打理小院的蔬菜和瓜果

岁月如梭，女儿宜萱追随着父亲的脚步，已成长为南京大学工商管理学院的一名副教授。与女儿宜萱生活没有了地理距离后的赵老师，童心与日俱增，只要有闲暇，随时就逮住女儿一起在家做智力拼盘与手工雕刻。一幅幅图像各异的拼盘与雕刻造型，在父女共同切磋打磨合作之间逐步成型。这种智力拼盘与雕刻不仅可以开拓思维、磨炼韧劲，更需要探索线刻刀法的走向与路径。如此需要耐心和智慧才能体验出来的童趣，实则是赵老师的赤子之心与书生之气的交融，也是一种深深的"此时无声胜有声"的对女儿宜萱学术研究的期盼。

赵老师不经意间流露出的对家庭、对女儿的眷恋，就像一段温馨甜美的插曲。学贯东西、学术硕果累累的赵老师，在亲情上的付出也绝不逊于他的学问，两种不同的旋律交相辉映，共同撩拨着学生的心弦，充满了感动。我不由地慨叹：怜子如何不丈夫呢！

（马吟秋：南京师范大学商学院教授，2003级博士研究生）

凌晨五点的微信

"泱早！今天什么时候走？从哪乘飞机或高铁？您和女儿两人一路平安！"凌晨五点，手机上跳出赵老师暖心的微信，我不禁眼眶一热。

这个夏天注定难忘。我带在香港念中学的女儿回南京家中过暑假，照例先在广东隔离14日，再返回南京接受健康监测。偏偏就在即将结束隔离的前一天，看到南京禄口国际机场工作人员检测出新冠病毒阳性的新闻。航班取消了，为了赶在向社区报备的时间前到达家中接受防疫管理，我只能凌晨4点带着女儿坐车从珠海赶去广州乘坐高铁返宁。心里牵挂着身处疫情之中的亲友，又多少有些担心出行中可能会遇到不确定因素，车窗外天色未亮，惴惴不安的我在赶路途中接到赵老师的微信，感受到莫大的安慰。

我是赵老师2013级的博士，此前一直在南京报业传媒集团工作，做了十多年的记者。2012年，我在清华大学经济管理学院张德教授的引荐之下，报考了赵老师的博士生。我其实很想成为一名大学老师，像老师和师兄师姐们那样，潜心学术，教书育人。然而实际情况是我父亲几十年来一直在经营企业，我又是家中的独女，所以未能如愿。博士毕业之后，我先是自主创业开了一间小咨询公司，帮助中小企业做合规和融资，几年后就回归家里的公司，全心协助我父亲工作。

2020年，我女儿面临小升初，她的运气很不错，本打算试一试，居然拿到了哈罗香港国际学校的录取通知书。当时由于疫情刚刚暴发，孩子年龄也小，面对这难得的求学机会，全家商量后就决定由我先去香港陪读一段时间，等疫情好转了再放手让她自己去闯。没想到，这一陪就是一年多，两地何时能恢复正常通关也不得知。独自在港，面临陌生环境和疫情，难免感受到孤独失落，这期间不仅赵老师会给我发信息关心近况，师母许老师和宜萱也多次与我联系，嘘寒问暖。师门在港的兄弟姐妹也带给我很多慰藉，师兄侯竣圻常与我分享工作动态，探讨新的创业机会。还有老师另外一位学生孔令国，得知我想在湾仔一带租房，当时我们连面都还没有见过，他就热心帮我张罗，让我感动不已！

不只是这些生活琐事，赵老师在做人、治学、做事方方面面教给我们的实在太多，其中，影响我最深的有以下几方面。

一是自我管理。记得赵老师在给我们上第一节课时，给每个人印发了彼得·德鲁克的经典文章《管理自己》，其中"每一个知识工作者在思想和行动上都要成为自己的CEO"和"知行合一是取得成就的关键"令我醍醐灌顶，终生受教。赵老师日理万机还可以游刃有余，他的秘诀是一本效率手册，我吃惊地发现，上面连半年后、甚至是一年后的行程都记得满满的。我猜赵老师一定不知道"拖延症"是什么，因为他那么繁忙，却从未因此耽误过我们学生哪怕半分钟的时间，这一切都得益于老师严格的时间观念和高效作风。受他影响，这些年我也养成了"今日事，今日毕"的好习惯，并从中受益匪浅。

二是长期主义。由赵老师组织召开的企业跨国经营国际研讨会，每三年一次，到2020年已经举办了整整十届。而德鲁克论坛到2021年6月，也已经坚持了126期。赵老师在管理学领域耕耘、布道，日复一日，持之以恒，这对于我们便是最大的鞭策和言传身教。

三是知识分子的使命感与责任感。作为学贯中西、著作成果等身的大教授，赵老师的追求并不止步于学术，而是要"让理论研究从实践中来，再回到实践中去"。身为管理学家，他愿意步出象牙塔，走进企业，与企业家交朋友，打通学术与公司管理实践之间的壁垒。赵老师曾多次去我们黑松林公司调研，在他的指导下，我将公司的管理实践整理成案例《"人心"的力量：黑松林与心力管理》，并获评第五届全国百篇优秀管理案例奖项。赵老师还在2013年发起成立了思谋会，这是苏商学习交流的顶级平台之一，这些年，我有幸在他的带领下，与股神巴菲特、橙王褚时健对话，远赴日本去京瓷公司学习稻盛和夫管理哲学，身临其境接受熏陶，增长见识。不仅如此，赵老师还特别重视对"创二代"的培养，我和双登集团的杨锐、金茂物业的朱方舟、中鹏新材料的封淑仪、双童吸管的楼东来等兄弟姐妹都曾跟随赵老师去海外、国内标杆企业学习考察管理的"真经"。赵老师无私地向企业家分享经验,只为推动学界与企业界、中西方企业之间跨文化的对话交流,这是大知识分子的修为,功德无量。

四是利他主义,大爱无疆。赵老师常常讲,企业要将利众、利他作为成长的"座右铭",其实这四个字也是他自己为人处世的写照。我听过师兄朱江、方洪波、薛乐群、师姐陈春花等人亲口感念,在人生的关键阶段,赵老师对他们的莫大帮助。我也曾随赵老师去西藏,亲眼看见他在藏区给当地学生送书、颁发奖学金,和他们座谈,勉励他们要好好学习、建设家乡、报效祖国。

赵老师给了我们学术上的引导、生活上的关爱,更给了我们精神上的"富养"。很多人都提到,赵老师是一位很有魅力的人,在我看来,他的魅力不只在于睿智的外表、高瞻远瞩的谈吐、由内而外散发的学识与风度,更源自老师对他人发自内心的善意和关怀,学术上日复一日的苦修、精进,以及知行合一、不断在实践中探索与总结人力资源理论、致力推进学术与企业管理实践相结合的执着与坚持。作为赵老师的学生,我们难以达到他所成就的境界和高度,但只要真正学到老师诸多闪光点中哪怕任意一点,我相信我们都可以收获硕果累累的人生。

(刘泱:江苏黑松林粘合剂厂副总经理,2013级博士研究生)

天下大事,必作于细

我是因为工作关系认识赵老师的。2017年的时候,我在韩国又松大学SolBridge国际商学院工作,负责与中国院校及中国学生相关的事务。当时,SolBridge商学院邀请赵老师担任学院的名誉教授,每学期都会邀请赵老师赴韩国为SolBridge学生做讲座、上课,我也因此有机会认识赵老师,并且非常幸运地成了赵老师的博士生。

记得第一次去机场接赵老师,我非常紧张,因为赵老师是泰斗级的学者,又担任了那么多年的院长,我担心自己接待不好赵老师。但一接到赵老师,他爽朗的笑声顿时让我放松了不少。我赶紧想接过赵老师的行李箱，但是他执意自己拉着行李箱，这一小小的细节让我印象深刻，我当时心想，赵老师太平易近人了！以后每次接送赵老师，他也都是自己拉行李箱，从不让我帮忙。从机场到学校有三个小时的车程，赵老师常常在路上打电话处理工作，偶尔跟我聊一聊韩国的时事，跟赵老师聊天很轻松，没有压力感，因为他总是保持微笑，站在对方的角度，挑对方了解的话题，这让我放松很多。路上，赵老师也会问一下接下来的日程安排。赵老师非常注重细节，他不仅会问到与哪些老师见面、开会，还会问到开会及晚餐的着装是否需要很正式等，这些细节问题是我之前没有想到的，也正是因为赵老师的提醒，我从此以后每次接待参访的老师都会提醒对方着装方面的要求。另外，每次讲座或上课前，赵老师都会提前一天到教室试一下设备，看看电脑是否运行正常。我在工作方面跟赵老师学到了很多，赵老师对细节的追求让我切实体会到了"天下大事，必作于细"。

工作时跟赵老师邮件沟通就感叹于赵老师回复邮件之快，当时就想，赵老师那么忙，有那么多事情需要处理，还能这么快回复邮件，这不仅仅是因为赵老师的工作效率高，更是因为赵老师尊重每一个人，认真对待每一封邮件。入学以后，跟师门的其他师兄师姐聊天，大家都非常钦佩赵老师的工作效率，发给赵老师的文章或者邮件，他总能够及时回复，常常是半夜或者清晨回复我们的邮件。记得入学以后，我把自己写的第一篇文章发给赵老师，赵老师很快就回复了，而且提了很多修改意见。那篇文章我写得不好，存在很多问题，但是赵老师没有批评，没有否定，而是一点一点地提意见，帮助我修改，包括标点符号和错别字。收到邮件的时候，我真的非常感动，赵老师每天需要处理的事情之多可想而知，但是赵老师还能那么认真地帮我修改论文，而且修改了不止一稿两稿，这给了我莫大的鼓励——老师那么努力地帮我，我只有更努力才能回报老师！

我非常感恩，感恩能够有机会认识赵老师，感恩成为赵老师的博士生，感恩赵老师在工作和学习上给予我的指导和帮助！我会继续努力，希望能够早日回报赵老师的恩情!

（魏丹霞：2019级博士研究生）

了不起的"拖拉机手"

从农村走到城市、从美国回到中国，赵老师的阅历无疑是丰富的。作为老师的学生，我们既觉得光荣又觉得惭愧，只希望能通过自己的努力有朝一日让老师为我们而骄傲。老师在学术上的成就大家自然有目共睹，在生活中也是我们这帮学生的榜样，老师"能帮人则帮人"的观点让我折服。虽然在不同人眼中有不同的赵老师，但在我眼里，老师首先是一位了不起的"拖拉机手"。

赵老师高中毕业后进入大队参加劳动，给土壤测过pH值，也给朋友们理过头发，后来更是成了一名光荣的拖拉机手。我不仅在书本中看过这个故事，更听老师屡次提起他在大队的岁月。每当老师讲起这段故事，我似乎能感觉到那段热热闹闹的氛围，我甚至觉得，老师依然是当初那个扛着扁担去挑两百斤化肥的年轻人。他是那么充满激情，那么勤奋热心。

南京大学研究生院的张巧林老师曾经给我讲过这么一段故事。张巧林老师与赵老师在年轻时就认识，那时候大家的居住环境很简陋，有的员工住在平房，有的员工几个人一起住在小小的宿舍。赵老师最喜欢雨天，因为他有一双雨鞋，每当下雨的时候，赵老师就非常起劲地穿着雨鞋出去，回来又把雨鞋用水龙头冲得干干净净。听着张老师的描述，我仿佛能看到年轻时候的赵老师把雨鞋刷得干干净净的那种劲头。我甚至有和年轻时候的赵老师做朋友的冲动。

2020年12月，学校组织了一个会，一定要老师去仙林参加。前一天接到通知的时候，老师和我说，"我想好了，会开得差不多的时候我就先走"。老师一般都会被安排在第一排比较显眼处，我当时说，"离开会场的时候别让人发现"。出乎意料的是，第二天当老师到会场的时候发现，他的位置被安排到了报告厅主席台。老师拍了个照片沮丧地说："光远，我今天上午看来是没办法提前走了。"在手机另一端的我，实在忍不住笑了出来。

老师是如此纯粹、真实、可爱、可敬。他不会摆出一副高高在上的样子要求学生做这个做那个，更不会摆出过来人的姿态对学生指指点点。我们遇到的每一个问题，老师都会帮忙解决；写的每一篇论文，老师都会悉心修改。其中的辛苦自然不用多说，赵老师还会给学生提供生活上的补助。我也希望自己以后能成为这样的老师、朋友、家人，也努力让自己成长为了不起的"拖拉机手"。

（何光远：2019级博士研究生）

指引、温暖、坚定

我是老师2019年的直攻博士研究生，到2021年9月1日，进入师门就满两年了。

第一次知道赵老师是在2016年，当时大二，大类招生的我凭借对专业的浅薄理解，选择了人力资源管理专业。迷茫的我在知乎上搜索着专业相关的帖子，突然看到一条高赞回答："读人力资源管理去南大商学院，因为南大有赵曙明！"自此，老师的名字被懵懂的我牢记在心。在随后的专业学习里，我阅读了老师主编的教科书，逐步了解了老师的经历，他是改革开放后第一代留学生，是将西方人力资源管理理论引进国内的第一人，老师的名字在我心中成了一座灯塔，指引着我昂首阔步向前，到南大求学的梦想就此萌发。

2018年，获得保研资格的我立即填报了南京大学商学院，毅然决然地选择了直攻博士。2018年9月15日晚，我突然接到了来自南京的陌生电话，赵老师居然主动联系了我！老师关切地询问我是否收到了南大保研复试通知，殷切叮嘱我认真复习为复试做准备……我既惊诧又感动，惊诧于老师事务繁忙竟会关注小小本科生的填报，感动于老师的和蔼可亲、平易近人。2019年7月，我的本科院校东北财经大学举办了一届论坛，老师受邀后欣然前往。晚上十点半在周水子机场接到老师时，我才知道老师从西安匆匆而来，明日十点就要辗转沈阳飞往上海回到南京，老师拍拍我的胳膊不在意地说：要好好锻炼身体！送别老师时，老师给我了一个大大的温暖的拥抱，我现在回想起来嘴角仍会上扬。

2020年年初，新冠肺炎暴发，老师一是叮嘱当时正在武汉的我注意防护、注意安全，二是经常给我发送肺炎相关新闻。1月23日，武汉封城，老师立即同我微信语音，关注我的现状，了解我的心理健康。看着确诊人数一天天增加，我难以静心学习，焦虑自己及家人的健康，甚至怀疑起读博是否有意义……老师非常关心我的情绪状态，一连多日发微信"晨！早上好！"，鼓励我闭门在家仍要规律作息、早睡早起。4月8日，武汉解封，老师发微信恭喜我，鼓励我多出门走走、平衡心态，关切询问我的心理状态。9月5日，返校聚餐，老师拍了拍我的手背，坚定地告诉我："我的学生，心理上都没有问题！你不要多想，你没有问题！多看书，多锻炼，早睡早起！"老师的话语像一把利剑，劈开了我心头的层层阴霾，我逐渐放下过重的思虑，专注学术，享受生活，回想时仍会眼眶微湿，对此，我感激不尽！

（丁晨：2019级博士研究生）

求学记忆

"把你吵醒了，很抱歉"

赵老师是1991年回国的，我1992年考上了南京大学商学院的硕士研究生。1995年，我硕士研究生毕业，想继续深造，于是毫不犹豫地选择报考赵老师的博士研究生。

赵老师的授课方式新奇有趣是我对他的印象之一。读硕士时，《国际人力资源管理》课程是赵老师教的。那时硕士生招得很少，我们那个班的硕士生是12个人，记得他上第一堂课时就说："你们喜欢我用英文授课，还是中文？"当时我们班有一个叫张燕的同学（如今在美国，已经跻入国际一流终身教授）说："听英文的。"她是应届保送上来的，英文好，我们英文吃力。但是赵老师听完这话以后就说"OK"，此后这门课一直到考试结束全用英文授课。

1995年，我成了赵老师第一个应届博士研究生。因为我们的博士课程《中外管理思想比较》是研讨班形式，当时上课的方式是：赵老师在讲完这本主要教材的大概意思以及整个中外管理流派和思想理论后，要求每个博士生阅读大量文献，每人负责准备部分内容，在课堂上讲解和讨论。每个博士生既当学生，也当老师，一个学生讲完自己所负责的章节后，其他人做出点评，最后由赵老师归纳提炼。这种授课方式从1995年就开始实行，在国内来说应该算比较超前。

赵老师教学很严厉，为人很亲切。记得当年考博成绩下来，在那一届中我的综合成绩排第一，录取后还有个复试面试。面试出来后，赵老师问我的第一句却是："你能喝多少酒？"呵呵，那时候我一杯红酒就倒了。

读博士期间跟着赵老师有一个实践活动，现在的博士生或许难有这样的机会了。1996年，由时任江苏省计委主任钱志新先生领衔，做江苏16家企业的联合发展战略这一重大课题。那时候搞大市场、大工业，抽调的人员都是江苏省计经委特批的研究员、专家，江苏的社科院、南京大学、东南大学等机构的经济学院和管理学院的院长组成一个研究班子，南京大学研究队由赵老师带队。现在感触最深的是，赵老师总是找机会把自己的学生推到一线去锻炼。

择业时，赵老师的谆谆告诫也让我印象深刻。毕业时我答应赵老师留校任教，后来又决定跟华泰证券当时的总裁鲍志强先生去香港发展。我去找赵老师，他正好去上课，赵老师问我："有事吗？"我跟了他一路却怎么也开不了口，赵老师似乎看透了我的心思，就问我："是不是有什么新的想法啊？"最后我就把这件事说了。赵老师对我说了一句令我一生难忘的话："求稳，你跟我；求发展，你跟鲍志强。"

我作为赵老师第一个博士生弟子，答应导师留校做学术研究，最后却没做到，一定会对他有较大触动，但作为导师，他能理解学生的选择，我对此非常感激。

从1997年7月7日离开南京大学，到2021年我已经出来工作24年了。现在回头想，无论走到哪里，我的博士生导师这根线一直是牵着我的，我的人生轨迹刻有他深深的烙印。人一生中总有那么几个人能深刻地影响我们并改变我们，对于我来说，能够改变我人生历程的也有那么几个人，赵老师就是其中一个。

在我看来，赵老师既是教授、学者，也是社会活动家、教育家。

还有一件令我记忆深刻的事情。1995年，我陪赵老师去西安交大参加一个会议。这次是赵老师被原国家教委评上了"跨世纪优秀人才培养计划"候选人，它们通知赵老师去西安参加全国专家组的面试。而赵老师当时正在美国讲学，他直接从美国经北京飞往西安，我为他准备了一些书面材料送去西安。这是我第一次跟导师出差。我先到西安，后来到西安机场去接他。他从美国回来，晚上我们就住在西安交通大学的宾馆里，一个房间两张床，我睡里面那张，他睡外面那张。我睡了一觉后突然醒了，一看灯还亮着，原来是赵老师还没有休息，在看杂志。他对我说："朱江，不好意思，我倒时差睡不着，把你吵醒了。"这就是赵老师，他随和、亲切得让学生都不好意思。

（朱江：四川省交通运输集团有限责任公司董事长，1995级博士研究生）

"拿出去的东西连细节上的瑕疵也不要有"

在我看来，赵老师应该是我国企业人力资源管理的引路者，也是我国人力资源管理学科的创建者之一。在20世纪90年代初期，关于人力资源管理的教材和著作十分稀少。当我读到赵老师编写的《国际企业：人力资源管理》时，耳目一新。读完这本书，我不仅对人力资源管理的概念和内涵有了新的认识，而且对人力资源管理与组织内外环境之间的关系有了很大的兴趣。或许正是受这本书的影响，我才选择了人力资源管理作为博士研究生学习阶段的研究方向，开始了我对战略性人力资源管理的关注和探索，并把它作为自己博士论文的理论基础。

在实践方面，我跟随赵老师参加了深圳新鸿光集团、江苏美尔姿集团、江苏苏中建设集团、合肥美菱集团等横向合作项目。除合肥美菱集团项目外，前面三个项目的主要研究内容几乎都是人力资源管理体系的构建。这些企业由于竞争的关系，都直观地感觉到人力资源管理的重要性，但几乎都没有现代人力资源管理的理念，更没有比较完整的人力资源管理制度和机制。所以，我们研究的重点一般都是结合企业实践构建企业的人力资源管理制度和系统。在此类项目的研究过程中,赵老师通常会从初次接触开始,就向这些企业的负责人介绍现代人力资源管理的理念,让他们首先认识到现代人力资源管理是什么、应该如何做,然后,通过我们的诊断,具体指出所在企业人力资源管理中存在的问题,在此基础上,我们再设计出相应的制度框架。在有的项目中,例如深圳新鸿光集团,赵老师还会根据企业邀请,派出学生实际参与企业人力资源管理体系的构建。这些项目和实践,对我国企业导入人力资源管理产生了重要的推动作用。

赵老师是为人师表的好老师。尽管我离开学校已经有20年时间了,但赵老师在为人方面留给我的许多记忆仍然非常深刻。

首先是老师的平易近人。1996年我以进修生的身份到南京大学商学院学习,想利用这一机会,请赵老师指点一下报考博士生的事。尽管之前我们就通过电话,但去之前我仍然惴惴不安。但当坐在赵老师面前开始交谈后,先前的不安就渐渐消失了。他在问过我的经历和想法后,就鼓励我说,只要有这个志向,通过自己努力,就一定可以成功。事后想来,总感到赵老师非常亲近可信。在我回到重庆开始新的工作后,我一直试图以赵老师为学习的榜样,也试图像赵老师对待他的学生那样对待我的学生,但总觉得和老师差距甚远。

其次是老师的勤奋。在我攻读博士学位期间,1997年冬天的一个晚上,大约已经晚上11点多了,我已经上床准备睡觉,突然收到老师发的传呼。我以为有很紧急的事,于是就急忙起来,跑到南苑外面去给老师回传呼,结果是老师看完我写的一篇小论文后提出了一些修改意见,希望我做进一步的修改。接完传呼后我很受感动,老师白天要忙其他事务,就利用晚上给我们看论文。后来听师兄们说,赵老师一向如此。自此以后,在读博士期间,我基本不敢睡"懒觉",否则总会有"负疚感"。

再次就是重感情。无论是对学生、同事或者朋友,赵老师都以诚相待,对个人和组织的发展给予大力支持。我在美菱集团博士后工作站做博士后研究期间，每过一段时间就要回南京大学向赵老师报告在企业学习、工作的情况。每次见到老师时，老师总会问到企业的情况，针对一些具体的做法，老师还会从专家角度提出一些看法。在告别老师重回企业工作时，赵老师总会让我捎上他对美菱集团张总、牛书记等人的问候。在起初，我以为老师的这种做法仅仅是为了帮助我在企业与他人更好相处，但后来我发现，这其实是老师的一种品质特征。所以，老师在国内外都有很多朋友，他们与老师见面交往的次数可能十分有限，但正是老师的这种真诚和关心，让他们的这种友情长久存在、历久弥新。

最后是注重细节。无论是做行政管理工作还是做学术研究，老师都非常细致，力求完美。记得有次给老师起草一个发言稿，老师事先给我讲了他的想法，商讨了基本提纲，然后就让我去起草。由于时间很紧，我写完后就立即交给老师，没有认真检查，结果让老师花费了两个多小时的时间逐字逐句地修改。让我惭愧的是，老师花费了很多精力去修改文章的字句和标点符号。但是老师并没有当面责备我，只是轻言细语地说了一句："你再调整一下吧，拿出去的东西连细节上的瑕疵也不要有。"这件事，不仅让我感受到老师的严谨，而且也成为我自己做事追求的目标。

（曹大友：西南政法大学商学院教授，1997级博士研究生、2002～2004年为南京大学—合肥美菱集团博士后科研工作站研究人员）

要做有文化的商人

20世纪90年代前，我们做企业的对读书不是很热衷，认识赵老师以后请他给我们企业做了一个人力资源管理的咨询，由此认识了很多他的博士生。后来发现做企业的确需要掌握更多的知识，尤其现在做企业已不比从前，不是靠胆大就能把企业做好了。

2001年我从我哥哥创办的企业中辞职，专门抽了两年时间到美国读书。当时，赵老师帮我联系了美国的很多学校，后来又介绍了一些美国学术圈子里的人让我认识。乐于助人，是赵老师给我留下的最深的印象。我跟赵老师学到的知识更多在于如何做人方面，赵老师已经远远超越了我们所认为的老师的概念。我们有什么事，他都很关心。比如说读书，只要我们愿意积极深造，他就帮我们联系学校，不遗余力地提供帮助，包括帮助博士生找毕业实习、出国做访问等。我觉得他在这方面做得非常周到。

我现在在美国、欧洲都有办公场所，我的公司能走向国际，很大程度上是受赵老师的影响。二十年前，赵老师就提醒我说："你现在已经把企业做成这样了，要想做得更大就得继续读书。"2001年我放弃所有的工作到美国去，就是为了学习。如果当时不去读书，我今天就进入不了现在的这些行业和领域。

做商人，也要做有文化的商人，这是赵老师给予我的深刻启迪。赵老师对人的影响不是立竿见影的，而是长期的、渐进的。他的思想默默影响着他身边的每一个人。

我总觉得赵老师有一种教书育人的使命感。如果说他只想赚钱的话，早能赚得比现在多得多。但他一直植根于学术界，保持本心，这一点我也尤为钦佩。赵老师小时候家里比较苦，应该说小时候的生活影响了他的一生。他还很谦虚，比如说他从国外讲学回国有时经过上海，我去机场接他，我要帮他拿行李，他都不肯，就是自己拿，不会摆一点儿架子。

我跟赵老师学到了很多，其中最重要的就是学会如何做人。其实，做企业也是在做人。

赵老师跟我们这些学生从来没有发过脾气，他对学生一直平等相待，这让我异常惊讶。因为他不是一年两年这样做，认识他二十几年了都是这样，这是他骨子里就有的平等待人精神，不是刻意表现出来的。后来我也在美国待过，也认识很多从美国回来的人，但都没见过如赵老师这般平等、博爱的人。坦率地说，单就这一点，我不一定学得来，也不一定做得到。

（薛光春：春宇国际有限公司原董事长兼CEO，2008级南京大学—康奈尔EMBA学员）

共同探寻"中国先锋企业"

与赵老师认识是2002年在澳门科技大学的研究生课程中,当时赵老师兼任澳门科技大学研究生院的院长,而我是华南理工大学工商管理学院的副院长,负责研究生课程的教学。当时我被赵老师热心于中国工商管理专业教育的激情所感动,更为他高超的管理能力所感染。

在结识了赵老师之后,我们就有了比较多的机会开始交流中国工商管理专业教育以及中国企业管理研究方面的基本话题。

赵老师曾经告诉过我,1983年他在美国读完硕士学位回国后,就读到《基业长青》这本研究美国成功企业经验的著作。20世纪90年代,斯坦福大学两位教授吉姆·柯林斯(Jim Collins)和杰里·波勒斯(Jerry Porras)在为期6年的研究里,选取了18家长盛不衰的企业,通过审视这些辉煌企业的历史发展轨迹并与竞争对手进行对比分析,试图探寻那些基业长青企业的成功之道。赵老师曾经计划研究中国的优秀企业,很想把中国优秀企业的管理经验总结出来并介绍给海外企业家和学者,可是由于忙于大量的教学、科研和行政管理工作,一直没有时间和精力去做这件事。这次交流让我非常开心,因为我也有这种想法,在我内心里一直认为,中国企业一定有值得总结的东西,也一定能够上升到理论的层面进行探讨并对世界管理理论做出贡献,所以我就与赵老师沟通了自己的研究想法和计划。令我高兴的是,赵老师接受了我的研究想法和计划,于是2003年2月,我就开始到南京大学商学院企业管理专业博士后流动站开展研究工作,在赵老师的指导下,开始了"中国先锋企业"成长模式的研究。

借助于这个研究,我们可以了解到中国企业的成功之路是什么。由于中国企业离"卓越企业""优秀企业"等还有一定距离,因此我进入博士后流动站后,就着手组织华南理工大学的老班子和南京大学的新班子一起进一步研究。我们选择了"行业先锋"来代表在中国推行制度化管理和现代化管理的典范,对中国经济发展带来深远影响的大企业也是我们选择的研究对象。

以这两点为基础，我们列出了一系列标准，例如在同行业中受到推崇和认可；注重组织完善和管理提升，对中国经济发展具有不可或缺的地位；作为独立的企业持续成长15年以上，年销售额超过200亿元人民币；在中国社会经济中具有活力并受到关注等。通过对这些企业的研究，我们发现中国的成功企业都是以英雄领袖为企业的内部动力，融和中国理念和西方标准管理方法，以渠道驱动终端市场，注重建立企业相关利益共同体作为企业发展的内驱动力，从而产生了强大的企业文化、核心竞争力、快速反应能力、坚定的愿景使命。从这种意义上来说，中国企业的成功因素还是与美国、日本公司的成功因素有所不同。而找出这些中国企业成功的共性，对我们的管理研究和实践都具有很强的指导意义。

这个研究在2004年5月完成。当赵老师和我拿着书稿去征求2001年诺贝尔经济学奖得主迈克尔·斯宾塞博士的意见时，他高兴地说，这对企业是非常有意义的一件事，不仅要让中国企业了解它，也应该让世界企业了解它。而当这个研究成果以《领先之道》专著的形式出版之后，获得了极大的好评，先后获得了2004年"十大管理图书奖"、2006年"第四届教育部人文社会科学

赵曙明教授与诺贝尔经济学得主迈克尔·斯宾塞教授在斯宾塞家后院合影

优秀著作三等奖"。我非常感谢赵老师可以提供博士后研究这样一个平台，更感谢他能够给予我和他一起做研究的机会，使得我能够有机会、有信心对中国企业的管理实践做出梳理和总结。

赵老师对中国管理教育与管理研究领域的贡献是大家有目共睹的，我在此仅仅从赵老师一个普通的学生和一个普通的管理学领域教学、科研工作者的角度来谈自己的感受。我认为，赵老师的贡献主要集中在以下几个方面：一是对人力资源管理研究领域的贡献突出；二是推动中国工商管理教育的发展；三是

给年轻的研究学者提供学习和交流的机会；四是在设立国家"管理科学"领域的研究基金方面做出推动和努力；五是建立中国管理教育及管理研究与国际交流的平台。

在跟赵老师学习和研究的过程中，受到的教益非常多，其中最令我受益的有以下三个方面。

第一个是勤奋。每一次接到赵老师的邮件，看到发出邮件的时间几乎都是在凌晨 4～5 点钟，这让我深受感动。每当我看到赵老师发来邮件的时候，我都对自己说：我还应该更努力一些，和赵老师相比我还是太懒惰了，如果我不努力，怎么能够实现自己研究中国企业成长模式的理想呢？对照赵老师，我发现了自己的不足，也把赵老师作为榜样，不敢有半点懈怠，勤勤恳恳，努力学习和思考，努力研究和钻研，唯有如此才有机会保持与赵老师的交流和互动。

第二个是乐于助人。我仅仅是因为工作关系和赵老师相识的，但是赵老师却在我研究和成长的道路上给予了我无私的帮助。在我认识赵老师的这些年里，我观察到赵老师对每一个人都无私地提供帮助，帮助年轻人成长。因为做"先锋企业"研究的项目，我需要更多的研究人员参与进来，赵老师在得知这个需求之后，马上召集他的博士生，要求大家一起配合我的研究。在研究成果出来之后，赵老师又借助自己的力量，让我有机会和诺贝尔经济学奖得主斯宾塞博士做交流，并请斯宾塞博士为这个研究成果做推荐，同时，赵老师还把这个研究成果送给国内著名的管理学者，请他们帮助评价和推荐，我真的非常感动。作为赵老师的博士后研究人员，我得到了他巨大的帮助和指引，所以在整个博士后流动站工作期间，这个复杂的研究计划才得以实现，并取得了非常好的成果。我想，如果没有赵老师的帮助，这个成果不会这样顺利地获得。我和所有接受过赵老师帮助的人一样，内心满怀感激，也要求自己向赵老师学习，尽自己的能力和努力帮助别人，让中国管理研究能够焕发出自己的光彩。

第三个是平易近人。赵老师是一个亲切的、细心的老师，他尽力照顾到每一个需要他帮助的人。记得我 2003 年年初到南京大学的时候，因为没有准备，竟然不知道初春的南京是如此的"寒冷"，所以一下子被南京的阴雨天气冻到了。赵老师得知我到了南京，为了不让我的生活太难过，亲自到学校有关部门为我争取新的宿舍，让我可以在一个干爽的新环境里生活和工作。当得知我想为宿舍安装空调的时候，赵老师也亲自给学校宿舍管理委员会打电话沟通细节，让我得以顺利安装。当我一切都安顿下来的时候，在我内心里，南京的阴雨天不复存在。我非常感动和感慨。类似这些细小的事情，赵老师也都记在心上，并一一帮助解决。

在赵老师身上，我深深地感受到他那"为人师表，行为示范"的师德之风，我庆幸自己能有机会在他的指导下进行学习和研究，并取得了一些研究成果。

（陈春花：北京大学国家发展研究院 BiMBA 商学院院长、北京大学王宽诚讲席教授、博士生导师，2003 级博士后）

生活中的管理学

我自 1992 年起在《新华日报》《扬子晚报》工作，担任过新闻部主任、经济部主任等职；自 2000 年起，我重点采访赵曙明教授，发表专访文章 20 多篇；2004 年，我在南京大学社会学院获得博士学位；2005～2007 年，我在南京大学商学院企业管理博士后流动站，跟随赵老师从事博士后研究。

我与赵老师认识二十几年，在跟随他学习之前，就对他比较熟悉了。我在媒体工作期间，就经常采访他，特别是就一些重大问题、热点问题向他求教，采访多了，对他越来越敬仰，后来就决定辞去报社的职位，在不惑之年到南京大学读脱产博士后，做他的学生。无论是在学界、政界，还是在商界，提到赵老师都是有口皆碑，都认为他不仅学问好，为人更好，他把传统的儒家礼仪和西方的平等待人观念结合到了极致，充满了人格的魅力。

跟随他十多年间，我直接见识了他当院长的工作作风。他请人吃饭几乎不用学院的钱"买单"。我每年都会陪赵老师吃几次饭，但十几年下来，从未看到他用商学院的钱买单，即使很多次其实都是为商学院的EMBA、事业发展办事。他常说的话是："不占学院任何便宜。"赵老师几乎没有其他业余爱好，除了工作还是工作。在繁忙的教学、科研和行政管理工作之余，有合适的机会和必要的场合，赵老师喜欢跟朋友、学生一起偶斟几杯，酒量也不小，但每次喝酒都是他从家里带，让大家尽兴喝，强调分享的快乐过程。

尽管他在国外学习工作十多年，但他始终保持勤奋"本色"。他常说："能吃苦也是一种竞争力。"他常用自己高中毕业回乡务农挑肥料比别人挑得多来激励学生们，正因为他勤奋能吃苦，他很快被推举当生产队长、大队长。还听他说当年在南京大学外语系读书期间，经常借助厕所灯光、路灯背外语的故事。他刚进南京大学校门时不识ABC，但第一学年后考试成绩却名列前茅。

赵老师认为，管理是一种洞察力，是系统工程，但直接体现在细节方面。尽管他是管理学大师，但他从不认为管理高深莫测，也从不会把简单问题复杂化。2006年，有一次赵老师以前的学生、一位老总请赵老师和门下的十多个博士研究生、博士后一起在一家酒店吃饭。宴到中场，他发现餐桌的台布上有一朵绣上去的"花瓣"，便出了个考题：这个漂亮的花瓣为什么会出现，有什么作用？于是，十多个管理学博士、博士后依次回答："这么漂亮的花瓣，肯定是装饰用的！""花瓣在您的前面，表明这个位置是主人位""可能是餐布上特有的商标"……但赵老师都未发话。轮到我说，我想到，过去也看过有些酒店的台布有小洞，或是客人烟头烫的，或是用久了破损造成的，可能就是为了补洞，便大胆地说："可能是补破损的小洞而绣上去的，使它看上去像装饰品。"赵老师哈哈一笑，说："对，就是补的洞，你们学管理的，本来就是很简单的问题，你们何必想那么多，千万不要把简单问题复杂化。"说着，他马上把经理喊来验证。经理果然回答说，这些台布是定做的，也很高档，市面上不容易配，发现了小洞只好采取绣补的办法，没想到化腐朽为神奇，起到了另外一种功能。在饭桌上，赵老师给我们上了一堂生动的管理实践课。

赵老师的管理思想的前沿性，不仅体现在企业管理、人力资源管理方面，还体现在社会管理、公共管理等领域。赵老师强调要把精细管理、系统管理的理念移植到公共管理领域。他在"构建社会主义和谐社会,一切从基础管理做起"一文中,认为我国经济社会的快速转型出现了一些冲突、不和谐现象,重要的原因是"基础管理工作没有做好,没有安全意识、管理不严、滥用职权、没有考虑人民群众的利益等,都表现为对基础管理工作的不重视"。他认为要构建社会主义和谐社会,就必须一切从基础管理工作做起。只要我们重视基础管理工作并把它做好,就能减少社会上的一些冲突,可以把一些矛盾消灭在萌芽状态。在基础管理中应该做到"四化",即管理的人性化、规范化、信息化、法治化。

管理的人性化,指的是我们所制定的政策和采用的管理方法一定要以人为本,符合大多数人的心理和行为规律。赵老师之前曾举例说:"经常坐火车的人就会有这样的经历,当我们进入站台的时候,我们并不知道我们将要乘坐的车厢将会停在何处,站台上根本没有标明哪一节车厢停靠的位置,而且站台离火车还有一定的高度,如果你带的行李较多的话,你还需要一件一件搬上车。假如我们的车站能够想旅客之所想,进行人性化的管理,把每一节车厢停靠的位置基本固定下来,那么就能为我们的旅客提供很多的方便。""南方的某国际机场,当时刚建成后可以说是中国最现代化的机场之一。但是凡是去过该机场的旅客都有这样的体会,该机场硬件一流,管理却不到位。例如,来接机的人不知道你在 A 楼还是在 B 楼下机,所以到机场后,每位旅客都要打电话,而且从 A 楼到 B 楼走路起码要 15～20 分钟。我们为什么就不能在机场高速旁树一个牌子,告知哪家航空公司在哪一栋楼?这样可以节省旅客的时间和打电话的费用。"生活中,处处都有管理与服务的大学问啊!

(李程骅:现任江苏省委《群众》杂志社副总编,南京大学社会学院博导,河海大学商学院博导、二级研究员、教授,系国务院政府特殊津贴专家、江苏省有突出贡献中青年专家,2004 级博士后)

学高为师,身正为范

我是赵曙明教授 2003 级的博士生,能够在赵老师的指导下攻读南京大学人力资源管理方向的博士学位对我来说是一件非常幸运同时也意义重大的事情。进入师门18年来，亲身感受到赵老师对学生的关心、指导和帮助，无论是学业、工作或人生道路上的种种选择，无论是做人还是做事，这种师者的仁爱和关怀无处不在。作为一名学者和教师，我认为赵老师已经做到了极致，也为我们树立了最好的榜样，他的勤奋、自律和利他，他的视野、胸怀和睿智，都是我们学习的典范，而且的确一直在润物无声中影响我们很多人的价值观和为人处世。

18年前，我当时是南京航空航天大学经济与管理学院的一名工作刚两年的讲师，赵老师是南大商学院院长、知名教授，想要考赵老师博士的人很多，竞争非常激烈，在与赵老师素昧平生的情况下，我还是鼓起勇气给赵老师发了一封邮件表达了自己的想法，没想到几分钟后就收到了赵老师的回复，邮件中赵老师的亲切鼓励和欢迎给了我很多信心，于是我开始全力以赴迎考准备，复习时耳机里播放的是名叫"Secret Garden"的音乐，以至于现在每次听到这首曲子的旋律，我都会想起那一个个通宵达旦复习的日子。至今我依然清晰地记得在2003年4月的一个上午，赵老师给我发了一封邮件，祝贺我在博士入学考试中成绩第一，同时还让我在在职攻读的情况下享受了奖学金的政策。我永远发自内心地感恩赵老师给我的学习机会，由此，他也为我打开了一扇通往人力资源这个丰富多彩领域的大门，让我在一路上不断成长和收获。

进入师门，随着近距离接触的次数增多，我发现赵老师身上有许多非常优秀的品质，因为篇幅有限不能一一道来，我在这里想谈印象最深刻的三点。

一是勤奋。"天行健，君子以自强不息。"赵老师非常勤奋，他经常教育学生的一句话是"能吃苦是一种竞争力"，而他本人就是这么身体力行的。赵老师担任了很长时间南大商学院院长，院长的行政工作是非常繁忙的，但他同时还有大量的讲学任务、国内外学术会议、课题研究、指导学生等工作，我们常常惊叹于赵老师总是能够游刃有余地把行政、专业、工作、生活都安排得非常好。我们常常在清晨四五点就收到了赵老师的邮件，或布置工作任务，或指导学术论文，每件事情都在有条不紊地推进并取得成效。每次和赵老师商量某项工作日程时，他总会拿出一个本子，上面密密麻麻地写着很多安排，甚至包括半年后的行动计划，这对于我触动非常大。通过赵老师，我认识到，一个卓越的管理者一定是一位时间管理大师，只有把自己的时间管理好了，生命才能活出更多的长度和厚度，人生才能更加丰富和精彩。

二是利他。"上善若水，水善利万物而不争。"赵老师的身上有很强的利他品质，在别人需要帮助的时候，只要有可能，他都会伸出援助之手。关于这一点，我相信很多他的同事、同行、朋友、学生都深有同感，由此大家也发自内心地非常敬重他。例如，师门里的很多同学走出国门与国际学术前沿交流的第一站是通过赵老师开启的，赵老师具有广阔的国际视野，同时也有着广泛的国际学术交流，他非常关爱学生，只要可能总是为学生提供各种学习的资源，尤其是通往国际学术前沿的平台。就我本人而言，我的博士论文《经济全球化对于中国汽车行业雇用关系的影响》，就是源于赵老师和悉尼大学经济与管理学院的 Russell Lansbury 教授等全球 14 个国家劳资关系研究领域内的知名专家学者共同合作的一个劳资关系国际比较研究项目，基于这项研究我们也在 *International Human Resource Management* 等国际学术期刊上发表了研究成果，译著了《国际与比较雇用关系》一书，同时也完成了我的博士论文。研究期间，赵老师还提供了美国密苏里州立大学修学之行、澳大利亚悉尼大学及相关汽车企业访问之行，还有越南河内大学的国际学术交流之行，让我能够有机会和劳资关系这一学术领域中全球顶尖的学者开展合作和交流，极大地拓宽了学术视野，提升了自身的学术能力。通过赵老师，我认识到，一个卓越的管理者一定是利他的，无法成就别人的人也不可能成就自我。我常想，为什么赵老师能够得到大家的尊敬和爱戴，后来终于找到了答案，除了学识和能力之外，很重要的一点是因为他真诚地、不计回报地帮助过很多人，并不是所有有能力帮助别人的人都愿意帮助别人的，但是赵老师做到了。

三是坚持。"不积跬步，无以至千里；不积小流，无以成江海。"早在 20 世纪 90 年代留学学成回国时，赵老师就开创了中国的人力资源管理专业和学科，30 多年来，他一直坚持深耕这一领域，在人才培养、专业建设、国内外学术交流、学术研究以及队伍建设方面开展了大量的工作。例如，赵老师的全国人力资源管理课程师资研讨会已经举办了20多年，每年的研讨会都是一次专业领域内的盛事，新朋旧友欢聚一堂交流经验和新知，在学习和合作中不断进步。这样的例子还有很多，由此我们可以看到赵老师这30多年来的坚持和努力，一方面造就了很多人力资源管理领域的学术精英，他们围绕中国改革开放40多年来人力资源管理领域的难点、痛点展开研究，贡献了很多真知灼见，产出了很多高水平的学术成果；另一方面，这也为中国企业的管理实践培养了很多人才，带来无数智慧的启迪和决策的参考，尤其随着社会的转型发展，中国的管理实践面临着许多挑战，人的问题是最关键的问题，人力资源管理专业的发展和成熟经由管理实践在现实世界中正在源源不断转化为生产力。通过赵老师，我认识到，一个卓越的管理者一定是一个能够坚持的人，一个有恒心和定力的人。伟大的事业不可能在朝三暮四中成就，只有"咬定青山不放松"，认准方向并持之以恒、锲而不舍，才能厚积薄发、水到渠成。

学高为师，身正为范。成为赵老师的学生，我觉得这是一种荣光，更是一种鞭策。赵老师是恩师，也是榜样，榜样的力量是无穷的，未来前行之路愿有榜样之力，且行且歌。

（张捷：南京艺术学院党委常委、副校长、教授、博士生导师，2003级博士研究生）

习得实践力与学术规范性

自1999年年底从南京大学商学院毕业以来，转瞬已经迈过22个年头。自己的职业生涯也经历了从博士后研究、证券公司从业、苏北挂职，到在苏州市政府部门工作，再到在金融控股公司担任主要领导，职业生涯几经变迁。每当自己面临工作调整和选择的关头，三年多时间在校追随赵老师学习、从事科研和管理咨询中面聆謦欬的若干片段时常会浮现在脑海，赵老师做人做事中所呈现出的温良敦厚的学者风范，追寻实践性基础上的专注与规范的学术品格，都激励和鞭策着我正确地对待和把握机会。学院前几届企业管理专业博士生的学科背景比较庞杂，其中不乏从校门到校门的连读学生，对企业管理实践的理解仅限于教科书的条目规范。针对这一现状，赵老师在加强核心课程的研究与训练的同时，带领我们参与各种类型的企业管理调研和企业咨询，我曾先后参与了深圳新鸿光集团（现光汇石油集团）、苏中建设集团、仪征化纤等企业项目。在理论研究与实践操作的互动中，我们对企业管理的学科理解不断加深。其中对我影响最大的是深圳新鸿光集团的咨询项目。

作为在深圳起步和发展起来的、并逐步确立以石油化工作为主营业务的一家典型的民营企业，深圳新鸿光集团的快速成长使得人力资源管理瓶颈凸显出来。在赵老师带领下，我们前后几届博士生组成了项目团队，运用他引进并创新的人力资源指数模型，在问卷调查与个人访谈、座谈交流与实证分析的基础上，形成了有关公司组织变革模型、管理体制创新以及人力资源管理体系的咨询报告。令我特别难忘的是，赵老师还让我留在企业以执行总裁助理的身份协助推行这一方案。赵老师几乎利用一切机会让我们与他在深圳的各类在职学员接触交流。作为一个刚刚进入企业管理领域的博士生，能够频繁地深入深圳这一中国改革开放的前沿，广泛触及各种类型的企业经营管理、社会管理和政府管理人员，对我眼界的拓展和人生经验的丰富起到了非常重要的作用。

另外，自1996年进校开始，我先后参与了赵老师主持的国家自然科学基金、教育部博士点基金以及科学技术部软科学等国家级课题。按照赵老师的要求，我们几个博士生先后到广东、四川、重庆、湖北、北京、天津、上海、江苏等地广泛调研，大量的实证数据和先进的研究工具使得我们发表在《管理世界》《外国经济与管理》等杂志上的研究成果在同行中具有一定影响。到目前为止，我发表的最重要的学术论文还是在赵老师指导下完成的。近年来，随着赵老师主持的重点课题日益增多，所带学生的学科基础更加扎实，学术成果也获得了更为广泛的认可，南京大学人力资源管理学科已经占据国内这一研究领域的前沿。

学术的规范性是保持学术生命力的核心。为提高我们企业管理专业博士论文的整体撰写水平，加强学术的规范性建设。除了他自己给我们博士讲研究方法外，赵老师还专门邀请当时香港科技大学商学院的忻蓉教授来南京大学为我们开设"管理学博士论文写作"的专题培训课程。从文献收集、基本假设、数据采集、实证分析到结论与检验等多个方面对博士论文的规范化进行系统传授。在论文写作的最后半年，赵老师还安排我到美国密苏里大学商学院从事博士论文的文献收集和撰写。我博士论文的选题以中国投资银行、证券公司管理人员作为研究对象，相关研究文献很少，赵老师在美国期间也努力为我收集相关文献，始终关心论文的写作。在论文答辩的最后时刻，他对论文文献的引用、基本格式和提法、译文的规范性等提出了具体细致的修改意见。可以说，赵老师对学术规范性的要求是始终如一的。

作为赵老师的学生是幸运的，我们比其他博士生获得了更多的介入社会与企业管理实践的机会，因而无论走出校园从事什么样的岗位和职业，我们都比其他人多了一份镇定、淡然和从容。赵老师科学务实的态度、勤奋刻苦的精神和坚持不懈的努力，在做人与做学问两个方面都已经成为后学楷模。高山仰止，景行行止，虽不能至，心向往之！祝愿老师在新的人生旅途中达到更高的人生境界，不断教益后学！

（翟俊生：苏州国际发展集团有限公司副董事长、党委副书记、总经理，1996级博士研究生）

榜样式教育

我于2005年9月进入南京大学商学院工商管理系博士后流动站，2009年6月获优秀博士后出站，研究方向为人力资源管理与组织行为学、人才测评等。

2004年，从我博士生导师凌文辁教授处得知，我国著名人力资源管理专家赵曙明教授正在从事企业家职业化、市场化及国际化方面的研究，我博士论文《企业家职业化的内容结构及其影响因素模型建构》与赵老师的研究内容高度契合，于是我下定决心要师从赵老师。一次机缘巧合，让我与赵老师结下了师生缘。2004年12月，我带领博导的硕士团队为我的博士论文收集数据去中山大学调查 EMBA 学员，眼尖的师妹在一间 EMBA 授课教室的讲台上，看见了授课教师是赵曙明教授的桌签，兴冲冲将我拉到这间教室，离上课还有 10 分钟左右，我赶紧跑上讲台向赵老师自我介绍，并表达了想做他学生的想法。那是我与赵老师的第一次见面，他给我的印象是非常和蔼可亲、平易近人的一位教授，这更加坚定了我想成为赵老师学生的信念，随后也有幸成了赵老师的学生并一直受益于赵老师优秀的人格品质。赵老师的人格品质主要体现在以下四个方面。

一是做事之前先做人。进入赵老师师门后的第一次见面会，赵老师就在会上对我们铿锵有力地说了"做事之前先做人"，我一直将这句话铭记于心，并传授给我的学生。论语中"修身、齐家、治国、平天下"，也强调了做人是根本。在处理家庭、同事关系及社会关系中，我一直向赵老师的和谐、包容的为人品格看齐，并收获了良好的人际关系。

二是为学生开阔视野提供平台。2006 年 6 月，南京大学商学院承办了第二届中国管理研究国际学会年会，赵老师时任南京大学商学院院长，要求所有学生都参加，参会费用都给我们解决了。中国管理研究国际学会年会至今已经举办了九届，我每届都参加，但印象最深的还是赵老师承办的第二届：为广大师生提供的福利最好，参会费低，开会期间提供就餐，国内外顶级专家人数多。还有一件事令我印象深刻，第九届企业跨国经营国际研讨会期间，赵老师组织所有学生排队与 2001 年诺贝尔经济学奖得主迈克尔·斯宾塞博士合影，作为学生，我觉得赵老师的意思是想让我们向优秀看齐，努力拼搏，勇攀高峰！

三是有会必到，到会必讲。赵老师近几年对学生参加学术会议讲得最多的一句话就是"有会必到，到会必讲"。在导师的影响下，这些年我参加了人力资源管理领域的各类学术会议并积极投稿，如中国管理研究国际学会年会、中国人力资源管理论坛、企业跨国经营国际研讨会等，基本上都获得了在分论坛上进行论文宣读的机会，并有 3 篇论文获奖。

四是生命不息，奋斗不止。作为学生，我感觉赵老师的拼搏奋斗精神是高山仰止。忙碌是给赵老师画像的关键词之一，赵老师每年来长沙做学术讲座，我接机、送机便能感觉赵老师的时间表总是排得满满的，一辈子做了别人两辈子的事情。现如今，赵老师还像个空中飞人，到处传道、授业、解惑。学生将以老师为榜样，生命不息，奋斗不止。

（刘嫦娥：湖南工商大学人力资源管理系主任，2005级博士后）

赵老师，谢谢您

记得在学习时，赵老师曾提到，作为一个企业管理者，应具有三识，即知识、见识、胆识（后来赵老师又加了"共识"，共四识）。自我离开佛学院后，再度下海。当时就凭着这三识作为创业理念而创立自己的企业，甚至我后面还建立了自己的品牌，目前品牌在国际上稍微有点名气。我要真诚向赵老师说声"谢谢您。"

我一直很欣赏赵老师对人对事，为人谦卑；热爱家庭，对祖国热衷、对研究执着。在现今金钱挂帅的社会里，有此修养的学者已不多见了。

赵老师非常平易近人，亦师亦友。我和赵老师几乎每天早上都能通过微信互通讯息，犹如老朋友一样，互相问好，这层师生的感情已没有隔阂，犹如兄弟般（老师我高攀了）。我人在千里之外，能得到老师的赐教，那是何等的荣幸。

在老师进入古稀之年之际，我敬祝老师，松鹤长青，健康快乐，家庭幸福。

（张晋胜：H & S Hifi Pte, Ltd. 和 Lend Me Ur Ears 董事，1998级博士研究生）

和赵老师的两三事

时光荏苒，自2010年我顺利获得南京大学社会学博士学位，进入商学院工商管理专业，跟随赵曙明老师从事博士后工作算起，须臾间数十载光阴匆匆而过。十余年间，我也从一个青涩的跨学科学习者，渐渐找到了组织社会学与人力资源管理交叉的研究隙缝，一步步从讲师、副教授，直到2020年拿下了教授职称。细细想来，赵老师对我的帮助和关爱，是无法用语言表达的，这份温暖而浓厚的师生情谊，我想一定会绵长于短暂的岁月之中，限于文字能力的浅薄，在此随手摘录几个小片段，记录老师稳重严谨的治学风格、兼容并包的处事理念以及温暖宽厚的待人之道。

1. 新年礼物是一本日程管理本

赵老师是一位具有超强时间管理能力的人。虽然他身兼学术研究和行政管理的繁忙事务，但对学生的学业指导却事无巨细，亲力亲为。与我们事先约好的见面时间，绝不会迟到一分钟。他的日程安排表总是随身携带，上面密密麻麻分布着他一天的工作计划与安排。据我悄悄观察，上面的行程几乎都是以15分钟为单位的。每年放寒假前，老师都会拿出厚厚一摞新的一年的日程管理本，亲手将这些本子发给每一位学生，嘴里还不忘叮嘱："一寸光阴一寸金，你们现在正是干事业的时候，千万不要浪费宝贵的时间。"2012年年底，我结束了两年多的博士后工作，离开商学院，去南京师范大学金陵女子学院工作。至今，我仍然保留着每年去文具店买一本日程管理本的习惯，这些小本子陪伴着我走过虽然清苦却乐此不疲的学术时光，成为我人生中最美好的记忆。

2. 节日祝福不是群发的

每逢节日，给老师发祝福微信成了时下最常见和通俗的方式了，我也不例外。由于我博士期间赴美访学一年，当拿到博士学位进入商院时，恰逢2012年新年。我清楚地记得，除夕夜晚上，新年钟声敲响的那一刻，我给所有教授和认识的老师们群发了祝福短信，其中也包括赵老师。不到五分钟，赵老师的回信就来了，除了殷切的祝福以外，抬头就是"戌凡，您好"。当这四个字映入眼帘的时候，我都不敢相信自己的眼睛：名字的"戌"字鲜少有人能准确地读对，只不过和我有过初步接触的赵老师，居然能做到这一点。除夕夜会有多少学生、晚辈给老师发祝福短信，老师就这么一个字一个字地认真回复，想来就让我莫名感动。这十年来，老师的每一条微信、每一封邮件、每一次问候，从来没有读错或打错过我的名字。每每想及此，只能在心中默默赞叹："云山苍苍，山水泱泱，先生之风，山高水长。"

3. 芝加哥河边的漫步

2016年年末，我萌生了再赴美国访学的念头，考虑到六岁女儿的上学问题，想选择美国的大城市。和老师沟通想法后，短短一周时间，老师就联系了美利坚大学 Kogod 商学院院长 John Delanny 教授，他在劳动关系研究领域颇具声望，正好切合当时我关注的中国工会和组织管理的研究主题，加之地处华盛顿特区，博物馆、艺术馆等资源丰富，女儿在美国度过了愉快而又收获满满的一整年时光，而我也可以潜心钻研，在完成我的自然科学基金项目的同时，参加多个国际会议，和国际同行们的交流，极大地拓展了我的研究思路，提升了科研能力。

记得2018年8月临近回国前夕，老师全家赴芝加哥参加美国管理学年会，而我也恰巧参会。和老师用完晚餐后，老师主动提出来散步回酒店。芝加哥河边的悠悠微风轻轻吹拂，夕阳西下，阳光点点洒落在河面。老师一边快步走着，一边轻声细语。从工作聊到生活，从科研训练谈到孩子教育，从锻炼身体聊及训练思维，从做人谈及做事，事无巨细，娓娓道来。那些朴素的话语里所蕴含的哲理，凝练了老师半辈子对人生、对治学、对为人的思考。当时我就在心里告诫自己："恩师如斯，身为晚辈和学生，又怎能辜负老师的殷切期望？"

成为老师学生的这十多年，青涩懵懂渐渐离我远去，收获的是满满的正能量。老师严谨的治学之道、宽厚仁慈的胸怀、积极乐观的生活态度，为我树立了一辈子学习的典范，他的教诲与鞭策也必将激励我在科学和教育的道路上励精图治，继续前行。

（张戌凡：南京师范大学金陵女子学院教授，2010级博士后）

人生诸多"第一次"

我是赵老师2007年招收的博士研究生，于2010年6月毕业，现在是东南大学的一名副教授。能在江苏省另一所"985"高校当老师，我特别感谢赵老师对我的栽培和帮助。

成为赵老师的博士研究生，改变了我的人生。在苏州大学商学院三年硕士研究生学习期间，第一次听到赵老师的名字是在研究生二年级开设的人力资源管理的课程上，任课老师选择的教材是赵老师的著作。我看了内封上赵老师的介绍和照片，知道赵老师是南京大学人力资源管理专业的教授、博导，而且赵老师的笑容看上去非常亲切。我心里非常想见到赵老师，也许我可以通过报考南京大学的博士成为他的学生。就这么在脑海中闪现的念头，越来越坚定地激励我开始向着这个目标前进。

在备考的时间里，我一直都是从网站上、报纸上、期刊上看到赵老师的相关信息和文章。当时我在苏州大学的老师和同学们听说我想报考赵老师的博士研究生时，对我说："你要考赵老师的博士研究生？那可是很难的，你和导师有过联系吗？"那时候虽然听很多人说考博要和老师联系，导师在决定招收博士生方面有很大的自主权，但出于敬畏和胆怯，我一直没敢和赵老师联系。直到考博报名的那一天，我从苏州来到南京，走到他的办公楼下，终于鼓起勇气打了他办公室的电话，并主动说明我是一名想报考他博士的学生。赵老师简短地说了一句："哦，你现在在哪？"我怯生生地说："在逸夫管理科学楼楼下。"赵老师说："那你快上来吧，我10分钟后要参加一个会议。"这是与赵老师的第一次交流，我怀着忐忑不安的心情走进了赵老师的办公室。赵老师问了问我的基本情况，看了下我的简历，对我说："你想报考我的博士生？今年报的人比较多，可能竞争比较激烈，我们工商管理专业还有很多老师的研究方向都是人力资源管理，你也可以看看其他老师！"我连忙说："我已经报名了。"赵老师笑笑说："那你考吧，好好复习。"就这样简短的不到5分钟的谈话，开始了我与赵老师的师生缘分。

赵老师对我们的关心大部分是体现在日常生活中的，渗透于内心的，他给予我们的太多，很难用简单的几句话或者几个故事来描述。对我来说，有许多这样的"第一次"：赵老师给予了我第一次坐飞机去深圳开会的机会，第一次出国访学的机会，第一次深入企业实地调研的机会，第一次参加国际学术会议的机会，第一次与诺贝尔经济学奖得主迈克尔·斯宾塞合影的机会。这么多的第一次使我学到了知识,增长了见识和胆识,这也是赵老师很早就提出的:作为一名管理者,必须具备知识、见识和胆识。

在东南大学任教期间,我也一直谨遵老师的教诲,做学问很重要,然而做人是第一位的。老师教导我们"能帮人处且帮人,帮人就是帮自己",这也成了我与人交往的首要信念。而老师在做学问上的执着追求,更激励我在学术的道路上勇往前行。老师已举办了20届全国人力资源师资研讨会,10届企业跨国经营国际会议,举办了9届人力资源管理论坛,创建了一流的商学院。老师教育我们做学问要专注,研究方向要集中,寻找到自己感兴趣的方向并进行深入的研究。老师的关爱给了我奋斗的力量,帮助我树立做人的原则,更给了我面对生活中的困难的勇气。还记得我父亲病危,在省人民医院住院期间,老师多次电话问候,甚至帮我联系医院,让我父亲在最后的人生时光感受到了温暖和尊严。那一刻,我对能成为老师的学生充满了感恩与自豪!

(周路路:东南大学经济管理学院副教授,2007级博士研究生)

成长中的引路人

我是赵老师2014级的直博生,与赵老师的首次接触,是在2013年南京大学管理学院大学生夏令营上,赵老师为我们做了一场人力资源管理发展趋势的研究报告,近距离听赵老师为我们讲述他的求学与研究经历,分享人力资源管理的最新研究进展,我听完深受震撼和鼓舞,学习深造的方向就此在心中生根发芽。听完报告之后,我鼓起勇气申请攻读赵老师的博士。一句"欢迎你加入,好好准备",开启了我的博士求学生涯,也开始了追随赵老师研究学习的师生缘分。

细算起来,毕业已两年有余,想起赵老师曾经的教诲,想起与赵老师相处的点点滴滴,仍然满是温暖与感动,让我不胜感激。

"不要拖到最后一分钟!"这句话深深印在我的脑海里。现在回想起在校时因为拖延的种种窘境,仍深感羞愧。我曾在学校要求提交材料的最后日期,匆忙联系赵老师审核签字,事后才想起跟赵老师报告;曾被赵老师耳提面命论文要抓紧，但还是会事到临头，手忙脚乱，没少让赵老师操心。"有事要提前讲，提前准备，不要拖到最后一分钟！"这是印象中赵老师时常叮嘱我的话，也是我时常提醒自己的"名言警句"。每当我稍有懈怠，耳边都会响起赵老师的这番叮嘱。

记录、管理好时间。赵老师的日程管理笔记本总是记得密密麻麻的，时间安排也总是紧凑而有序的。每年年初开会的时候，赵老师都会给我们每人发一个小日程本，用来记录每天的工作生活日程，这已经成为师门多年的传统。在赵老师的影响下，我也逐渐养成了随身携带小本的习惯，工作安排、研究思路、生活感悟都会在每天的日期下记上一笔，每天翻翻小本提醒自己，也在这种看似不经意的习惯中，学会了如何合理安排自己的时间。毕业之后，这个习惯也一直伴随着我走上工作岗位。

要多走出去交流。赵老师非常重视对学生国际化视野的培养。2016年，赵老师为我和几位同门提供了赴美国密苏里大学暑期学习交流的机会，这是我第一次出国，虽然闹出不少笑话，但也大大开阔了眼界。2017年，在赵老师的引荐下，我得以赴澳大利亚Monash大学进行联合培养项目，这段难得的学习交流经历让我获益匪浅。除了出国交流，赵老师组织召开的跨国经营国际会议，也给我们提供了难得的在校园里参与国际会议服务和研讨的学习锻炼机会。赵老师经常叮嘱我们，要学好、用好英文，到国际期刊上发表文章，要多走出去交流，也鼓励我们多参加国际学术会议，与国际优秀专家学者交流合作。

为我们搭起理论与实践的桥梁。秉持着德鲁克先生"管理是实践，知行合一"的实践观念，赵老师一直非常重视管理实践，经常会组织与企业界的研讨交流，商学院的德鲁克论坛已经连续举办了126期，从西方学者的跨文化管理研究到浙江义乌"吸管大王"的管理实践，为我们带来了一堂堂丰富生动的课外实践课，引导我们去理解管理理论的应用，关注管理实践中的问题。赵老师也会经常带我们去企业实地调研，了解企业实际，为我们提供了许多深入企业调研实践机会。

传道、授业、解惑，作为学习研究中的引路人，赵老师指引我一步步走上研究之路。犹记得入学时，赵老师的殷切教诲，做学问先做人。在与赵老师日常的相处交流中，在赵老师言传身教的潜移默化中，我逐渐树立起为人处世的观念，学会治学为人的道理，让我受益终身。

（徐云飞：国网能源研究院有限公司研究员，2014级直博生）

经师易求，人师难得

我是赵老师2014级的硕博连读生，因为本科阶段我们人力资源管理课用的教材就是赵老师所主持编写的教材，所以我对赵老师最初的印象主要是其在人力资源管理领域的学术造诣。2014年在得知我取得南京大学商学院人力资源管理方向初试第一名且被拟录取之后，我就立马给赵老师发了自荐邮件，简述了我在本科所获得的成绩，并希望能成为他的学生，然后就以一颗忐忑的心等待赵老师回复。当天晚上，就收到了老师肯定的邮件。现在回想在南大求学同时也是跟随赵老师的6年，我对此不胜感激。

1. 初入师门，温暖先行

2014年9月，我正式踏入南京大学的校门，开始硕士阶段的学习。开学不久，赵老师就非常细心地安排了研三的吕贝贝师姐和我们这一届的新生交流，并嘱咐师姐作为过来人要关心一下每个新人的近况，询问我们是不是适应研究生生活，有没有困难和困惑。在学术上，赵老师也安排了当时博士一年级的席猛师兄，带着我们研一的学生参与导师的国家自然科学基金重点项目，初步熟悉问卷调查方法的各个步骤和注意事项，一步一步地为我们的学术生涯铺路。

2. 搭建平台，成长加速

2016年9月，我在硕士阶段提前攻博，非常幸运依然师从赵老师。从2014年到2020年，跟随赵老师的较长时间也使得我和老师之间的沟通很直接，当然更为重要的原因是赵老师对我们每个人的发展意愿都予以充分尊重和万分包容。在博士一年级，赵老师就为我和几位师兄师姐提供了赴美国密苏里大学进行暑期访问学习的机会，也是这次经历使我第一次了解美国，第一次真正意义上同美国学者进行学术交流,大大扩展了我的眼界。在博士三年级时,在赵老师的引荐下,我获得了美国罗格斯大学教授的推荐信,同年取得由国家留学基金委资助的联合培养机会,赴美国联合培养一年。犹记得临行前,赵老师叮嘱我:去了美国,起码要做到三件事:一要把英文学好;二是要选修几门美国本土的专业课程,特别是研究方法课;三要撰写一篇英文论文。在赵老师的监督和鼓励下,我把老师的叮嘱铭记在心,力求紧跟管理学前沿,不断精进自己的学术素养。赵老师不仅为我们提供了非常好的学习机会,而且不断鼓励我们在面对挑战时要无所畏惧,"扬帆正当时"。

3. 榜样力量,格局为最

在南大求学期间,每每对比老师的眼界格局,我自觉无法望其项背。听老师提起他 1987~1990 年在美国读博期间的各种经历时,我不禁感叹,老师是多么高瞻远瞩和立意深远,才会在当时的年代选择赴美读硕、读博,并在学成之后很多国外学校给了录用通知书的情况下毅然回母校南京大学任教至今。作为老师的学生,我也希望以老师为榜样,不负老师期望,深耕人力资源管理领域,力求做出自己微薄的贡献。

(曹曼:东南大学经济管理学院博士后,2014 级硕博连读生)

学习老师的匠心

2015 年春,赵老师应邀来江西科技师范大学讲学。不承想这么平平无奇的一天竟如此这般改变了我的命运。这是我第一次见赵老师,于一名初出茅庐的青年教师而言,能够近距离聆听人力资源管理的大咖课已足够震撼,讲座后老师竟然没有拒绝我报考其博士研究生的请求。六年以来,与老师交往感触最深的是,老师珍视并保护每一个人的自尊心。

2016 年,我如愿考入南京大学商学院跟随老师攻读博士学位,美梦成真。博士录取后,我最后一个加入美国密苏里大学圣路易斯分校的访学团队,师门一行七人走出国门,学习人力资源管理前沿的理论和方法,与国际上活跃的学者对话交流。近两个月的旅程不但使我们精进了学业,丰富了团队合作的经验，还增长了见识、收获了友谊。外方发邀请函之前，老师给每个人进行口语面试，临行前又专门开会嘱咐，事无巨细，满满的叮咛。待飞抵美国学校后，老师又实时关心我们的学习和生活情况。老师的"不放心"，令人感动。

博士学习伊始，老师就教导我多阅读文献，锚定研究方向，沉心做研究。第一个学期期末，当我向老师汇报企业导师制的研究主题时，他肯定了选题的现实意义，并言及师徒关系对新生代员工社会化等方面的重要作用，谈到国家政策方针中对工匠精神的重视，鼓励我从管理学视角进行深入剖析。于是，我就沿着老师的指引，围绕以上两个主题开始了我的学术之路。还记得第一次撰写论文请老师审阅，我深知自己基础薄弱，心中惴惴不安。老师第一时间回复了修改意见，指出问题又不忘鼓励。我看着屏幕上满满当当的红色批注，心里不禁感慨，为师者当如是，真乃大师也。老师总是叮嘱我们早点休息，但他指导学生是不分昼夜的，邮件回复的时间常常是凌晨时分。老师的殷殷教导之心、敬业心，润物细无声。

在我的印象里，老师没批评过我，但有时不批评比批评更让人难受。博士二年级时，我们随老师赴澳门参加第6届中国人力资源管理论坛，出发前老师将赠送给澳门方专家的伴手礼（盐水鸭）分发给学生随身携带。抵达澳门后，由于飞机晚点、酒店预订出错等突发状况，我们没能及时将盐水鸭交还给老师。听说，老师四处询问，一个晚上都在担心鸭子不翼而飞了。事后，我向老师承认错误，他笑盈盈地说"没关系"。我很惭愧，暗暗下决心今后考虑问题要更周全，积极反馈并做好预案。老师放手让我们去担当，给予我们试错机会，帮助我们快速成长。老师宽广的胸襟、包容心，无处不在。

赵老师对我说："老师答应收您，您就该锻造为专家！要有工匠精神！"老师的谆谆教诲响在耳畔，我不敢懈怠。作为一名普通教师，我希望像老师一般去点亮学生的心。

（曾颢：江西科技师范大学副教授，2016级博士研究生）

这是一段美好的回忆

回顾过去，总令人思绪万千，一幕幕记忆从脑海中划过。一些人可能会想起与朋友一起相谈甚欢的美好时光，一些人可能会忆起那些让人喜笑颜开的点点滴滴。于我，首先想到的则是南京大学商学院。能够获得南京大学商学院的博士学位，正是因为我的导师赵曙明教授。三言两语不足以形容他。赵教授不仅是我的指导老师，还是我学习的榜样和努力的方向。他是一个善良、耐心、乐于助人、虚怀若谷的人，他总是会在他的学生需要时提供帮助。在我看来，他是一个能够改变学生一生，并帮助他们走向成功的人。在他的殷切指导下度过的三年是我一生中最美好的时光。感激之情溢于言表。正是因为他，我才有了今天的成绩。

Good old memories

Just by reiterating these words, we all go into a trance. The stream of thoughts starts flowing rapidly. For some, it may bring back the good time they spent with their friends discussing sweet nothings and for others, it may mean events that fill the heart with joy. To me, the first thought is about Nanjing University Business School. The only reason I have been able to get admission in PhD at business school Nanjing University was my mentor Shuming Zhao. Words are small enough to describe him. He is not only my teacher but my role model and inspiration. A kind, patient, helpful and truly humble man who is always ready to help his students. I believe that he is someone who changes his students life forever and help them in becoming successful. Three years that I spent under his kind supervision were the best moments of my life. Thank you is a very small word to him. It is because of him, I am what I am today.

（沙尔（Mashal Wattoo）：2016级巴基斯坦留学生）

男神的魅力

我是赵曙明教授 2018 级的直博生，我还记得，2017 年，那时候的我本科还未毕业，只是简单看过几篇人力资源管理的经典论文，对科研、学术都是一知半解，对论文中的作者很是崇拜，觉得他们离我很远，像明星一样，可望而不可即。很幸运地，我看到南京大学的保研招生通知，点开导师栏第一个就是赵曙明教授，我顿觉亲切与熟悉。尽管我文章读得不多，但赵老师的文章太过经典，我自然记得这个名字，因此我毫不犹豫地选择了赵老师。同年 9 月，我顺利来到南京大学商学院参加保研面试。等待过程中，和几位南大本科生闲聊，他们听到我选择赵老师做导师，都表示特别羡慕，我才知道原来他们口中说的南大商学院男神就是赵曙明老师。当时，我希望能保研成功的心就更加坚定了，这样一位 60 多岁的老教授仍被广大本科生称为男神，师德师风绝对靠谱，跟着这样一位导师一定错不了。

在面试现场中，作为最后一位面试考生，我终于见到了赵老师本人，一种见到偶像的心情忍不住滋生。我按捺住，尽量保持自然大方。我的考题是有关授权的，在表达过程中我也趁机提出了自己在大学小组课题管理中出现的问题。这时，赵老师不仅幽默地回应了我，还向我推荐了《卓有成效的管理者》这本书，告诉我从中可以学到如何做好管理。可以说，这本书让我直观地看到了要研究的主题的现实价值，让我相信了自己能够在科研道路上实现人生价值。人力资源管理的研究不是写来发表而已的，它是真正能指导管理实践的，包括像我管理一个小小的学习小组，都可以借鉴学习到有用的管理方法。如果我能写出好文章，未尝不能帮助现实中的管理者。于是，我不再纠结，选择了跟赵老师直博。

直博的第一年，课程稍多，需要同时上硕士生和博士生的课程，赵老师提醒我那些研究方法类的课程需要多学习。于是，我又额外旁听了两门硕士的研究方法课。果然，听老师的准没错，真正写论文的时候就知道课程没有白上。后来，特别感谢赵老师给了我一个学习机会，提供给我一个研究主题，让我跟着师姐一起撰写一篇论文，并得到了顺利发表。在这个完整的论文写作和发表过程中，我真实感受到了科研的辛苦，也体会到科研带给我的充实感和满足感。

在学术品德上，赵老师也是我的精神榜样。他总是带着一颗博爱的心做科研，他做的都是可能推动中国人力资源管理进步的事情。他总是努力用他的影响力请国内外知名专家学者来为我们做报告、开讲座，让每个感兴趣的老师和学生都能及时获取新鲜的学术动态，和大牛学者们近距离接触。在聆听讲座的过程中，我感受到了学者的谦逊与魅力，并以此勉励自己。未来，虽然我能继续跟着赵老师求学的时间已经不多，但他给予我的"财富"，我将终生受用和感激。

（张紫滕：2018级博士研究生）

综合印象

赵老师是一部好书

赵老师常说，一本好的书就像一个宝藏，每次阅读都能挖掘到新的、宝贵的财富。我自从来南京大学跟随赵老师学习与工作以后，赵老师的言传身教，使我感受到他就是一本好书，每当遇到难题、困惑，不知不觉中都会以赵老师为楷模，有时候做事情自我感到不妥的时候，也常常自责："要是赵老师，可能就不会这样做、这样说了。"所以，要我谈对赵老师的印象，有讲不完的故事，说不完的感想。这里仅就他在商学院任院长期间对待不同身份的员工"知行合一、践行理论"的做法，跟大家分享。

我们经常听到学生们略带抱怨的玩笑："你们管理学院的老师都管理不好你们自己的学院，还教我们如何管理企业？"我们也常常自找台阶："体制问题，体制问题。"其实，在我看来，这与院领导的作为与不作为，如何作为，也有很大关系。回顾南京大学商学院近十几年的发展，在赵老师的带领下，营造了和谐、合作、向上的文化氛围，"人人头上有片天"，在教学、科研、社会服务等方面都取得了令人瞩目的成绩。这些成绩中有很多经验，其中一条，就是赵老师能够根据社会经济发展的大趋势，前瞻性地把握发展方向，并付诸实践，有所作为。他在用人制度上就是如此做的。

众所周知，高校人事制度因为沿用旧的事业单位编制办法，行政人员数量是按照编制数量确定进不进人的。但随着学校事业的发展，已有的行政人员已经不能满足工作需要，不得不招聘"临时工""合同工"，现在俗称为"外聘人员"。在高校中，商学院是最接近市场经济的一个学院，它服务的对象大多数是MBA、EMBA学员和各类单位的高级管理人员，他们是市场经济中的精英，虽然他们来学校是为学习知识，但从教学管理的角度来说，他们更期望学院的后勤服务等行政管理工作更接近市场，具有服务意识和高效率。赵老师熟知国外著名商学院的运作模式，他们的行政人员人数大概是老师人数的两倍。因此，他提出，商学院要大力增加行政与后勤服务人员，提高教学服务质量。到目前为止，南大商学院除了原有编制内员工、补充的编制内年轻员工外，通过市场招聘的员工人数已经达到80余人，是编制内人数的5倍。

然而，新的问题出现了。正如其他类似单位的情况一样，不同编制人员的薪酬体系不一样，一定程度上挫伤了员工的工作热情和对事业的忠诚度，优秀人员的主动跳槽率很高。而赵老师早在20世纪90年代初就提出，人力资源有效开发、合理利用、科学管理的最大关键，是人才的价值性、流动性应该得到实现，并提出未来人力资源发展的重点在于提高员工的职业化、专业化水平，培养员工的工作胜任能力。

面对南京大学商学院在人力资源管理上遇到的实际问题，今天看来，时任院长的赵老师就是根据他提出的这些理论观点和对未来趋势的判断，践行商学院的人力资源管理改革与发展的。他根据实际情况，考虑到"体制内"人员思想观念不能一下接受，而且其他单位仍然推行"双轨制"，采取了循序渐进的方式进行"并轨"改革，并从以下三个方面顺次开展。

第一，"社会地位"的并轨。首先，从舆论上在商学院给予外聘人员崇高的社会地位，肯定他们是商学院发展过程中不可或缺的有生力量，对商学院发展有着重要贡献；其次，在全院的教职工会议上，要求外聘人员与体制内教职工一起参加大会，给予他们享受同等社会活动的权利和机会；最后，也更为重要的是，给予外聘员工与体制内教职工同等的暑期旅游待遇，大家在一起都很开心，感受到商学院大家庭的平等、友爱、温暖。

第二，"经济地位"的并轨。随着工作发展的需要，各项工作需要招聘大量人员，赵老师主张"专业化、职业化、胜任力"，不能让商学院成为部分人的"避风港"。因此，招聘信息公开，招聘过程公开、透明，通过招聘小组集体面试，最终决定任用人选。现在录用的人员都非常优秀，工作也非常敬业，绝大多数都拥有硕士学位，不少还是名牌大学的免试研究生毕业和海归人员。对于这些员工，赵老师提出，我们不仅要"用人"，还要"留人""培养人"和"发展人"，因此在工资、奖励、福利上尽可能接近市场水平，外聘员工的收入超过体制内员工已经变得平常。

第三，"政治地位"的并轨。赵老师主张，商学院的所有员工，不分体制内外，应该具有同等的政治权利，包括加入党团组织、加入群众性组织、有选举权和被选举权。现在，商学院有很多外聘人员加入中国共产党，参加商学院行政支部活动；一些部门的负责人也都由外聘人员担任；每年的领导考核、考评，也都请他们同等参与。当然，他们还有些体制内员工拥有的权利没有得到，那是因为这些权利已经超出了商学院力所能及的范围。商学院的这些做法，开始有争论，有不同看法，但赵老师高瞻远瞩，以博大的胸怀、高超的领导艺术和理论付诸实践的智慧和胆识，使得商学院的人事改革逐步展开，如今已经取得很好的效果，也得到了大家的认同和支持。

相信在不久的未来，我们一定会看到赵老师所倡导和践行的人事改革成为广大企事业单位的普遍行为。而且我个人认为，商学院所做的一切已经对兄弟院系、兄弟院校起到了很好的领头示范作用，所产生的影响不管对员工个人成长还是商学院发展，都将是深刻而长远的。

（刘洪：南京大学商学院党委书记、教授、博士生导师，2000级博士后）

学会做人，学会做事，学会学习

我 2005 年到赵老师门下攻读博士学位，2008 年 9 月获得学位，转眼十余年了。一直以来，我都自认为是一位幸运儿，幸运在于能遇上"贵人"——一个可遇而不可求的贵人！这么多年来，赵老师的一言一行都在影响着我，激励、鞭策自己不断提高。以至于这么多年，每当在生活和工作上遇到难以处理的事时，都会不经意间思考：如果换作赵老师，他会怎么做呢？

从认识赵老师至今，一直萦绕于心的一句话是老师教导的"学会做人，学会做事，学会学习"。突然间也领悟到：老师所教导的，也正是老师一直所追求、所致力的！甚至于老师今天所取得的成就，也是践行这三点的成果。

一是"学会做人"与"以人为本"。"学会做人"是老师思想最根本之处！但我对这句话的理解，却经历了一个升华的过程！入学伊始，囿于我的见识，当时只是把这句话停留在世俗的层面，将"做人"简单地认识为"成熟""人情世故""处理人际关系"。在老师身边耳濡目染久了，日益明白老师强调的"学会做人"，其核心却在于"诚信"，在于"尊重每一位个体"。这一理念与"以人为本"的理念不谋而合。每一位与老师有接触的人都谈到，每一封邮件赵老师都必回复、语气平易近人、邮件中用的是"您"而非"你"的称呼，充分体现了老师对人的尊重！

二是"学会做事"与"职业化的执行力"。无论是在老师指导下参与诸多研究，还是在筹备会议工作中，老师对细节的关注，以职业化的精神完成每一件工作，都令我印象颇深。正是强调"学会做事"，老师才会不遗余力地推动职业化领域的研究。如商学院院长的职业化、企业经营者的职业化研究等，无一不是强调以专业化的态度与能力去高效地完成每一件事情。这也体现了老师强调的"学以致用，知识源于实践，用于实践"。

三是"学会学习"与"探索、创新、求实"。如何学习，以及如何教学生学习，是每一位教育者不断深思的话题。赵老师在学习上的精神与态度也一直激励着我。赵老师渊博的知识、宽阔的思路，以及他总能找到时代的热点与前沿问题，无一不与其有效的学习方式和态度有关。从赵老师 1991 年回国后关注的人力资源管理问题、国有企业人事改革问题，到近几年的职业化问题、劳动关系问题以及最近的转型期企业人力资源管理的若干问题，都是管理学术和实践的前沿问题。三人行，必有我师。赵老师不放过任何一个与国内外学界、实践界人士交流的机会，汲取素材，发现问题，博采众长，为我所用。正是这种不断"探索、创新、求实"的精神，才让赵老师有了今日在人力资源管理领域的领先。

赵老师在推动中国管理研究发展中的努力同样令我感动！记得在 2005 年左右，管理学的科学研究范式在国内刚刚起步。在承担繁重的教学、科研任务的同时，赵老师积极投身于中国管理研究国际学会，与创会主席徐淑英教授及其他同人一道，共同推动科学研究方法在中国的传播。尤其是 2008 年担任中国管理研究国际学会主席以后，就更忙了。在关注科学研究范式在中国的发展的同时，赵老师以一种强烈的使命感号召学术团体紧密合作，竭尽所能地提高中国以及全世界管理研究能力，帮助中国企业在转型期间更加健康地成长，探索尚未被认识的管理知识和智慧。

2008 年赵老师以中国管理研究国际学会主席身份在年会上做报告

如果说赵老师为中国管理研究国际学会所做的努力，是为了提高国际管理前沿知识在中国的普及，那么老师每年在国外的讲学则为中国管理智慧在全球的推广与传播做出了极力的推动。我 2007～2008 年在美国求学期间，每当和身边同学和同人说起我来自南京大学时，总会被问及："你认识赵曙明老师吗？"唯有那刻，你才能体会到什么叫自豪！这也说明老师在国外的影响力。

当然，这些也成为我努力学习的动力，只为不辜负老师的期望。

（蒋建武：深圳大学管理学院教授，2005级博士研究生）

他培养了我抵御任何灾难的信心

1996年我在一家证券公司做总经理，想去南京大学商学院向赵老师请教些事情。当时，我讲到一个观念，认为中国的投资风险并不在于经济问题，而在于人的智慧问题。可能一秒钟就决定投资1000万元甚至更多，这可能导致巨额亏损，也可能导致巨额盈利，对一个总经理来讲，所有的风险都需要自己担当。一旦拍板了，风险就产生了，而这个拍板取决于一个人的智慧，所以要研究一个人的智慧。

我当时跟赵老师说，我要读博士，要研究人的智慧。他说非常欢迎。当时我的英语比较差，1996年没考上。赵老师后来帮我找了个英语老师，教我英语，后来又安排我到美国去待了一段时间。1997年，从美国飞回来的第三天就参加博士研究生入学考试，结果很幸运，我考上了。跟赵老师读博士之后，之前的疑问慢慢得到解答。赵老师说，智慧这个问题本身有点形而上学，智慧本身在现在来看应当属于知识管理研究领域。后来，我的博士论文开题报告题目就叫《知识重建论》，之后，这篇论文作为一本书出版了。

那个时候跟赵老师学习，他认为未来中国的企业管理最重要的就是人力资源管理。因为当时有很多人，包括财政厅厅长、我们证券公司的总经理，都希望我做金融研究。本来我准备做金融研究的，但是赵老师跟我讲，如果想把整个企业做好，不仅仅要靠专业知识，还要靠人力资源管理，要懂得人力资源的调配、使用以及一系列管理制度的构建。我听从赵老师的意见，选择做人力资源管理领域问题的研究。

赵老师的教诲是深刻的，我至今还记得他的一些话。他说过：读博对涨工资没有任何作用，但是如果你为了追求知识、追求未来，那就来读博。

在学习、工作和生活中，我主要从四个方面向赵老师学习。

第一个方面是在课堂上。赵老师的课堂是双语教育，也是国内外教育，他的课堂永远是全球纵横捭阖、理论与实际紧密联系、现实与未来遥遥在望。所以跟他学习，不仅能够开阔视野，而且能够致用当下。

第二个方面就是跟赵老师做课题。跟他做课题的过程中，他的"可持续地与企业合作"的观点让我记忆犹新。赵老师说，跟随合作企业共同成长，可持续合作才有价值，而不应该纯粹图经济利益，做一个项目就结束。短期合作，跟企业接触时间也就五六个月，那样的话，无论是对我们做管理研究还是对企业的发展，都没有什么好处。赵老师与企业合作持可持续发展的态度，对我影响很大。比如他在苏宁电器连续担任独立董事，后来南京大学商学院与苏宁电器建立了长期战略合作伙伴关系。我听赵老师讲过，当时苏宁电器的张近东董事长、孙为民总裁还对赵老师主持召开的企业跨国经营国际研讨会给予了大力支持。还有南京中心大酒店，赵老师对这家酒店的管理非常关心并悉心进行指导，因为该酒店的高管，从总经理到其他所有高管都参加过南京大学商学院的EMBA或总裁班的学习。从1996年到现在，从四星级到五星级，怎么把服务做得更好，酒店每一任总经理都深受赵老师的影响。现在，我给一些企业做咨询，也有从一开始就持续做下来的。

第三个方面就是跟赵老师学做人。他对学生的了解非常深刻。我曾任职的公司出事，我也受到牵连，前后有半年时间。赵老师后来找到当地的政法委，他敢说"我用我的党性保证，我的学生姜进章绝对不会受贿、贪污、行贿"。调查后，发现我的确什么问题都没有。他为什么能跑去做担保？因为他对学生很了解，这让我及周围的人都非常感动。在中纪委对我的事调查结束的当天，导师和师母许晓梅老师在酒店请我和我太太，他说："你受委屈了。"当时我跟导师讲了一句话，让导师、师母和我太太当场热泪盈眶，我说："您不仅教会了我如何学习和做研究，使我取得了博士学位，还培养了我抵御任何灾难的信心。"

第四个方面是赵老师强调实证研究在企业的应用。他一直认为，企业要想成长发展，就要关注影响企业发展的各个要素，而实证研究能够让每一个管理要素在企业应用的情况得到真实的反映。在早期，赵老师就跟我讲，定性研究有它的局限性，光谈概念，企业并不能获得定量的、具体的、实实在在的数据来指导自身的发展。在中国管理学界，为什么我们经常讲赵老师是泰斗级人物，就是因为在改革开放后的中国管理学研究过程中，赵老师是最早传播和教学实证研究的。由赵老师牵头主办的企业跨国经营国际研讨会，已经连续举办了10届，我基本上都参加了，每届的选题都很切合实际，并且向大会提交的大量的研究成果都是用实证方法进行研究的。

我认为，赵老师把西方文化和中方文化的精髓很好地融合起来了，这不仅是因为他在农村生活过，具有朴素的情感，也是因为他有一个伟大理想的支持，他从美国博士毕业后，尽管美国众多学校拼命挽留他，但他为了理想毅然回国。在美国人眼里，赵老师有三个精神特别让人感动：第一是爱国主义精神；第二是中国人特有的艰苦朴素的精神；第三是刻苦勤奋精神。

（姜进章：上海交通大学上海交大—南加州大学文化创意产业学院和媒体与传播学院长聘教授、博士生导师，紫竹中美新媒体管理联合研究中心中方主任，1997级博士研究生、2002级南京大学商学院—大全集团企业博士后）

知识权威和道德魄力

赵老师1991年从美国学成回国后，就开始指导研究生了。通过对人才培养模式的不断探索和辛勤耕耘，赵老师培养出了一大批在国内外学术界具有影响的优秀学者。例如，张燕、杨静钰、唐翌三位年轻学者硕士阶段的学习都是在赵老师指导下完成的，他们从南京大学商学院毕业以后，分别到南加州大学马歇尔商学院、香港科技大学管理学院攻读博士学位，在各自研究的领域取得了有国际影响力的成果。张燕博士目前是美国莱斯大学的终身教授，在战略管理领域与公司治理领域国际顶尖期刊如 *Academy of Management Journal*，*Strategic Management Journal* 上发表了数十篇文章，其成果被广泛引用，目前担任 *Academy of Management Journal* 杂志的常务副主编。杨静钰博士是澳大利亚悉尼大学商学院副教授，唐翌博士是香港大学商学院副教授（终身教职），他们俩都在管理学国际顶级期刊如 *Academy of Management Journal* 发表过论文。

赵老师除了指导我们做学问外，还指导我们做人要谦虚，要学会尊重别人。记得在2000年年初，我刚刚进入南京大学企业管理博士后流动站，跟随赵老师研究人力资源管理。当时博士后很少，南京大学这个博士后流动站也刚招博士后不久，进站程序大家都不太熟悉，在办理进站手续时遇到些麻烦，在赵老师办公室向赵老师汇报时，我对机关某位年轻同志带有情绪，称谓上未显示出对他的尊重，当时赵老师就纠正了我，让我称其为老师。赵老师的意思非常明显，要我在称呼别人时，表达出对别人的充分尊重。这件事给我留下极其深刻的印象，在随后的20多年里，我注意到，赵老师无论是对年轻人还是对年龄大的人，无论是对自己的学生还是对周围同事及其他人，都非常注意说话时对别人的尊重，因而让别人能够充分感受到赵老师宽容、开放和平易近人的风格。因而，无论是作为老师还是领导，赵老师的学生或同事时时刻刻都能够感受到赵老师的人格魅力。根据领导学的理论研究，领导力来自三个方面：职位权威、知识权威与道德魄力。我认为，赵老师的领导力或影响力主要来自他的知识权威和道德魄力，这是赵老师多年来能够带领一个庞大的团队，取得许许多多重要成果的关键因素。

（彭纪生：南京大学商学院人力资源管理学系教授、博士生导师，2000级博士后）

情商高人

赵老师从1992年开始组织第一届企业跨国经营国际研讨会，此后每三年左右举办一次，至今已举办了多届，而且会议规模越来越大，层次越来越高。会议的开幕式与结束晚宴，其座席的安排是非常需要动脑筋的，特别是一些尊贵的客人，由于他们工作繁忙，直到最后一刻都不能确定是否能够参加，因此主席台的座次、餐位的安排，这些都要临时决定。这些年来，每当这种时候，赵老师都能游刃有余，将来宾安排得井井有条，从未出现过差错。一次做好容易，次次都做好真是太难了，这充分体现出赵老师的应变能力及高人一筹的情商，赵老师就是赵老师！

大概 28 年前，赵老师做了肠梗阻手术，第三天我们去探访，见他坐在病床上看书写东西，我当时就想：动这么大的手术，手术后也不好好休息，刀口处不疼吗？难道可以通过看书学习减少刀口疼痛？

赵老师负责举办企业跨国经营国际研讨会，我为了会议组织的一些问题给他发邮件，不管是深夜还是凌晨发，都能很快收到回复。他给我的印象是：典型的"工作狂人"特质。

（杨东涛：南京大学商学院人力资源管理学系教授、博士生导师，1996 级博士研究生）

一日为师，终身为师

20 世纪 70 年代赵曙明老师就开始在南京大学工作了。1983 年赵老师从美国获得硕士学位回国，担任南京大学外事办公室主持工作的副主任，我是校办副主任，由于经常组织学校外事接待活动和国际学术会议，我们的接触比较多。从那时起，我就对赵老师的刻苦学习、勤奋工作和高尚品质留下了深刻的印象，也和赵老师结下了深厚的友谊。

由于我在南京大学直接负责学校后勤管理和校办企业管理，后来又到南京市、江苏省国有企业担任总裁，深感自己企业管理知识缺乏，正值南京大学商学院开始举办第一期企业管理研究生班，我毅然决定从社会学专业研究生转到企业管理专业研究生。记得赵老师 1987 年又到美国攻读博士学位，1991 年学成回国。1992 年起我就师从赵曙明老师，从硕士研究生到博士研究生再到成为南京大学商学院的研究生兼职导师，已经走过了近 30 年的师生历程。

我在博士毕业时曾经庄严表态：赵老师一日为师，终生为师！事实也是如此，赵老师不仅长期对我的学习给予了很大的指导，而且对我的工作也给予了很大的帮助，使我们的企业能够从容应对金融危机挑战，并跃上了一个新的发展平台。赵老师学识渊博、品德高尚，是我们每一个学生的良师益友。

赵老师首先是一位学识渊博、治学严谨的导师。赵老师是我国著名的人力资源管理研究的权威专家，是他首先引进了人力资源管理的理论和方法，并且结合中国企业管理实际创新发展了人力资源管理理论。赵老师先后在国内国际学术刊物上发表文章数百篇，是中国大学商学院任职时间最长的院长，也是获得中国管理学最高奖——"复旦管理学杰出贡献奖"的工商管理教授。赵老师精通英语、高等教育管理和跨国企业经营管理，博学多才、学富五车，而且善于将理论联系实际，曾担任过国内外大型企业的顾问和独立董事，为企业的发展崛起做出了卓越的贡献。

赵老师又是一位教书育人的导师。赵老师把培养人才作为自己的主要工作，非常重视对硕士研究生和博士研究生的培养，注重培养学生独立开展研究的能力，不仅"授人以鱼"，而且"授人以渔"。赵老师非常重视与自己学生的交流沟通，虽然他长期担任南京大学商学院院长，工作非常繁忙，但他仍坚持定期与学生进行交流，听取汇报，了解问题，指导研究。赵老师即使到国外访问讲学，也会通过电子邮件与大家进行交流。赵老师还积极为学生创造出国深造和参加国际学术会议的机会，帮助联系学校和解决经费，几乎每个博士生都被送到国外一流大学学习进修过，从而开阔了学生的视野，提高了学生的研究水平。赵老师已经培养出数以百计的硕士、博士，桃李满天下，许多人成了政府官员、学术带头人、高校的领导和著名的企业家。

赵老师更是一位品德高尚、为人师表的好导师。赵老师治学严谨，淡泊名利，待人坦诚，品行端正，言传身教，传道授业，具有超凡的个人魅力。正是由于赵老师的个人魅力，南京大学商学院大楼的建设得到了海内外校友的捐款支持。赵老师还把自己在国外讲学所得用于在南京大学商学院设立奖学金，以自己的言行为大家树立了榜样。赵老师对学生严格要求，坚持强调做事先做人，不仅培养学生做学问，而且教导学生做人，让学生树立正确的人生观、价值观。他对学生关怀备至，全方位地关心学生的学习、工作和生活，不仅与学生们建立了融洽的师生关系，还与学生成为很好的朋友。即使学生毕业走出校门，赵老师还是关注着、关怀着每一个学生的继续发展。学生们从赵老师身上学到的不仅是丰富的知识，更多的是赵老师的高尚品质和人格！

我为自己能够成为赵曙明老师的学生深感荣幸，我为有这样一位值得我们一生感谢和尊重的导师而感到无比自豪和骄傲！

（薛乐群：南京大学校董，中国江苏国际经济技术合作集团有限公司原总经理，1998级博士研究生）

多角色的成功扮演者

2006年9月～2009年3月，我在南京大学商学院攻读企业管理专业硕士研究生，师从赵曙明教授，研究方向为人力资源管理与企业跨国经营。通过3年的学习和接触，我感受到导师的成就是"多角色的成功扮演者"，这些角色包括学者、管理者、导师、社会活动家和家庭角色。

导师首先是国内外知名的、杰出的人力资源管理学专家。他是中国最早一批将西方人力资源管理理论引入内地的学者之一，最早撰写权威专著，在中国"人事管理"向"人力资源管理"转变的进程中起到了引导、介绍、推动的重大作用。在中国，无论是出版专著、学术文章，还是编著有关教材、制定授课标准等，赵老师作为人力资源管理"第一领军人"的地位无可撼动，而且他一直在努力，从未停止。

赵老师是一名出色的管理者。我可以肯定地说，无论是商学院的老师，还是商学院的学生，都非常认同和尊重赵老师。他担任商学院院长十多年间，为商学院的发展倾注了相当多的心血，也正是由于他的"多角色"，才有可能领导南京大学商学院快速发展，使南京大学商学院成为国内外知名的商学院。自首任院长周三多教授和第二任院长洪银兴教授以后，赵老师经过多年的管理、经营，带领他的领导团队将南京大学商学院的学术影响力、综合实力进一步提升和扩大。尽管赵老师工作繁忙，但他仍然坚持给本科生上课，关心学生，在商学院党委换届选举中，学院老师和学生无记名投票，导师高票当选。这从另外一个侧面说明他工作尽职尽责、深得人心。

他是一名博士研究生导师，几十年的教书育人生涯，学生可谓桃李满天下。他指导的学生中，许多已经毕业的硕士、博士研究生正奋斗在学术界及各条战线上。不少知名学者、政府官员、商界人士都慕名而来，领略他的风采。

我想正是因为导师的人格魅力、学术影响力和对学生的关爱，使得师门同人自然地走到一起，形成强大的凝聚力。

赵老师是一名杰出的社会活动家。赵老师的影响力可谓"泰斗级别"，无论是在欧美、澳大利亚、日本、韩国，还是在中国，在管理学界和教育界工作的，无论是诺贝尔奖获得者，还是著名学者教授，赵老师和他们都有学术接触和交流，并且与他们建立了深厚的友谊。从赵老师是中国第三位担任"中国管理研究国际协会"主

1988年赵老师在美国洛杉矶西来寺与星云大师在一起

席这一点，就无可争辩地说明了导师的学术地位，也从另一方面反映出他的学术威望、声誉和国际影响力。2008年6月，我曾有幸协助导师筹备"第六届企业跨国经营国际学术研讨会"，这届研讨会吸引了包括诺贝尔经济学奖得主在内的来自世界各地的专家学者、企业家等500多人参加，在国内外管理学界、企业界产生了广泛且重大的影响。相信导师如果不从事学术研究，倘使作为一名企业家，也同样会取得惊人的成就。

从家庭角色方面来讲，赵老师有一个非常美满、温馨的家庭。就我个人的感受来说，他的夫人许老师对赵老师的工作非常支持，会议协调、各种活动安排用心尽力；他的女儿非常聪慧、灵练，曾在多家知名外资咨询企业任职。提起这点，我想说赵老师的"成功"，除了源于自身的努力，也离不开和睦的家庭，工作与生活的平衡也是我们应向导师学习的地方。

导师是一个讲原则，作风正派，有大德、大能，对学术有卓越贡献、对学院有大力推进、对学生关怀有加的长者。我本人也非常荣幸能在导师的指导下学习和研究，这段时期的经历也塑造了我的行为和行事风格。真正厉害的人是改变人的思想、价值观和行为的人，赵老师就是这样的人。

（王文宇：交通银行总行授信部审批人，2006级硕士研究生）

精力充沛,活力四射

老师是一位令人景仰的学界泰斗。有幸拜在老师的门下,不管是做人还是处世,从老师的言传身教中确实获益良多。虽然愚笨,但也体悟到了老师为人处世的厚度,见识了老师幸福进取、终身学习的深度,更是仰慕老师学识、学问的广度。

老师给我的最大印象就是身体里好像装了永动机,永远精力充沛、充满活力,勤奋刻苦,幸福进取。

《周易》曰:"天行健,君子以自强不息;地势坤,君子以厚德载物。"面对事业和家庭,为什么有人积极热情,有人消极淡漠?面对失败,为什么有人屡败屡战,有人一蹶不振?面对人生,为什么有人积极进取,有人消极被动?这和个人的性格密切相关,而老师是一个充满正能量、热爱事业和家庭、睿智、自律又精于时间管理的人,是一位"幸福进取的真正践行者"。

老师的精力充沛、充满活力,源于老师心中一直充满着正能量。有一次和老师到区县去调研,车上他谈到自己从生产队长,到大学上学,再到美国留学的故事,完全是一部艰苦奋斗史。最重要的是,老师本来可以留在美国,拿绿卡,享受国外优越、安逸又物质富足的生活。特别是20世纪90年代,那个时候的美国是多少人梦寐以求的淘金之地。但老师当时说的一句话给我很大的震撼,他说他相信中国一定会发展和崛起,将来一定是外国人想拿中国的绿卡。所以,他毅然回国,是最早归国的留学生之一。正是这种对国家、文化和制度的自信,让他充满了正能量,回国后一直坚持在人力资源领域持续耕耘,艰苦卓绝地奋斗,取得了该领域的卓越成绩。

老师的精力充沛、充满活力,还源于老师对事业和家庭的热爱。事业方面,作为学者,老师发表了400多篇论文,获得了多项国家级的重点课题立项,著作等身,成果丰硕,学富五车,才高八斗。而且,他不仅在学术上有很大成就,还在行政上担任了多年的商学院院长,为学院和学校的发展做出了重大贡献。特别是在商学院的国际化和本土化发展方面,包括教师引进、教材建设、学科发展、科研选题、人才培养、社会活动等，老师都积极推动。在老师的带领下，南京大学商学院和美国康奈尔大学、密苏里大学的管理学院合作办学，每年选派好几名教师到这两所学院去学习案例教学法，此举为学院的发展做出了巨大的贡献。在这期间，虽然面临的是学术和行政上的双重压力，但正是因为对事业和家庭的热爱，他才得以保持旺盛的精力和活力。记得最清楚的生活小事是，老师经常早上6点钟之前就已经给学生回邮件了，开始工作了，但晚上12点以后还可以看到他在线和同门交流。睡得晚、起得早的他，白天依然神采奕奕，走路虎虎生风，意气风发。

老师的精力充沛、充满活力，也源于老师人生的睿智。跟着老师，经常会顿悟到智慧的火光。在课堂上，老师睿智的言论常常让我感到醍醐灌顶。有一次在某企业调查，他和企业家的交流终于让我明白了研究者和实践者的真正区别。他认为，商学院教育实际上只是从理论上和理念上教授工商管理，而真正解决这些问题，则需要"行"。不论是企业家还是职业经理人，都需要具备知识、见识和胆识。任何管理者如果没有知识，是无法管理企业、驾驭市场的，然而具备知识仅仅是开始，必须把学来的知识内化为自己的东西，形成自己的见解。但是这依然还远远不够，管理者还应该懂得把见解和理念运用于实际，要大胆地实践。进一步，他还谈道，对企业家来说，由于复杂环境的动态变化，过去成功的经验并不一定保证未来也能够同样成功。如何对以往经验不断进行反思，将经验上升为知识和见识非常重要，而商学院正是这样一个"知行合一"的平台，"把知识变成实际运用的能力，运用到实际操作的过程，才是真正有价值的。在商学院，我们可以看到无数企业成功、失败的经验，但是其成功和失败的原因又在哪里？这是一个人一生完全靠自身无法体验到的。"

老师的精力充沛、充满活力，同时源于老师的自律和对时间的精妙管理。跟随老师让我认识到，管理时间是一种非常重要的能力。在时间管理方面，老师不仅在理论上研究和探讨，在实践中也是身体力行。老师曾经给我们讲过一个他时间管理的故事，并在故事基础上提出了几点启发，那就是在平衡、处理各种事情的时候，要有三个要点：第一，记录自己的时间怎么花的；第二，有系统地管理时间，即先将无效和浪费时间的活动找出来，并尽可能把它们排除掉；第三，集中自己的自由时间。

回忆起和老师在一起的点点滴滴，我感受良多，思绪在脑海中翻腾。感谢老师为我们点亮了人生之路、学术之路、实践之路的灯塔，感谢老师带领我们践行如何成为幸福的进取者。

（杨东：西南大学心理学部社会服务中心主任、西南大学人力资本与领导力研究中心主任、教授、博士生导师，2006级博士后）

名副其实的人生导师

师从赵老师读博是我一生中最值得庆幸和感恩之事。即使在博士毕业多年后，通过合作研究和学术交流的互动，我依然能从老师身上获得源源不断的正能量，比如持久的学术专注度和好奇心、对朋友和学生的善意和关怀、奉献于国家和社会的责任感和善行等。赵老师率先垂范，言传身教，阳光、热情又宽严有度。他不仅引领和铺就了我的学术人生道路，也使我的生活态度得到了积极的改变，赵老师是我名副其实的人生导师。

十三年前，我有幸到南京大学商学院做赵老师的访问学者。那时候的自己已经工作多年，可以说是无所事事、目标模糊，从未想过要再去读博深造。是在赵老师组织的一次师门秋游活动之后，我才萌生了考博的想法。那天的活动集中了师门在读的硕士、博士、博士后、MBA学生以及一些EMBA学生企业家，大家在一起讨论学术和实践的管理话题，意气风发又温馨和谐。赵老师和学生们在一起时就像是一位大家长，而不是可望而不可即的大学者、大教授，其言行举止间透射出一种无形的温暖和力量。那次活动之后我想了很多并得出结论：不应该给自己的人生设限，努力从来都不嫌晚，我要留在赵老师的团队里！在明确的目标激励下，我开始努力复习。赵老师每次碰到我都会问一句："你复习得怎么样啊？"于是我就像打了强心针一样，更加拼搏。当最终如愿成为赵老师的博士生的那天，我去公园放了半天的风筝来表达自己快乐而放飞的心情。

无可否认，作为赵老师的博士生压力山大。这种压力来自老师杰出的成就和名望，也来自他高效的工作节奏和工作要求，同时来自老师在为人处世上的高标准和好榜样。老师看起来平和宽厚，并不会把这些压力刻意强加给学生，完全是师门情境体验所产生的自觉要求。老师是"正人先正己"的典范，是时间管理和自我管理的楷模，是宽厚包容和注重细节的榜样。老师对学生的影响是潜移默化的，读博三年后，我从一个消极松散的人转变成一个惜时如金、勤恳务实的学者就是一个证明。

做赵老师的博士生是幸运的。老师的国际影响力使我们拥有独特的国际交流和合作的机会。老师"请进来"诸如斯蒂格利茨、斯宾塞这样的诺贝尔经济学奖得主和全球知名学者，组织和安排我们参加学习和交流；老师也将我们"送出去"开拓国际视野，提高跨文化交流能力。博士生涯三年中，老师两次送我去海外高校学习和交流。2008年去美国密苏里大学圣路易斯分校学习研究方法，我和其他四位博士生一起学外语、学研究方法、阅读文献、旅行、参观和浏览，开阔了眼界，增长了知识；2009年，老师又送我去澳大利亚纽卡斯尔大学商业与法律学院做访问学者，参加老师和商业与法律学院院长斯蒂芬·尼古拉斯教授的合作研究项目组。在那里，我心无旁骛，潜心钻研，受到赵老师的远程指导，感受到充实的研究乐趣，并下决心将研究工作与未来人生紧密相连。2015~2016年老师又推荐我去剑桥大学Judge商学院跟随商业研究中心主任Simon Deakin做访问学者，在剑桥的一年成为我人生最珍贵的美好回忆。

博士毕业之后，得益于老师的推荐，我成为苏州大学商学院的一名教师。苏州大学无疑是博士毕业生的理想就业单位，这所学校的选人过程严格而审慎。老师郑重地向商学院和学校发出了推荐信，然后是一系列的面试和审查。一个月后，在我拿到博士学位的第二天，苏州大学的接受通知也来了。我知道"赵曙明教授的博士生"这一头衔为我加了分。我知道自己唯有好好工作，潜心研究，做出成绩，才能对得起这个头衔。在苏州大学的十年，我做出了一点成果，获得了教授的职称，做了博导，带了博士生，最近又因家庭原因调动至江南大学商学院工作。不管在哪里，不管是在就读期间还是毕业之后，通过学术会议、朋友聚会或合作研究等，与赵老师的交流和联系从来没有间断过。此时的我更加懂得珍惜与赵老师的师生缘分，更能体会和理解赵老师对学生的无私关怀和付出。老师是我名副其实的人生导师，是我一生学习的榜样和力量的源泉。

（刘燕：江南大学商学院教授、博士生导师，2008级博士研究生）

孜孜不倦的教诲

自2011年7月从大连理工大学企管专业博士毕业，我进入南京雨润集团人力资源管理岗位工作了两年半。由于民企约束性强、无法兼顾家庭等原因，我决定重回学校继续深造。赵老师是人力资源管理领域著名的大专家，我一直非常崇拜他。在内外因驱动下，2013年12月12日，我斗胆给赵老师发了邮件，表达了非常想跟随赵老师求学之事。激动的是，当天很快就收到了赵老师的答复邮件。2014年1月，我正式进入南大商学院博士后流动站。至今，跟随赵老师学习近8年时间，老师有三个特点让我印象深刻：因材施教、持续指导、多方关爱。

1. 因材施教

由于博士阶段成果积累与人力资源管理关系不大，入站后有一段时间，我感觉很彷徨、无助。赵老师了解情况后，将当前团队所做的国家自然科学基金重点项目的研究情况详细告诉我，主要聚焦企业雇用关系模式领域研究，希望我以后多聚焦这方面前沿理论。之后，我开始转向人力资源管理中雇用关系方向。因为工作长时间没有阅读最新文献，所以让我快速掌握研究现状并写出论文显得很吃力。清楚记得，2014年5月1日，老师第一次安排我写一篇有关劳资关系方面的理论性英文论文，以快速上手。当初该论文存在内容不充实、设计不科学、文字不顺畅等诸多问题，但老师不厌其烦地对论文提出一轮又一轮的修改意见，还特地请美国专家对论文提出了很多建设性意见，使我受益匪浅。为了提高我的英语口语和写作水平，老师还特别安排我（同行还有其他6

位同门）暑假到美国密苏里大学圣路易斯分校访学一个月。在访学前夕，老师对学生们还是不太放心，特地通过电话方式检验每位学生的口语水平，嘱咐我们在国外相互照顾、共同进步。老师的一言一行让我备受感动，鼓舞着我在学术道路上继续前行。

2. 持续指导

2016年4月，我博士后出站，在赵老师推荐下，同年5月份进入了南京财经大学工商管理学院人力资源管理系工作。作为一名讲师，2017年我第一次申请国家项目，因对项目的重要性、紧迫性认识不足，以致申请书准备不充分，写了初稿却没来得及发给老师让他给予指导，很是后悔。2018年我吸取教训，完成初稿后就立即发给了老师。老师在春年休假期间，对申请书逐字逐句做了三轮细致修改，后来才得以顺利获批。之后评副高期间，老师经常询问论文进展情况，并对论文初稿在细节和设计上提出了众多宝贵意见。回忆那段申报项目和评职称的艰辛过程，老师的悉心栽培、学术素养、满腹经纶和精雕细刻令我终生难忘。我想我之所以能坚持，是因为老师这个榜样时刻在鞭策着我、鼓励着我。

3. 多方关爱

2020年4月，学院让我负责人力资源管理系的服务工作，起初这些具体事务的开展，我处理起来还不够扎实、不够深入。赵老师时常关心我的工作，诸如系里工作开展如何，如何发展，如何服务好各位老师等。老师的言语之间，透露着鼓励和温馨。每当我工作遇到困难时，就会想起与老师相处的点点滴滴，老师几十年如一日的吃苦精神、专业精神、创新精神、奉献精神，让我不禁肃然起敬、奋斗不止；老师如春蚕一般倾吐着自己对教育事业的热爱，用源源不断的耐心、细心、真心、爱心铸起一座师魂的大厦，让我时刻感受到无言的伟大和动力。

遇到赵老师，我一辈子受益和幸福！

（李召敏：南京财经大学工商管理学院人力资源管理系系主任、副教授，2014级博士后）

真正的事业与人生导师

作为南京大学商学院人力资源管理系第一届本科生，2008 年进入南京大学求学的第一天，我便听说过赵老师。但作为一名学生，那时对赵老师的印象与其他学生一样，他是我们系最厉害的老师，是国内最著名的人力资源管理专家，也是我们商学院的院长。但我对赵老师的真正印象，随着之后与他一次次的交往与沟通逐渐形成，且越发觉得赵老师的伟大，他是我真正的事业与人生导师。

1. 第一次拨通电话

依稀记得那是 2011 年暑期的一个上午，我怀着忐忑的心拨通了赵老师的电话，咨询我能否保研到他的门下，跟着他进行硕博连读。那时我彷徨、忐忑，担心赵老师会不会收下我这个尚未谋面的、对学术研究一无所知的懵懂青年。

赵老师简单地询问了我一些情况，然后坚定地答应了我，而且他的声音是如此亲切、和蔼，以至于我那担心与忐忑的心情瞬间消散，转而深受鼓舞。

2. 第一次学术教诲

记得第一次把写好的论文发给赵老师审阅。一天后，赵老师把满是修改批注的论文返回给我。打开那一瞬间，我感到非常的惭愧与羞愧。除了对学术语言的更正外，论文里还存在着非常多的病句、标点、语法方面的错误，赵老师对这些都进行了一一的更正。那一刻，我深深地觉得赵老师是一名严谨治学、一丝不苟的学术大家。也从那一刻起，我也暗暗地下定决心，以后要向赵老师学习，每一篇文章、每一句话、每一个标点都要认真对待。

3. 第一次提更高的学术要求

研一刚结束，我的第一篇中文学术论文在一个普通 C 刊发表。我兴奋地把这个消息告诉了赵老师。赵老师在简单地祝贺后，便严肃地向我提出了一个要求：你以后不许再在这样低级别的期刊上发文章，你的目标应该更大，你应该往更优秀的期刊发表论文，更要发表英文学术论文。我很吃惊，也感叹、感恩于赵老师对我的严格要求。从那时起，我就想：作为赵老师的学生，我应该有更大、更高的学术追求。

4. 第一次发表英文学术文章

让一个研究生写英文学术论文是困难的。2014年年初，当我第一次把中文论文翻译成英文论文后，我找到了赵老师，希望赵老师能够帮我检查一下语言问题。赵老师不仅鼓励我要好好做研究、写好英文论文，而且他还亲自对论文进行修改和完善。之后，他还找了多位国外专家学者一遍一遍地帮我的论文进行修改和润色。在这一过程中，我不仅感恩于赵老师对学生点点滴滴的关心与重视，也感恩于赵老师无微不至的培养。

随着与赵老师的交流和沟通不断深化，赵老师对我的影响不仅潜移默化，而且深入人心、直击心灵。他的言行能使人发现智慧的火花，并给予人灵感和启发。

作为赵老师的学生，我想我是幸运的。自进入师门已有10年，我得到了老师无数次细心的指导、支持、鼓励与培养。作为赵老师的学生，我想我们是幸运的。因为在赵老师师门下，我们能够得到老师精心的培养与教导。只要我们努力向上，只要我们努力争先，赵老师一定会在我们需要的时候给予最无私的帮助。他对学生关怀备至，全方位地关心学生的学习、工作和生活。他也为我们学生取得进步、获得成功而感到骄傲。

时至今日，我已从一个对学术研究一无所知、做人做事莽撞不谦和的毛头小伙变成了能够在学术研究上独当一面、稳重、谦逊的青年学者，老师的功劳与栽培不可磨灭。所谓千里马常有，而伯乐不常有，我深深地感谢恩师的知遇之恩。人生能遇到这样的导师，何其幸哉，我愿一生追随恩师的脚步，学其做人、学其做事！

（席猛：南京大学商学院专职研究员，2013级直博生）

永不枯竭的工作、学习、帮人热情

赵老师自1991年学成回国，扛起人力资源管理大旗的30年来，不但对中国人力资源管理领域和工商管理教育的发展做出了卓越贡献，还是青年研究者学术道路上的引路人和护航者。作为一个引路人和护航者，赵老师在学术上成就斐然，在实践上推动了南京大学商学院的发展和培养了一批国内外具有影响力的优秀学者，且他们在为人上也都令人高山仰止，这些都离不开赵老师永不枯竭的工作、学习、帮人热情。

第一，永不枯竭的工作热情。在工作投入度上，赵老师是十足的工作狂，是"高胜任素质、高积极性、高协作性、高自律性"和"能吃苦也是一种竞争力"的最佳实践者。赵老师在承担繁重教学和科研任务的同时，还兼顾诸多行政和社会活动，且自2020年8月起，又承担起南京大学行知学院院长的重担，他对工作的极度热情，远远超过绝大多数人。记得有一次在北京见到赵老师，他提到当月就在南京待了一天，其余时间都奔波于在国内外各地上课或交流。

第二，永不枯竭的学习热情。赵老师亦是终身学习的践行者，是学习德鲁克管理思想和孔子"三人行，必有我师焉"思想的集大成者。即使早已成为著名的学者，他也一直坚持理论和实践学习。2020年年初新冠肺炎疫情暴发时，很多人都在家无所事事，赵老师却抓紧这段难得的"空闲"时间一直在家看论文、改论文、编写教材。

第三，永不枯竭的帮人热情。"能帮人则帮人，能多帮人就多帮人"和"做学问，先做人"是赵老师对人无私帮助的最好注脚。无论是我们这些跟随赵老师学习的学生，还是其他一些向赵老师请求过帮助的人大多受过赵老师的恩惠，甚至一些没有说出口的需求，一旦赵老师意识到，他也会尽力照顾到。读博时，因为口音问题，我总是不肯开口说英语，但是赵老师多次强调口语的重要性，并有意识地安排我去接待国外教授，给我创造多开口的机会。在找工作时，从写推荐信到投简历和面试，赵老师都给予了我莫大的指导和帮助。同时，赵老师这种"帮人热情"还润物细无声地间接为大家保驾护航。遇到的一些之前从未谋面的老师或企业人士在得知我是赵老师学生时，向我表示赵老师对他们帮助很大，如有需要尽管开口。这样的事发生过多次，可见赵老师这种

"帮人热情"惠及面之广、在多少人心中种下了善意的种子。

赵老师这些永不枯竭的工作、学习和帮人的热情值得我们每个人终身学习！

（孙秀丽：首都经济贸易大学讲师，2011级博士研究生）

智、信、仁、勇、严俱全的好老师

天地之间，每个人的成长除得益于父母至亲，其次就是得益于老师了。就我而言，生命中最重要的老师就是恩师赵曙明教授，他是我硕士、博士两个学业生涯的导师。自入门以来，耳濡目染，有幸受到赵老师20多年的教诲与帮助。

我生命中的好导师赵老师，可用先哲孙子的"智、信、仁、勇、严"五个字来概括我对他的印象。

第一，说"智"。我受教于赵老师的第一课，是在硕士阶段赵老师开设的人力资源管理课，在课堂上赵老师深入浅出、旁征博引，尤其是他讲的美、欧、中、日人力资源管理发展与开发比较，以及美国公司跨文化管理案例分析等，使我深深感受到作为大学教授的赵老师的智慧魅力。还有在20世纪之交那年跟随赵老师去盐城做一个企业咨询课题时，我第一次领略到企业咨询的细致流程与诸多方法，感受到老师课堂所讲理论与企业实践相结合的精妙。

第二，赵老师非常重"信"。一是体现在时间管理。"把握、遵守好时间"，赵老师作为彼得·德鲁克先生的弟子，一直身体力行。这么多年来，无论是集体活动，还是个人约见，我没有一次看到赵老师没做到守时；赵老师每年都用效率手册，并给在校弟子发放，带领众弟子把握好时间并不断提升工作和学习效率。二是体现在诚实。"做事先做人"，这是赵老师经常教导的话，赵老师讲的做人，关键就在真诚、实在。比如做项目，项目申报时的研究计划，结项时赵老师决不打折，也不允许打折；再如喝酒，师门聚餐浅酌时，赵老师平易近人，与众弟子聊学业、侃生活，恍如暮春三月。赵老师酒品好，人共知。我们赵门弟子，不管酒量大小，哈哈，都自觉实诚喝酒。

第三，赵老师的"仁"。仁者爱人、助人、诲人不倦。赵老师的每个弟子都会感受到赵老师的爱护、帮助。就我个人，赵老师对我帮助多多，这里举几个例子。一是帮我实现成为大学老师的梦想。我母亲当年考取南邮（当时叫南京邮电学院），却在报到半途，听信他人之言转上了一个农业院校，这是她一生的遗憾，所以我硕士毕业一心争取到南邮做个老师，但有点儿难。临近毕业，赵老师征询我是否有兴趣到深圳新鸿光，我讲我想去南邮，赵老师不仅立即为我写了书面推荐，还热心向相关领导做电话推荐。当时南邮刚刚开设人力资源管理专业，我忝顶赵老师"南大弟子"的头衔，有幸以"人才"身份进了南邮。

二是帮助我克服困难实现学业深造，终成为一名我而立之年前做梦都不敢想的博士。2001年在跟赵老师去盐城做一个咨询课题过程中，跟赵老师讲了考博的念头，在我犹豫之间，赵老师鼓励我学业上应不断进取，并说自己也是30多岁又努力读博的。受老师教导，我从2001年开始了考博征程。2003年第1次考分达线，因名额有限没能如愿。以后几年又因为教学、科研和家庭生活的种种压力，中断了考博学习。后来跟赵老师讲了情况，赵老师热心地几次联系在南大工作过的南邮一位主要领导，终于帮助解决了我家庭生活中的后顾之忧，我得以全力以赴再度复习准备。又经过几年努力，终于心想事成，再一次有幸成为赵老师的门下弟子。

三是教导我专心对待教研本职工作。在做教研工作的过程中，我有过几次被动、主动的行政工作机会，一次学院推荐我当校后勤副处长，一次让我当MBA中心主任，包括后来学校推荐我到江宁挂职。我征询赵老师意见，赵老师认为我从企业转行过来，应努力在教学科研上立住脚。有幸受到赵老师的指导，即使后来挂职，也没松懈本职，这使得我在教学等方面进步较大，取得了不少成果，尤其被评为我很看重的"最受欢迎的任课老师"、学校"教学名师"这两项成果。

第四，赵老师也很"勇"。勇于吃苦，以苦为乐，这也是赵老师常教导我们的。赵老师年轻时做农村生产大队长，大冬天"上河工"，吃胡萝卜饭白菜汤，挑一两百斤河泥块，养猪挑大粪等苦活样样干。后来做商学院院长，这么大的摊子，赵老师勇于担当，主动作为，勇于创新，甘于奉献，终使得南大商学院不断发展壮大，而商学院老师对赵老师也是赞赏有加。

第五，赵老师也很"严"。赵老师在学术学问方面要求很严，尤其对学生课题报告、写书、写论文等方面的学术规范性上一点儿也不含糊。我读博期间协助编写了一本教科书，赵老师组织了好几轮次的学术规范性检查修改，最终又经过他仔细的审查修改才定稿，学术规范性检查修改前后有大半年。赵老师不仅对学生严格要求，对他自己的儿女也同样，他女儿跟我是博士同班同学，亲身感受他女儿并不因为特殊身份在学研方面被赵老师宽容，相反更严格了，结果是他女儿的学业在各个方面都走在我们的前面。"严"还体现在赵老师对自己的自律，他每天夜里12点才开始休息，早上5点就起床，起床后就开始一天的工作，赵老师年轻时是这样，即使后来功成名就，也是继续做"工作狂"，唱歌、跳舞、打牌、逛街、旅游等玩乐项目，几乎都不沾边，甘于吃苦，做一年如一日的工作"老黄牛"。

现在是知识经济时代，知识经济时代最重要的资本是以人力资本为基础，组织资本、社会资本共融的知识资本。赵老师团队知识资本丰厚，在中国乃至世界都有很强的影响力，究其根源在于赵老师个人的丰厚人力资本。"问渠那得清如许？为有源头活水来"，赵老师个人丰厚的人力资本主要来源于赵老师身上所内蕴的"智、信、仁、勇、严"这样的人格特质。

我从南大硕士毕业以后，从企业职业经理人转型为大学老师，从基础教研做起，直到成为一名大学教授、博士，在这过程中受到了恩师不计其数的指点与帮助，我没齿难忘。老师身上智慧、进取、诚信、奉献、能吃苦、宽容大度、国际视野、助人为乐、勇于担当、严于律己等优秀品质，我耳濡目染，使我深受教育，受益良多。

有机会这么多年跟随赵老师做学问、做人是我一生中最大的幸事！

师恩似海，终生难忘！

（周文成：南京邮电大学管理学院教授，1999级硕士研究生、2013级博士研究生）

学术的引路人，人生楷模

我是赵老师 2018 级的博士生。初次得见赵老师源于 2016 年赴广州参加的人力资源管理专业建设高峰论坛。通过这次论坛的学习，我对人力资源管理专业和学科研究有了更加深入的了解，并产生了兴趣，从此萌生读博的想法。接下来通过参加第十七届全国人力资源管理课程师资研讨会和第八届中国管理案例学术年会，在会上认识了赵老师，并加了赵老师的微信，深切感受到赵老师的和蔼可亲和平易近人。后来征得赵老师的同意，报考了南京大学博士研究生，并有幸加入师门。

赵老师常说，"做学问先做人"，这是他对学生的要求和期许。因为做人是根本性的问题，如果做人做不好，那做事自然做不好，做学问也就做不深；如果做人做好了，那在做事、做学问当中一定会有很大的成就，也就是说，做人是根本。老师的言传身教对我影响很大，让我深刻感受到赵老师的引领和示范作用。

在做人方面，赵老师是我们学习的典范和楷模。第一，要真诚待人，乐于助人，这样才能收获朋友和友谊，这是老师朋友遍天下的根本。第二，常怀感恩之心。老师来自苏中农村，如今虽已获得巨大成就，但他不忘家乡和南大的培养之恩，捐资助学设立"曙明奖学金"，传递爱心，播撒希望。第三，奉献爱心和社会责任感。老师作为国内著名学者、中国人力资源管理理论体系的创立者和引路人，在新冠肺炎疫情和河南水灾期间通过中国管理现代化研究会组织行为与人力资源管理专业委员会带领会员及同仁纷纷捐款援助，彰显出学者的爱心和社会责任感。

在做事方面，赵老师都是我们学习的榜样。老师注重做事时思考的全面性、整体的全局性和做事的方法性。令我印象最深的是，老师每年都会给自己和他的学生准备一本下一年度的日程本，我们的本子基本都空空如也，而老师的本子则写得满满当当，因为他会把自己下一年的学术会议、授课计划和培训活动等安排提前规划好。此外，具体到每天甚至每小时，老师也会安排得井然有序，比如每次和我们的预约时间都能精确到几点几分，并能提前到达，堪称现代时间管理大师。

在做学问方面，赵老师一直是我们的引路人。他师从现代管理之父德鲁克先生，最早将西方人力资源管理理论引入中国，成为中国人力资源管理理论体系的创立者，并长期在人力资源管理领域不断探索，引领人力资源管理专业和学术研究发展。老师学术态度严谨，提倡学术研究的科学性和方法性。在学术研究上，老师能够给予我们及时、具体的指导。收到赵老师凌晨四五点发来的邮件是常有之事，我们都被老师的精力和学术投入精神所感动。此外，老师还经常为学生搭建和提供学习交流的平台以开阔我们的视野，增长我们的学识。

总之，在师门学习和生活的点点滴滴，让我终身受益。

（李进生：桂林理工大学商学院讲师，2018级博士研究生）

师者，传道授业解惑也

早在我读本科的时候，就已听说过赵老师的大名，知晓赵老师是人力资源管理方面的泰斗级学者，也是管理大师彼得·德鲁克的学生。彼时，我对未曾谋面的赵老师已然是满心的敬重与钦佩，但从未想过自己有朝一日能有幸成为赵老师的博士生。时至今日，回想起自己收到录取通知书的时刻，依然感到十分的感激与激动。

传道之师，强调"学做事，先学会做人"。转眼间，我博士入学已经过了一年的时间，犹记得在申请博士之前，我怀着万分忐忑的心情给赵老师发了邮件，想争取一个能够跟随老师读博的机会。发完邮件之后，我自己原本没抱太大希望，一方面想跟随赵老师读博的学生实在是太多了，竞争必然是十分激烈；另一方面又觉得赵老师肯定会很忙，每天收到好多邮件，说不定我的邮件就直接淹没在众多邮件中了。令我喜出望外的是，在我发邮件的当天晚上，就收到了赵老师的邮件回复："欢迎报考，好好准备。"尽管只有这简单的一句话，却给了我很大鼓舞。入学后我才了解到，老师每天都会查收自己的邮箱，并认真回复每一封邮件，当日事当日毕，老师说这是对自己工作的负责，也是对他人的尊重。老师最常对我们说的一句话是，"做学问之前，首先要学会做人，这是最基础的，也是最根本的"。老师是这样教我们的，同时他自己也是这样做的。疫情期间，老师会像老父亲一样关心大家的健康情况，叮嘱大家一定要做好防疫，不要乱跑。日常生活中，老师也会主动关心身边的人，经常会问："最近过得还好吗？有什么困难就说出来，大家一起解决。"学会做人，人生在世要多行善事，多向他人施以援手，多做有意义的事，这是赵老师刻在骨子里的基因，每次参加会议做汇报的时候，赵老师都会向参会者表达自己在为人处世上的人生观，也频频引发大家的共鸣和思考。

授业解惑之师，强调"做学术要科学严谨，容不得半点马虎"。这是赵老师在做学问方面教会我们的第一课，我们新一级的博士进入师门之后，赵老师告诉我们做学问，首先态度上一定要认真严谨，然后要稳扎稳打，进行学术积累。刚入学的那段时间，大家对于如何搞学术还摸不着头绪，也都十分着急，这些赵老师都看在眼里，记在心上。没多久，赵老师就让我们新来的几个博士生加入了课题组，向我们讲解了目前课题组的一些具体情况，并引导我们自己形成对课题的理解，建议我们从课题组项目中发现自己感兴趣的研究点。在之后的一段时间里，老师也会不定期与我们博士生开会，关心和敦促大家的研究进展。并且会经常和我们分享一些国内外的学术会议，鼓励我们有会必到，到会必讲，只有这样才能有机会和学术前沿的学者们进行学术交流，发现自己在学术上的不足，才能获得进步。此外，为了促进人力资源领域的研究发展，赵老师还会举办各种国内和国际的人力资源会议，为广大的国内外学者尤其是青年学者提供学术交流的平台。

师者，传道授业解惑者也。赵老师满足了我对博士生导师的一切想象，能够成为赵老师的博士生，是我的荣幸！我会在赵老师的指导下，不断努力学习做人、做事、做学问！

（马雨飞：2020级博士研究生）

心地善良且行为谦逊的伟人

　　有幸在博士生导师赵曙明教授的指导下研究是我一生中难忘的回忆。我在读硕士期间就有一个梦想，那就是硕士毕业后继续读博，而南京大学正是我梦寐以求的读博学校。记得那天我给赵教授写了一封邮件，向他询问我是否能够成为他的博士生。一开始我非常害怕给他发送这封邮件，因为看了他的简介和伟大的成就，我认为我并不会得到他的任何回复。犹豫片刻，我告诉自己为何不试一试，谁知道会有什么结果呢？而让我最惊喜的是赵教授竟很快回复了我的邮件，并且接受我成为他的学生，他还就我应该如何申请读博给出了一些指导。

　　自从我开始和赵教授一起研究以来，他就一直是我很好的导师和榜样。赵教授关注他的每一个学生，并且总是会根据我们每个人的需要和诉求给予帮助。还记得我妈妈生病的时候，我需要回到我的国家去照顾她。当我把这件事情告诉赵教授时，他很能理解我，并同意我回去照顾妈妈。当我回到尼日利亚后，他总是给我发邮件关心我父母的状况以及我的研究进展。

　　赵教授也是一个很慷慨的人，他总是不介意把自己的钱花在我们身上。我记得有一次我们去徐州开会，他为我支付了来回的交通费，而每当我们和他一起吃饭时，他也总是为我们的午餐或晚餐买单。很有意思的一点是，每当我们一起出去吃饭的时候，他总是要求我们按照自己的想要的方式自由地吃喝，这让我们每次和他一起出去都感到非常自由和轻松。

　　赵教授也为我的研究提供了很多的支持。他总是在百忙之中抽出时间来指导我，阅读我的研究论文，并就如何更好地改进我的论文给出一些好的建议。赵教授也是一个很包容的人，因为他总是允许和鼓励他的每一个学生发表他们的意见和建议，并把这些意见和建议纳入考虑范围。我相信像赵教授这样的人是很难遇到的，所以成为他的学生对我来说是一大幸事。

　　我也想借此机会向赵教授表示诚挚的感谢，感谢他给我与他一起研究的机会，感谢他花时间指导我，并确保我在他的指导下顺利完成博士课程。赵老师，感谢您到目前为止对我的所有支持，您是一位非凡的导师。

A great man with good heart and humble behaviors

Being opportune to work under Professor Shuming ZHAO as a PhD supervisor is unforgettable memories in my life. When I was doing my master's program, I had a dream to pursue my PhD program after the masters, and Nanjing University was my dream university to do the PhD.

I could remember the day I wrote to professor ZHAO an email to enquire if he could take me as his PhD student, at beginning I was scared to send him the email because after reading his profile and great achievements, I thought I won't get any reply from him, but after some minutes, I just told myself to just have a try, who knows what gonna be the outcome, to my greatest surprise, Prof. ZHAO didn't hesitate to reply my email and even accepted me to be his student. He also gave some guidelines on how to go with the application.

Since I started working with him, he has been a great mentor and role model to me. Prof ZHAO always pay attention to every one of his students, he always attends to us base on our individual needs and wants. I still remember when my mum was sick, and I needed to go back to my country to take care of her. When I told Prof ZHAO about it, he was so compassionate towards me and allowed me to go and take care of my mum. When I went back to Nigeria, he always writes to me to know how I and my parents were doing, my research progress. Prof ZHAO is also a very generous man, he always doesn't mind spending his own money on us, I can remember the day we went to conference in Xuzhou, and he paid my transportation fees to and fro. He always pays for our lunch or dinner anytime we go out with him to eat. Very interesting thing is, whenever we go out to eat together, he always asks us to feel free to eat the way we want, this makes us to always feel free and relax whenever we go out with him.

Prof ZHAO has also been very supportive in my research progress, he always takes his out time with all his tight schedules to guide me, read my research paper, and give some good suggestions on how to improve it better. Prof ZHAO also has inclusive leadership behaviors, because he always allows and encourages every one of his students to voice out their opinions and suggestions and he also put those opinions and suggestions into considerations. I believe that a man like Prof ZHAO is very hard to find, therefore, having him as my supervisor is a very big blessing to me.

I will also use this opportunity to express my sincere gratitude to Prof ZHAO for giving me opportunity to work with him, and for dedicating his time to mentor me and to make sure that I successfully finish my PhD program under him. Thanks for all your supports so far, you are an extraordinary supervisor.

（金斯利（Kingsley K.C Olekamma）：2020级博士研究生）

附录 B

赵曙明简历

教育背景

1. 1974～1977 年，在南京大学英语专业学习。
2. 1981～1983 年，在美国加州克莱蒙特研究生大学攻读教育学硕士学位。
3. 1987～1990 年，在美国加州克莱蒙特研究生大学攻读高等教育与人力资源管理学博士学位。
4. 1990～1991 年，在美国佛罗里达大西洋大学商学院从事国际人力资源管理博士后研究工作。

工作经历

1. 1970～1974 年，高中毕业回乡务农，曾担任生产队长、大队党支部副书记、大队长等。
2. 1977～1981 年，在南京大学外事办公室工作，兼任南京大学外文系助教。
3. 1982～1983 年，在美国加州波莫纳学院担任校长助理。
4. 1983～1987 年，在南京大学外事办公室担任副科长、科长、副主任主持工作，兼任南京大学外文系讲师。
5. 1988～1990 年，任美国加州克莱蒙特 6 所大学校长联合会主席助理。
6. 1990 年 5～7 月，任美国惠特澳斯学院客座教授。

7. 1987～1991 年，任南京大学校长助理，负责南京大学在美国的国际交流工作。
8. 1991 年 5～8 月，任美国俄克拉荷马市大学商学院客座教授。
9. 1991 年 10 月，任南京大学商学院副院长、副教授。
10. 1992 年 6～8 月，任美国夏威夷大学 Shidler 商学院客座教授。
11. 1993 年 3 月，任南京大学商学院教授、副院长，兼任南京大学校长助理（1993 年 3 月～1995 年 7 月）。
12. 1993 年 6～8 月，任加拿大多伦多大学、约克大学管理学院客座教授。
13. 1994 年 6～8 月，任美国南缅因大学客座教授。
14. 1995 年 1 月，任南京大学国际商学院博士生导师。
15. 1995 年 6～8 月，任美国密苏里大学圣路易斯分校客座教授。
16. 1995 年 8 月～1996 年 8 月，任南京大学商学院代院长。
17. 1996 年 6～8 月，任美国南加州大学马歇尔商学院客座教授。
18. 1997 年 6～8 月，任澳大利亚邦德大学商学院客座教授。
19. 1997 年 11 月～2011 年 8 月，任南京大学商学院院长。
20. 1998 年～2003 年（每年 5～8 月），任美国南加州大学马歇尔商学院客座教授。
21. 2001 年 2 月，任美国克莱蒙特研究生大学兼职教授。
22. 2002 年 8 月～2006 年 7 月，任澳门科技大学研究生院院长。
23. 2003 年～2004 年（每年 6～8 月），任美国密苏里大学圣路易斯分校客座教授。
24. 2005 年 11 月，任新西兰奥克兰理工大学商学院兼职教授。
25. 2006 年～2011 年（每年 7～8 月），兼任美国密苏里大学圣路易斯分校客座教授。
26. 2009 年 8 月，任美国阿巴拉契亚州立大学沃克商学院兼职教授。
27. 2010 年 8 月，任美国罗伯特莫里斯大学商学院兼职教授。
28. 2011 年～2012 年（每年 2 月），任澳大利亚纽卡斯尔大学商业与法律学院兼职教授。
29. 2011 年 9 月，南京大学商学院名誉院长。
30. 2012 年 8 月，任美国密苏里大学堪萨斯分校管理学院客座教授。
31. 2012 年至今，任美国密苏里大学圣路易斯分校商学院杰出兼职教授（每年夏季给该校教国际 MBA 课程）。
32. 2014 年 10 月~2016 年 8 月，美国匹兹堡大学 Katz 商学院杰出客座教授。
33. 2015 年 7 月至今，任美国加州克莱蒙特研究生大学德鲁克管理学院客座教授。
34. 2017 年 4 月~2018 年 8 月，任美国美利坚大学 Kogod 商学院兼职教授。
35. 2017 年 7 月至今，任南京大学人文社会科学资深教授。
36. 2017 年 10 月至今，韩国又松大学 SolBridge 国际商学院和 Endicott 国际商学院名誉教授。
37. 2020 年 8 月至今，任南京大学行知书院院长。

主要学术兼职

1. 南京大学人力资源管理战略研究所所长
2. 中国管理研究国际学会第三任主席
3. 中国人力资源开发研究会副会长
4. 英国 International Journal of Cross-Cultural Management 创始合作主编
5. 英国 International Journal of Human Resource Management 编委
6. 英国 Asia Pacific Business Review 编委
7. 美国 Management and Organization Review 顾问主编
8. 美国 Advances in Competitiveness Research 编委
9. 澳大利亚 Asia Pacific Journal of Human Resources 编委
10. 澳大利亚 The Journal of Industrial Relations 编委
11. 中国管理现代化研究会副理事长

12. 湖南省人力资源管理学会名誉会长
13. 江苏省人力资源学会终身名誉会长
14. 教育部工商管理类学科专业教育指导委员会副主任委员
15. 国家自然科学基金委员会管理科学部学科评审专家
16. 国家社科基金管理学部评审专家

主要企业与基金会兼职

1. 美国 Scully Royalty Ltd. (NYSE：SRL) 独立董事
2. 大全新能源有限公司（NYSE：DQ）独立董事
3. 江苏联发集团股份有限公司独立董事
4. 南京证券股份有限公司独立董事
5. 海信视像科技股份有限公司独立董事

所获教学科研奖励及学术荣誉

1. 1987年9月，获美国加州江浙同乡会颁发的赴美中国杰出学者奖。
2. 1988年11月，获美国教育未来基金会颁发的优秀科研成果奖。
3. 1989年4月，获美国加州克莱蒙特研究生大学颁发的优秀博士生奖。
4. 1991年3月，获美国未来基金会颁发的1991年度杰出教师奖。
5. 1992年，获美国佛罗里达大西洋大学颁发的1991～1992年度国际杰出学者奖。
6. 1993年，《美国高等教育管理研究》一书获江苏省高等教育学会南京大学分会首届高校科研优秀成果一等奖。
7. 1994年，《国际企业经营管理总论》一书获江苏省第四次哲学社会科学优秀成果二等奖。
8. 1995年12月，《国际企业：人力资源管理》一书获原国家教委优秀教材二等奖。

9. 1996年11月,"不断创新,改革和发展企业管理学科"(与周三多、施建军、陈传明、鲁明泓合作),获江苏省教学成果奖一等奖;1997年10月,获原国家教委国家级教学成果二等奖。
10. 1997年,入选国家"百千万人才工程"第一、二层次培养对象。
11. 1998年,入选江苏省"333跨世纪学术、技术带头人培养工程"第一层次培养对象。
12. 1999年,获美国内布拉斯加大学颁发的杰出国际管理学者奖。
13. 2002年,获美国内布拉斯加大学颁发的杰出学者、国际教育家奖。
14. 2002年,入选江苏省"333跨世纪学术、技术带头人培养工程"第一层次培养对象。
15. 2003年,《人力资源管理研究》一书获江苏省第八届哲学社会科学优秀成果一等奖、第十三届中国国家图书奖。
16. 2004年,被《世界经理人》等评为2004年中国最具影响力十大管理大师。
17. 2005年,被《世界经理人》等评为2005年中国最具影响力十大管理大师。
18. 2005年12月,获中国企业评价协会、中国人力资源管理大奖组委会颁发的"2005中国人力资源管理大奖:十佳人物"奖。
19. 2006年4月,被江苏省人民政府评为江苏省先进工作者。
20. 2006年,《人力资源管理研究》一书获教育部"第四届中国高校人文社会科学研究优秀成果"一等奖。
21. 2006年,被《世界经理人》等评为中国最具影响力十大管理大师。
22. 2006年5月,获美国斯腾山大学授予的工商管理荣誉博士学位。
23. 2007年,被江苏省评为"333跨世纪学术、技术带头人培养工程"首席科学家。
24. 2008年,《人力资源管理研究》被评为改革开放以来南京大学文科有重要影响的学术著作。

25. 2009年10月，获机械工业出版社颁发的德鲁克管理思想杰出传播奖。
26. 2010年11月，获复旦管理学奖励基金会颁发的复旦管理学突出贡献奖。
27. 2011年3月，《我国管理者职业化胜任素质研究》一书获江苏省第十一届哲学社会科学优秀成果一等奖。
28. 2011年5月，"基于胜任特征理论的人力资源管理人才本土化培养模式"（与彭纪生、张正堂、程德俊、蒋春燕合作）获南京大学教学成果奖特等奖。2011年11月获江苏省教学成果奖一等奖。
29. 2012年5月20日，获得南京大学卓越贡献奖。
30. 2014年11月，"中、美、欧企业人力资源管理差异与中国本土企业人力资源管理应用研究"一文被评为《管理学报》创刊十周年优秀论文。
31. 2015年6月，被中共江苏省委、省人民政府评为"江苏社科名家"。
32. 2015年，被机械工业出版社北京华章图文信息有限公司评为华章20周年（1995~2015年）优秀作者。
33. 2016年3月，被美国加州克莱蒙特研究生大学评为SES杰出校友，每年一位到校讲演。
34. 2019年9月10日，获南京大学2019年"师德先进"称号。
35. 2020年12月31日，"新中国70年中国情境下人力资源管理研究知识图谱及展望"（赵曙明、张紫滕、陈万思）论文（发表在《经济管理》2019年第7期上），获江苏省第十六届哲学社会科学优秀成果奖一等奖。
36. 2021年7月，《人力资源管理与开发》（2018年第2版），（赵曙明、张正堂、程德俊，高等教育出版社），获教育部首届全国优秀教材一等奖。
37. 2021年9月，赵曙明、刘洪、刘春林、程德俊、张正堂、蒋春燕、贺伟、赵宜萱，荣获南京大学2021年度"师德先进"团队。

主持研究的主要科研项目

1. 江苏省哲学社会科学"八五"规划项目"三资企业：在竞争中求生存，在竞争中求发展"，1992 年。
2. 原国家教委留学回国人员科研基项目"三资企业管理研究"，1992 年。
3. 加拿大国际开发署项目"跨国企业的人力资源管理"，1993 年。
4. 国家自然科学基金面上项目"中国企业国际化进程中人力资源开发和管理研究"，1995 年 1 月～1997 年 12 月。（79470043）
5. 与美国密苏里大学 Julius Johnson 合作研究项目"中美合资企业战略人力资源管理研究"，1995 年 12 月～1996 年 12 月。
6. 江苏省科委项目"江苏高科技人才流动态势及相关政策研究"，1996～1998 年。（BR96002）
7. 原国家教委博士点人文社会科学研究基金项目"国有大中型企业人力资源管理应用与开发"，1996 年 10 月～1999 年 10 月。（96JBY630005）
8. 国家自然科学基金面上项目"企业集团人力资源管理战略研究"，1999 年 1 月～2001 年 12 月。(79870033)
9. 科学技术部软课题项目"中国高科技企业人才流动态势及相关政策研究"，1999～2000 年。
10. 国家自然科学基金重点项目"企业人力资源开发的理论基础与管理对策"，2000 年 1 月～2002 年 12 月。（79930300）
11. 江苏省哲学社会科学"九五"规划课题重点工程课题"人力资源管理系统软件开发"，2000 年 4 月～2001 年 12 月。
12. 中共江苏省委组织部、江苏省科委课题"江苏省国有企业管理者任职资格测评系统研究"，2002 年 6 月～2003 年 7 月。
13. 国家自然科学基金面上项目"企业管理者任职资格测评系统研究"，2004 年 1 月～2006 年 12 月。（70372036）
14. 教育部博士点人文社会科学研究基金项目"管理者职业化、市场化、国际

化研究", 2004 年 1 月 ~ 2006 年 12 月。（03JB630014）

15. 与澳大利亚悉尼大学 Russell Lansbury 等合作研究项目"银行业、汽车业劳资关系问题", 2004 ~ 2005 年。

16. 与美国阿帕拉契州立大学的 Stella Anderson 和 Betty Coffey 合作研究项目"工作与家庭生活平衡与冲突问题", 2005 ~ 2006 年。

17. 江苏省"333 工程"项目课题"企业经营者胜任资格研究", 2005 年 1 月 ~ 2007 年 12 月。

18. 教育部哲学社会科学创新基地"南京大学经济转型和发展研究中心"项目"经济转型和发展中的人力资源研究", 2005 ~ 2007 年。

19. 澳门基金会项目"外地劳务人员对澳门酒店企业人力资源管理的影响研究", 2005 年 8 月 ~ 2007 年 7 月。

20. 国家自然科学基金面上项目"人力资源经理的胜任特征研究", 2006 年 1 月 ~ 2008 年 12 月。（70572048）

21. 国务院发展研究中心、中国企业联合会、清华大学联合发起的研究项目"中国特色管理研究：人力资源管理专题研究", 2008 ~ 2009 年。

22. 江苏省"333 工程"项目课题"服务外包与服务外包人才管理", 2008 年 1 月 ~ 2010 年 12 月。

23. 国家自然科学基金重点项目"转型经济下我国企业人力资源管理若干问题研究", 2008 年 1 月 ~ 2011 年 12 月。（70732002）

24. 国家自然科学基金面上项目"我国转型经济下企业劳资冲突的发生机制及对策研究", 2012 年 1 月 ~ 2015 年 12 月。（71172063）

25. 国家自然科学基金重点项目"中国企业雇用关系模式与人力资源管理创新研究", 2014 年 1 月 ~ 2018 年 12 月。（71332002）

26. 国家自然科学基金重点项目"基于创新导向的中国企业人力资源管理模式研究", 2019 年 1 月 ~ 2023 年 12 月。（71832007）

彼得·德鲁克全集

序号	书名	序号	书名
1	工业人的未来 The Future of Industrial Man	21 ☆	迈向经济新纪元 Toward the Next Economics and Other Essays
2	公司的概念 Concept of the Corporation	22 ☆	时代变局中的管理者 The Changing World of the Executive
3	新社会 The New Society: The Anatomy of Industrial Order	23	最后的完美世界 The Last of All Possible Worlds
4	管理的实践 The Practice of Management	24	行善的诱惑 The Temptation to Do Good
5	已经发生的未来 Landmarks of Tomorrow: A Report on the New "Post-Modern" World	25	创新与企业家精神 Innovation and Entrepreneurship
6	为成果而管理 Managing for Results	26	管理前沿 The Frontiers of Management
7	卓有成效的管理者 The Effective Executive	27	管理新现实 The New Realities
8 ☆	不连续的时代 The Age of Discontinuity	28	非营利组织的管理 Managing the Non-Profit Organization
9 ☆	面向未来的管理者 Preparing Tomorrow's Business Leaders Today	29	管理未来 Managing for the Future
10 ☆	技术与管理 Technology, Management and Society	30 ☆	生态愿景 The Ecological Vision
11 ☆	人与商业 Men, Ideas, and Politics	31 ☆	知识社会 Post-Capitalist Society
12	管理：使命、责任、实践（实践篇）	32	巨变时代的管理 Managing in a Time of Great Change
13	管理：使命、责任、实践（使命篇）	33	德鲁克看中国与日本：德鲁克对话"日本商业圣手"中内功 Drucker on Asia
14	管理：使命、责任、实践（责任篇）Management: Tasks, Responsibilities, Practices	34	德鲁克论管理 Peter Drucker on the Profession of Management
15	养老金革命 The Pension Fund Revolution"	35	21世纪的管理挑战 Management Challenges for the 21st Century
16	人与绩效：德鲁克论管理精华 People and Performance	36	德鲁克管理思想精要 The Essential Drucker
17 ☆	认识管理 An Introductory View of Management	37	下一个社会的管理 Managing in the Next Society
18	德鲁克经典管理案例解析（纪念版）Management Cases(Revised Edition)	38	功能社会：德鲁克自选集 A Functioning society
19	旁观者：管理大师德鲁克回忆录 Adventures of a Bystander	39 ☆	德鲁克演讲实录 The Drucker Lectures
20	动荡时代的管理 Managing in Turbulent Times	40	管理（原书修订版）Management(Revised Edition)
注：序号有标记的书是新增引进翻译出版的作品		41	卓有成效管理者的实践（纪念版）The Effective Executive in Action